Disfrute gratuitamente **DURANTE UN AÑO** de los eBook y audiolibros de las obras de Editorial Colex*

> Acceda a la página web de la editorial **www.colex.es**

> Identifíquese con su usuario y contraseña. En caso de no disponer de una cuenta regístrese.

> Acceda en el menú de usuario a la pestaña «Mis códigos» e introduzca el que aparece a continuación:

RASCAR PARA VISUALIZAR EL CÓDIGO

> Una vez se valide el código, aparecerá una ventana de confirmación y su eBook y/o audiolibro estará disponible **durante 1 año desde su activación** en la pestaña «Mis libros» en el menú de usuario.

> * Los audiolibros están disponibles en las ediciones más recientes de nuestras obras. Se excluyen expresamente las colecciones «Códigos comentados», «Biblioteca digital» y los productos de www.vademecumlegal.es.

No se admitirá la devolución si el código promocional ha sido manipulado y/o utilizado.

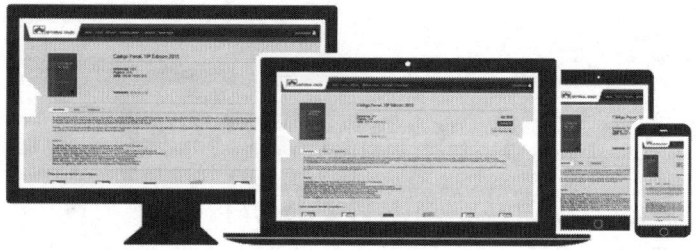

¡Gracias por confiar en nosotros!

La obra que acaba de adquirir incluye de forma gratuita la versión electrónica. Acceda a nuestra página web para aprovechar todas las funcionalidades de las que dispone en nuestro lector.

Funcionalidades eBook

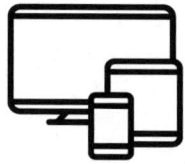

**Acceso desde
cualquier dispositivo con
conexión a internet**

**Idéntica visualización
a la edición de papel**

Navegación intuitiva

Tamaño del texto adaptable

FISCALIDAD DE LOS HONORARIOS DE ABOGADOS Y PROCURADORES

Todas las claves impositivas en torno a los honorarios de estos profesionales, las costas y las provisiones de fondos

FISCALIDAD DE LOS HONORARIOS DE ABOGADOS Y PROCURADORES

Todas las claves impositivas en torno a los honorarios de estos profesionales, las costas y las provisiones de fondos

2.ª EDICIÓN 2024

Obra realizada por el Departamento de Documentación de Iberley

COLEX 2024

© Editorial Colex, S.L.
Calle Costa Rica, número 5, 3.º B (local comercial)
A Coruña, 15004, A Coruña (Galicia)
info@colex.es
www.colex.es

I.S.B.N.: 978-84-1194-612-4
Depósito legal: C 1396-2024

SUMARIO

ANEXO I.
CASOS PRÁCTICOS

ANEXO II.
FORMULARIOS

1.
INTRODUCCIÓN

Introducción a la fiscalidad de los honorarios de los abogados y procuradores

Los procedimientos judiciales suelen ser costosos para cualquiera de las partes, en muy diversos sentidos. De hecho, incluso es posible que, aunque el resultado de un proceso resulte beneficioso para alguno de los litigantes, pero únicamente en términos de justicia, no en términos económicos.

Y es que, no en vano, un pleito no solo conlleva para los implicados costes dinerarios (honorarios de abogados, procuradores, peritos, depósitos para recurrir, etc.), sino también otro tipo de costes (por ejemplo, a nivel personal, de preocupación, tensión o estrés, o de tiempo, entre otros). En esta guía, evidentemente, nos centraremos en los costes económicos y, dentro de ellos, de un modo específico, en los **honorarios de abogados y procuradores**; siendo, además, conscientes de que los servicios profesionales que prestan (al menos, en el caso de los abogados) no tienen por qué producirse siempre en el marco de un procedimiento judicial. La asistencia de letrado es transversal y puede abarcar ámbitos muy variados, tanto en actuaciones judiciales como extrajudiciales.

Sea como fuere, en los siguientes epígrafes se abordará el régimen fiscal básico ligado a los honorarios de abogados y procuradores:

- En primer lugar, se estudiará su incidencia, en términos generales, en dos de los principales impuestos de nuestro sistema tributario: el **Impuesto sobre el Valor Añadido (IVA)** y el **Impuesto sobre la Renta de las Personas Físicas (IRPF)**. En principio, los abogados y los procuradores, cuando ejerzan por cuenta propia, serán sujetos pasivos del IVA y deberán emitir sus facturas con repercusión de la cuota correspondiente de ese tributo, aplicando un tipo general del 21 % (aunque con excepciones en el ámbito de la asistencia jurídica gratuita). Por lo que se refiere al IRPF, en algunos supuestos, sus retribuciones estarán sometidas a retención a cuenta del mismo, según quiénes sean los clientes y sus circunstancias.

- En segundo lugar, y de un modo muy especial, se repasará la **fiscalidad asociada a las costas**. La «condena en costas» goza de un régimen específico bastante particular, que además dependerá del orden jurisdiccional de que se trate y cuya tributación también presenta interesantes particularidades. Tras realizar un repaso sobre su regulación básica en los diferentes órdenes (civil, penal, social, contencioso-administrativo), se tratarán sus implicaciones más destacadas, respondiendo a preguntas tan habituales como las siguientes: ¿el letrado minutante tendrá que incluir el IVA en su factura o en la tasación de costas?, ¿las costas estarán sujetas a retención a cuenta del IRPF?, ¿existirán especialidades en los supuestos de asistencia jurídica gratuita?, etc.

- Finalmente, el tercer bloque de la obra se centrará en el estudio de otras dos figuras de contenido económico muy ligadas a la actividad profesional de abogados y procuradores: **las provisiones de fondos y los famosos «suplidos»**. Con respecto a ambos, más allá de una primera aproximación conceptual, se verá su tratamiento básico en IVA e IRPF; así como las consecuencias penales, civiles y disciplinarias que para los profesionales puede tener su empleo para fines distintos de los debidos. En ese mismo sentido, dado lo habitual que es la intervención de peritos en juicio, se realizará también una breve referencia a la fiscalidad ligada a las provisiones de fondos que se efectúen a ese tipo de profesionales.

2.
LA OBLIGACIÓN DE ABOGADOS Y PROCURADORES DE REPERCUTIR EL IVA A SUS CLIENTES

El artículo 1 de la Ley 37/1992, de 28 de diciembre, del Impuesto sobre el Valor Añadido (en adelante, LIVA), define el IVA del siguiente modo:

> «El Impuesto sobre el Valor Añadido es un tributo de naturaleza indirecta que recae sobre el consumo y grava, en la forma y condiciones previstas en esta Ley, las siguientes operaciones:
> a) Las entregas de bienes y prestaciones de servicios efectuadas por empresarios o profesionales.
> b) Las adquisiciones intracomunitarias de bienes.
> c) Las importaciones de bienes».

Y, por su parte, el artículo 4.Uno de la LIVA, indica que «estarán sujetas al impuesto las entregas de bienes y prestaciones de servicios realizadas en el ámbito espacial del impuesto por empresarios o profesionales a título oneroso, con carácter habitual u ocasional, en el desarrollo de su actividad empresarial o profesional, incluso si se efectúan en favor de los propios socios, asociados, miembros o partícipes de las entidades que las realicen». A cuyo respecto precisa el artículo 5 de la LIVA que se reputarán empresarios o profesionales a los efectos del impuesto, entre otras, las personas o entidades que realicen actividades empresariales o profesionales que impliquen la ordenación por cuenta propia de factores de producción materiales y humanos o de uno de ellos, con la finalidad de intervenir en la producción o distribución de bienes o servicios (teniendo tal consideración, en particular, las actividades de comercio y prestación de servicios, incluido el ejercicio de profesiones liberales y artísticas). Ahora bien, no tendrán la consideración de empresarios o profesionales quienes realicen exclusivamente entregas de bienes o prestaciones de servicios a título gratuito, sin perjuicio de que las sociedades mercantiles se reputen como empresarios o profesionales salvo prueba en contrario.

Por lo tanto, y **con carácter general, los servicios prestados por abogados y procuradores por cuenta propia tendrán la consideración de prestación de servicios sujeta al IVA** (apartados Uno y Dos.1.º del artículo 11 de la LIVA) y dichos profesionales deberán **repercutir la cuota del impuesto a sus clientes en la factura**. Tendrían que hacerlo con respecto a todos los servicios que presten en el marco de su actividad profesional, y tanto en caso de actuaciones judiciales como extrajudiciales. Únicamente existirían **excepciones en el marco de la asistencia jurídica gratuita**, que luego se abordarán.

En principio, el **tipo impositivo a aplicar sería el general del 21 %** (artículo 90 de la LIVA), habida cuenta de que los servicios prestados por estos profesionales no se integrarían en ninguno de los ámbitos para los que el artículo 91 de la LIVA establece tipos reducidos del impuesto.

CUESTIÓN

¿Cuándo se considerarán iniciadas las actividades del abogado a efectos del IVA?

Según indica el artículo 5.Dos de la LIVA, las actividades empresariales o profesionales se considerarán iniciadas desde el momento en que se realice la adquisición de bienes o servicios con la intención, confirmada por elementos objetivos, de destinarlos al desarrollo de tales actividades. Aquellos que realicen tales adquisiciones tendrán desde dicho momento la condición de empresarios o profesionales a efectos del IVA.

RESOLUCIÓN RELEVANTE

Sentencia del Tribunal de Justicia de la Unión Europea n.º C-424/19, de 16 de julio de 2020, ECLI:EU:C:2020:581

Asunto: consideración de los abogados como sujetos pasivos del IVA

«17. Así pues, y dado que la profesión de abogado constituye una profesión liberal, del artículo 9, apartado 1, de la Directiva 2006/112 se desprende que una persona que ejerce esa profesión realiza una actividad económica y debe ser considerada "sujeto pasivo" en el sentido de esa disposición.

18. Por otra parte, cabe recordar que la Directiva 2006/112 asigna al IVA un ámbito de aplicación muy amplio al referirse en el artículo 2, relativo a las operaciones imponibles, además de a las importaciones de bienes, a las adquisiciones intracomunitarias de bienes, a las entregas de bienes y a las prestaciones de servicios realizadas a título oneroso en el interior del país por un sujeto pasivo que actúe como tal (sentencias de 19 de julio de 2012, Redlihs, C-263/11, EU:C:2012:497, apartado 24, y de 3 de septiembre de 2015, Asparuhovo Lake Investment Company, C-463/14, EU:C:2015:542, apartado 33).

19. Además, en el apartado 49 de la sentencia de 17 de junio de 2010, Comisión/Francia (C-492/08, EU:C:2010:348), el Tribunal de Justicia declaró que un Estado miembro no puede aplicar un tipo reducido de IVA a los servicios prestados por abogados por los que estos perciben una compensación total o parcial del Estado en el marco de la asistencia jurídica gratuita. Pues bien, esa conclusión presupone necesariamente que se ha considerado que esos servicios están sujetos al IVA y que dichos abogados, calificados en esa sentencia de "entidades privadas con ánimo de lucro", actúan como sujetos pasivos.

20. Habida cuenta de lo anterior, procede responder a la primera cuestión prejudicial que el artículo 9, apartado 1, de la Directiva 2006/112 debe interpretarse en el sentido de que una persona que ejerce la profesión de abogado debe considerarse "sujeto pasivo" en el sentido de la disposición mencionada».

RESOLUCIONES ADMINISTRATIVAS

Consulta vinculante de la Dirección General de Tributos (V0386-21), de 25 de febrero de 2021

Asunto: si las partes no han acordado expresamente que el precio de la operación incluye IVA, debe entenderse que la cuota del impuesto no está incluida en el precio cuando el sujeto pasivo pueda repercutirla conforme a derecho al destinatario.

«En relación con la obligación de repercusión, el artículo 88, apartado uno, de la Ley del Impuesto regula lo siguiente:

"Uno. Los sujetos pasivos deberán repercutir íntegramente el importe del Impuesto sobre aquél para quien se realice la operación gravada, quedando éste obligado a soportarlo siempre que la repercusión se ajuste a lo dispuesto en esta Ley, cualesquiera que fueran las estipulaciones existentes entre ellos.

En las entregas de bienes y prestaciones de servicios sujetas y no exentas al Impuesto cuyos destinatarios fuesen Entes públicos se entenderá siempre que los sujetos pasivos del Impuesto, al formular sus propuestas económicas, aunque sean verbales, han incluido dentro de las mismas el Impuesto sobre el Valor Añadido que, no obstante, deberá ser repercutido como partida independiente, cuando así proceda, en los documentos que se presenten para el cobro, sin que el importe global contratado experimente incremento como consecuencia de la consignación del tributo repercutido.".

(...)

Por consiguiente, en el supuesto de que estemos ante operaciones gravadas por el Impuesto que tengan por destinatarios a Entes públicos en el sentido apuntado en el párrafo segundo del artículo 88.Uno de la Ley 37/1992 cabe concluir que en la propuesta de contraprestación formulada se entiende incluido el Impuesto sobre el Valor Añadido. En los demás casos, sin perjuicio de la mención que realiza el artículo 78.Cuatro de la referida Ley a la repercusión en factura, debe entenderse que la cuestión sobre si en la contraprestación pactada por las partes se encuentra o no incluido el referido Impuesto, se regirá por las cláusulas de los contratos suscritos entre ambas.

2.- En este sentido, debe hacerse referencia a la sentencia del Tribunal de Justicia de la Unión Europea de 7 de noviembre de 2013, asuntos acumulados C-249/12 y C-250/12 y, en aplicación de la misma, a la Resolución del Tribunal Económico-Administrativo Central de fecha 20 de julio de 2017, relativas a la determinación del importe total de la operación gravada por el Impuesto sobre el Valor Añadido cuando las partes no han dispuesto nada en la celebración del contrato sobre si en la contraprestación fijada en el mismo debe entenderse que incluye también el Impuesto sobre el Valor Añadido que se devenga con la referida operación.

De la lectura conjunta de ambos pronunciamientos, partiéndose del principio básico de que el Impuesto sobre el Valor Añadido es un impuesto sobre el consumo que debe soportar el consumidor final siendo el sujeto pasivo un mero intermediario entre la Administración Tributaria y dicho consumidor a efectos de la recaudación del mencionado tributo, se llega a la conclusión de que, en los casos en que las partes no hayan acordado expresamente que el precio pactado por una operación gravada por el Impuesto sobre el Valor Añadido incluya la cuota devengada por el mismo, con carácter general debe entenderse que dicha cuota no se encuentra incluida en el mencionado precio cuando el sujeto pasivo pueda repercutir conforme a derecho la cuota impositiva al destinatario de la operación».

Consulta vinculante de la Dirección General de Tributos (V2538-21), de 20 de octubre de 2021

Asunto: sujeción al IVA servicios prestados gratuitamente por una abogada a una compañera de profesión (no tratándose de un supuesto de asistencia jurídica gratuita en el marco de la Ley 1/1996, de 10 de enero).

«(...) tendrá la condición de empresario o profesional a efectos del Impuesto sobre el Valor Añadido cuando ordene un conjunto de medios personales y materiales, con independencia y bajo su responsabilidad, para desarrollar una actividad empresarial, sea de fabricación, comercio, de prestación de servicios, etc., mediante la realización continuada de entregas de bienes o prestaciones de servicios, asumiendo el riesgo y ventura que pueda producirse en el desarrollo de la actividad, siempre que se realicen a título oneroso.

No obstante, la consultante no tendría la consideración de empresario o profesional si realizase exclusivamente entregas de bienes o prestaciones de servicios a título gratuito.

(...)

Conforme al artículo 12 de la Ley 37/1992, serán operaciones asimiladas a las prestaciones de servicios a título oneroso los autoconsumos de servicios. Según este precepto, se considerarán autoconsumos de servicios las siguientes operaciones realizadas sin contraprestación:

"(...)

3.º Las demás prestaciones de servicios efectuadas a título gratuito por el sujeto pasivo no mencionadas en los números anteriores de este artículo, siempre que se realicen para fines ajenos a los de la actividad empresarial o profesional.".

En relación con lo anterior, el artículo 7 de la Ley 37/1992, que trata sobre operaciones no sujetas al Impuesto, establece en su número 7.º lo siguiente:

"No estarán sujetas al Impuesto:

(...)

7.º Las operaciones previstas en el artículo 9, número 1.º y en el artículo 12, números 1.º y 2.º de esta Ley, siempre que no se hubiese atribuido al sujeto pasivo el derecho a efectuar la deducción total o parcial del Impuesto sobre el Valor Añadido efectivamente soportado con ocasión de la adquisición o importación de los bienes o de sus elementos componentes que sean objeto de dichas operaciones.

Tampoco estarán sujetas al impuesto las operaciones a que se refiere el artículo 12, número 3.º de esta Ley cuando el sujeto pasivo se limite a prestar el mismo servicio recibido de terceros y no se le hubiera atribuido el derecho a deducir total o parcialmente el Impuesto sobre el Valor Añadido efectivamente soportado en la recepción de dicho servicio.".

En consecuencia, el referido servicio de abogacía prestado a título gratuito determinará la realización del supuesto de autoconsumo a que se refiere el artículo 12. 3º de la Ley del Impuesto.

Cuarto.- Si de acuerdo con lo anteriormente expuesto, la prestación de servicios efectuada a título gratuito constituye un autoconsumo sujeto al Impuesto, la base imponible se determinará conforme al artículo 79.Cuatro de la Ley 37/1992, que dispone que "se considerará como base imponible el coste de prestación de los servicios incluida, en su caso, la amortización de los bienes cedidos.".

Quinto.- No obstante lo anterior, el artículo 7.10º de la Ley 37/1992 se establece que no están sujetas al Impuesto sobre el Valor Añadido "las prestaciones de servi-

cios a título gratuito a que se refiere el artículo 12, número 3º de esta Ley que sean obligatorias para el sujeto pasivo en virtud de normas jurídicas o convenios colectivos, incluso los servicios telegráficos y telefónicos prestados en régimen de franquicia".

En virtud de lo anterior, este centro directivo consideró que no estaban sujetos al Impuesto sobre el Valor Añadido los servicios prestados por abogados y procuradores en los casos en que fueran designados en virtud del ejercicio del derecho de asistencia jurídica gratuita regulado en la Ley 1/1996, ya que, según los criterios contenidos en la citada Resolución de esta Dirección General, dichos servicios son prestados con carácter obligatorio y gratuito».

¿La sujeción al IVA de estos servicios profesionales afecta a los derechos de los justiciables?

El artículo 55 de la Ley 21/1986, de 23 de diciembre, de Presupuestos Generales del Estado para 1987, estableció un tipo impositivo cero para el IVA de las prestaciones de servicios realizadas por abogados y procuradores en todo tipo de procesos ante los juzgados y tribunales. Sin embargo, con posterioridad, se introdujo un IVA reducido para dichas prestaciones de servicios, igualando su gravamen con el del asesoramiento extrajudicial, hasta la aplicación uniforme del actual tipo general del 21 % a todos los servicios prestados por estos profesionales (a excepción de la asistencia jurídica gratuita).

En esa medida, y dado que **la Constitución garantiza a todos los justiciables el derecho a la tutela judicial efectiva y a un proceso justo** (artículo 24 de la CE), existe cierta polémica en torno a la **posible afectación de estos derechos fundamentales** con la aplicación del tipo impositivo mencionado. No en vano, la asistencia jurídica gratuita tiene un ámbito de aplicación muy restringido y deja fuera a una buena parte de la población que, sin cumplir los parámetros económicos que exige ese régimen, puede tener dificultades para acceder a los servicios jurídicos que en su caso necesite. Además, tampoco puede olvidarse que el establecimiento de un tipo general de IVA para estos servicios, sin ninguna distinción entre los destinatarios que pueden desgravárselo y los particulares que no, puede generar cierta indefensión para estos últimos.

Se trata de una cuestión abordada por el **Tribunal de Justicia de la Unión Europea en su sentencia n.º C-543/14, de 28 de julio, ECLI:EU:C:2016:605**, en la que el TJUE entendió que el sometimiento al IVA de los servicios prestados por los abogados a los justiciables que no dispongan de asistencia jurídica gratuita no afecta al derecho a la tutela judicial efectiva ni al principio de igualdad de armas que garantiza el **artículo 47 de la Carta de los Derechos Fundamentales de la Unión Europea**.

En particular, y con respecto al derecho a la tutela judicial efectiva, la sentencia apunta lo siguiente:

«28. (...) quienes no tienen derecho a la asistencia jurídica gratuita, únicos justiciables objeto de la primera cuestión prejudicial, letra a), disponen supuestamente, en virtud de las disposiciones pertinentes del Derecho nacional, de recursos suficientes para acceder a la justicia mediante representación letrada. Pues bien, en relación con esos justiciables, el derecho a la tutela judicial efectiva consagrado en el artículo 47 de la Carta no garantiza, en principio, el derecho a que los servicios prestados por los abogados estén exentos del IVA.

29. La primera cuestión prejudicial, letra a), que tiene por objeto la validez de los artículos 1, apartado 2, y 2, apartado 1, letra c), de la Directiva 2006/112 a la luz del artículo 47 de la Carta, ha de apreciarse en función de las características propias de esas disposiciones y no puede depender de las circunstancias particulares de cada caso.

30. Además, aun cuando el acceso a la justicia y la efectividad de la protección judicial dependen de una multitud de factores de toda índole, los gastos procesales, entre los que figura el IVA que grava los servicios prestados por los abogados, también pueden incidir en la decisión del justiciable de defender sus derechos judicialmente mediante representación letrada.

31. Sin embargo, de la jurisprudencia del Tribunal de Justicia, elaborada en varios ámbitos distintos del Derecho del IVA, se desprende que la tributación de tales gastos sólo puede cuestionarse a la luz del derecho a la tutela judicial efectiva garantizado en el artículo 47 de la Carta si dichos gastos constituyen un obstáculo insuperable (véanse, por analogía, la sentencia de 22 de diciembre de 2010, DEB, C-279/09, EU:C:2010:811, apartado 61, y el auto de 13 de junio de 2012, GREP, C-156/12, no publicado, EU:C:2012:342, apartado 46) o si prácticamente imposibilitan o dificultan excesivamente el ejercicio de los derechos conferidos por el ordenamiento jurídico de la Unión (véase, por analogía, la sentencia de 6 de octubre de 2015, Orizzonte Salute, C-61/14, EU:C:2015:655, apartados 48, 49 y 58)».

Igualmente, el TJUE consideró que tampoco existía afectación del principio de igualdad de armas:

«39. Los demandantes en el litigio principal también cuestionan la validez de los artículos 1, apartado 2, y 2, apartado 1, letra c), de la Directiva 2006/112 a la luz del principio de igualdad de armas, ya que, a su entender, la sujeción al IVA, al tipo del 21 %, de los servicios prestados por los abogados deja en desventaja a los justiciables que no sean sujetos pasivos en relación con aquellos que tengan tal condición. A juicio de los demandantes, esa desventaja proviene del hecho de que los segundos, a diferencia de los primeros, disponen de derecho a deducción y no soportan la carga económica que resulta de la aplicación del IVA.

40. Según reiterada jurisprudencia del Tribunal de Justicia, el principio de igualdad de armas, que es un corolario del concepto mismo de proceso justo y que tiene como finalidad asegurar el equilibrio entre las partes del proceso, implica la obligación de ofrecer a cada parte una oportunidad razonable de presentar su causa, incluidas sus pruebas, en condiciones que no la coloquen en una situación de clara desventaja con respecto a la parte contraria (véanse, en este sentido, las sentencias de 6 de noviembre de 2012, Otis y otros, C-199/11, EU:C:2012:684, apartados 71 y 72, y de 12 de noviembre de 2014, Guardian Industries y Guardian Europe/Comisión, C-580/12 P, EU:C:2014:2363, apartado 31, y el auto de 16 de julio de 2015, Sánchez Morcillo y Abril García, C-539/14, EU:C:2015:508, apartado 48).

41. Este principio tiene como finalidad asegurar el equilibrio procesal entre las partes de un proceso judicial, garantizando la igualdad de los derechos y obligaciones de esas partes en lo referente, en particular, a las normas que rigen la práctica de la prueba y el debate contradictorio ante el juez (véase, en este sentido, la sentencia de 6 de noviembre de 2012, Otis y otros, C-199/11, EU:C:2012:684, apartados 71 y 72) y el derecho de recurso de dichas partes (sentencia de 17 de julio de 2014, Sánchez Morcillo y Abril García, C-169/14, EU:C:2014:2099, apartados 44, 48 y 49).

(...)

43. En cuanto a la sujeción al IVA, al tipo del 21 %, de los servicios prestados por los abogados, cabe indicar que, aunque no cabe duda de que la sujeción a ese impuesto y el ejercicio del derecho a deducción pueden otorgar, a honorarios iguales, una ventaja pecuniaria a los justiciables que sean sujetos pasivos del impuesto en relación con aquellos que no lo sean, esa ventaja pecuniaria no afecta al equilibrio procesal entre las partes».

2.1. No sujeción al IVA de la compensación percibida por los servicios de turno de oficio

La Ley 1/1996, de 10 de enero, de asistencia jurídica gratuita (en adelante, LAJG), tras la reforma operada por la Ley 2/2017, de 21 de junio, con efectos desde el 1 de enero de 2017, pasó a fundamentarse sobre **dos principios básicos**: el carácter **obligatorio y gratuito** de la prestación de servicios para los profesionales.

Y es que, no en vano, el preámbulo de esta Ley 2/2017, de 21 de junio, reconocía lo siguiente:

«Con el propósito de incrementar las garantías que nuestro ordenamiento jurídico ofrece en materia de justicia gratuita, tanto para los ciudadanos como para los profesionales, la presente reforma pretende afianzar el carácter de servicio público de esta actividad prestacional, reforzándola y garantizando que esté debidamente subvencionada por los poderes públicos y reconociendo el abono de las correspondientes indemnizaciones a favor de los profesionales obligados a su prestación».

La naturaleza obligatoria de la prestación de servicios para los profesionales

Los abogados y procuradores deben realizar esa prestación de servicios de forma obligatoria para garantizar que se cumpla el mandato recogido en el artículo 119 de la CE, según el cual «la justicia será gratuita cuando así lo disponga la ley y, en todo caso, respecto de quienes acrediten insuficiencia de recursos para litigar».

Dicho carácter obligatorio se consagra de manera general en el párrafo segundo del artículo 1 de la LAJG, donde se señala lo siguiente:

«El servicio de asistencia jurídica gratuita será obligatorio en los términos previstos en esta ley. Los Colegios profesionales podrán organizar el servicio y dispensar al colegiado cuando existan razones que lo justifiquen».

Una previsión que, además, refuerza el primer párrafo del artículo 22 de la misma norma, en la redacción posterior a 2017, al prever que los Consejos Generales de la Abogacía Española y de los Colegios de Procuradores y sus respectivos colegios tendrán que regular y organizar, a través de sus juntas de gobierno, los «servicios obligatorios de asistencia letrada y de defensa y representación gratuitas», garantizando, en todo caso, su prestación continuada y atendiendo a criterios de funcionalidad y de eficiencia.

La gratuidad de la prestación de servicios para los profesionales

Se hace referencia al carácter gratuito de la operación para estos profesionales en el mismo artículo 22 de la LAJG, que en su párrafo segundo apunta que «los profesionales que presten el servicio obligatorio de justicia gratuita, tendrán derecho a una compensación que tendrá carácter indemnizatorio».

Asimismo, en relación con este carácter indemnizatorio de la compensación a percibir por los profesionales, el artículo 30 de la LAJG, precisa lo siguiente:

«La intervención de profesionales designados de oficio para la asistencia, defensa y representación gratuita sólo podrá ser indemnizada cuando exista reconocimiento expreso del derecho a la asistencia jurídica gratuita efectuado en los términos contemplados en esta ley.

El importe de la indemnización se aplicará fundamentalmente a compensar las actuaciones profesionales previstas en los apartados 1 a 3 del artículo 6 de esta ley, cuando tengan por destinatarios a quienes hayan obtenido el reconocimiento del derecho a la asistencia jurídica gratuita».

El IVA y la indemnización compensatoria percibida por los profesionales en el turno de oficio

Los profesionales ejercientes adscritos al servicio de asistencia jurídica gratuita o turno de oficio al amparo de la Ley 1/1996, de 10 de enero, de asistencia jurídica gratuita, en principio, parece que serían empresarios o profesionales que estarían desarrollando actividades de prestación de servicios que quedarían dentro del ámbito del IVA. Sin embargo, dadas las especiales características que reviste la prestación de servicios profesionales en el turno de oficio, se plantea si esas operaciones deben quedar efectivamente sujetas al impuesto o no.

Así, el artículo 7.10.º de la LIVA establece la no sujeción al impuesto de las siguientes operaciones:

«10.º Las prestaciones de servicios a título gratuito a que se refiere el artículo 12, número 3.º de esta Ley que sean obligatorias para el sujeto pasivo en virtud de normas jurídicas o convenios colectivos, incluso los servicios telegráficos y telefónicos prestados en régimen de franquicia».

Un artículo 12 de la LIVA que, por su parte, determina:

«Se considerarán operaciones asimiladas a las prestaciones de servicios a título oneroso los autoconsumos de servicios.

A efectos de este impuesto serán autoconsumos de servicios las siguientes operaciones realizadas sin contraprestación:

1.º Las transferencias de bienes y derechos, no comprendidas en el artículo 9, número 1.º, de esta Ley, del patrimonio empresarial o profesional al patrimonio personal del sujeto pasivo.

2.º La aplicación total o parcial al uso particular del sujeto pasivo o, en general, a fines ajenos a su actividad empresarial o profesional de los bienes integrantes de su patrimonio empresarial o profesional.

3.º Las demás prestaciones de servicios efectuadas a título gratuito por el sujeto pasivo no mencionadas en los números anteriores de este artículo, siempre que se realicen para fines ajenos a los de la actividad empresarial o profesional».

A dicho respecto, en un primer momento, la doctrina de la Dirección General de Tributos era la siguiente, recogida en su consulta vinculante (V0179-17), de 25 de enero de 2017:

«(...) este Centro directivo considera ajustada a Derecho la siguiente contestación a la consulta formulada, por lo que respecta al Impuesto sobre el Valor Añadido:

- Los servicios prestados por abogados y procuradores a los beneficiarios del derecho a la asistencia jurídica gratuita estarán sujetos y no exentos del Impuesto, debiéndose repercutir en factura el Impuesto sobre el Valor Añadido al tipo impositivo general del 21 por ciento a su beneficiario, destinatario de la prestación de tales servicios.

El cambio de criterio de este Centro directivo se apoya, como se ha indicado, en la sentencia del Tribunal de fecha 16 de julio de 2016 y en la consideración de que los mencionados servicios prestados por los abogados y procuradores en el marco de la Ley 1/1996 se realizan a título oneroso toda vez que, de acuerdo con lo dispuesto en el artículo 78.Uno de la Ley 37/1992, constituye la base imponible de las operaciones sujetas, el importe total de la contraprestación pagada por el destinatario de las mismas o por un tercero.

En consecuencia, considerando que los servicios de asistencia jurídica prestados por los abogados o procuradores a los beneficiarios de la asistencia jurídica gratuita son retribuidos no por dicho destinatario sino por un tercero, en este caso la Administración Pública competente, se llega a la conclusión del carácter oneroso de tales servicios, formando parte la base imponible de dicha prestación la retribución que perciban con cargo a fondos públicos por su intervención en el correspondiente procedimiento judicial».

Sin embargo, **tras la modificación operada en la Ley 1/1996, de 10 de enero, por parte de la Ley 2/2017, de 21 de junio, se produjo un cambio de criterio**, en atención al artículo 78.Tres.1.º de la LIVA, según el cual:

> «Tres. No se incluirán en la base imponible:
> 1.º Las cantidades percibidas por razón de indemnizaciones, distintas de las contempladas en el apartado anterior que, por su naturaleza y función, no constituyan contraprestación o compensación de las entregas de bienes o prestaciones de servicios sujetas al impuesto».

Así, y por lo que se refiere a la tributación de las indemnizaciones en el IVA, el Centro Directivo acogió la jurisprudencia establecida por el Tribunal de Justicia de la Unión Europea en sus sentencias n.º **C-215/94, de 29 de febrero de 1996, ECLI:EU:C:1996:72, y n.º C-384/95, de 18 de diciembre de 1997, ECLI:EU:C:1997:627**. Muestra de ello sería, por ejemplo, la **consulta vinculante de la Dirección General de Tributos (V0022-19), de 3 de enero de 2019**, en la que se razonaba lo siguiente:

> «En lo que respecta a la tributación de las indemnizaciones en el Impuesto, resultan de interés los criterios fijados por el Tribunal de Justicia de la Unión Europea en sus sentencias de 29 de febrero de 1996, asunto C-215/94, y de 18 de diciembre de 1997, asunto C-384/95.
> En la sentencia de 29 de febrero de 1996, asunto C-215/94 (en lo sucesivo, sentencia Mohr), el Tribunal de Justicia se pronunció sobre la cuestión de si, a efectos de la Sexta Directiva, constituye una prestación de servicios el compromiso de abandonar la producción lechera que asume un agricultor en el marco de un Reglamento comunitario que establece una indemnización por el abandono definitivo de la producción lechera.
> El Tribunal de Justicia respondió negativamente a esta cuestión, al declarar que el Impuesto sobre el Valor Añadido es un impuesto general sobre el consumo de bienes y servicios y que, en un caso como el que se le había sometido, no se daba ningún consumo en el sentido del sistema comunitario del Impuesto sobre el Valor Añadido. Consideró el Tribunal de Justicia que, al indemnizar a los agricultores que se comprometen a abandonar su producción lechera, la Comunidad no adquiere bienes ni servicios en provecho propio, sino que actúa en el interés general de promover el adecuado funcionamiento del mercado lechero comunitario. En estas circunstancias, el compromiso del agricultor de abandonar la producción lechera no ofrece a la Comunidad ni a las autoridades nacionales competentes ninguna ventaja que pueda permitir considerarlas consumidores de un servicio y no constituye, por consiguiente, una prestación de servicios en el sentido del apartado 1 del artículo 6 de la Sexta Directiva.
> En la sentencia de 18 de diciembre de 1997, asunto C-384/95 (en lo sucesivo, sentencia Landboden), el Tribunal de Justicia señaló que, en contra de determinadas interpretaciones del citado razonamiento seguido por el Tribunal en la sentencia Mohr, "tal razonamiento no excluye que un pago

realizado por una autoridad pública en interés general pueda constituir la contrapartida de una prestación de servicios a efectos de la Sexta Directiva y tampoco supone que el concepto de prestación de servicios dependa del destino que dé al servicio el que paga por él. Únicamente debe tenerse en cuenta, para quedar sujeto al sistema común del Impuesto sobre el Valor Añadido, la naturaleza del compromiso asumido y este compromiso debe suponer un consumo" (punto 20 de la sentencia)».

Pues bien, en el sistema de asistencia jurídica gratuita posterior a 2017, los abogados y procuradores que realicen sus prestaciones de servicios profesionales reciben determinadas cantidades de los colegios profesionales con la finalidad de compensar con carácter indemnizatorio su actuación en el marco de la obligación contenida en la propia Ley de asistencia jurídica gratuita. Unas cantidades que, por tanto, no constituirían contraprestación de operación alguna sujeta al IVA.

En consecuencia, se entiende que, **desde el 1 de enero de 2017** (fecha de efectos de la nueva regulación del sistema de asistencia jurídica gratuita), **los servicios prestados por abogados y procuradores en el marco de la Ley 1/1996, de 10 de enero, de asistencia jurídica gratuita, no están sujetos al IVA.** Un criterio que, por lo demás, se ha reiterado en múltiples consultas vinculantes de la Dirección General de Tributos más recientes, como la (V0144-24), de 16 de febrero de 2024, o la (V2313-23), de 9 de agosto de 2023.

Por lo tanto, si el abogado o procurador **solo realiza operaciones no suje-tas al IVA**, por dedicarse en exclusiva a prestar sus servicios en el turno de oficio, **no tendrá la consideración de empresario o profesional a los efectos del IVA ni la obligación de presentar declaraciones-liquidaciones** por ese impuesto. Ahora bien, sí **deberá presentar esas declaraciones en el caso de que efectúe otras prestaciones de servicios que sí estén sujetas** al impues-to, incluso aunque no existan cuotas devengadas ni se practique deducción de las cuotas soportadas o satisfechas, así como la declaración resumen anual conforme al artículo 71 del RIVA.

RESOLUCIONES ADMINISTRATIVAS

Consulta vinculante de la Dirección General de Tributos (V0144-24), de 16 de febrero de 2024

Asunto: ¿el abogado que solo presta servicios profesionales en el turno de oficio, no sujetos al IVA, debe presentar las declaraciones del IVA?

«Por lo que se refiere a la obligación de presentar el modelo de declaración-liqui-dación trimestral (Modelo 303), el artículo 71 del Reglamento del Impuesto sobre el Valor Añadido aprobado por el Real Decreto 1624/1992, de 29 de diciembre (BOE del 31 de diciembre), establece que:

"1. Salvo lo establecido en relación con las importaciones, los sujetos pasivos de-berán realizar por sí mismos la determinación de la deuda tributaria mediante decla-raciones-liquidaciones ajustadas a las normas contenidas en los apartados siguientes.

Los empresarios y profesionales deberán presentar las declaraciones-liquidaciones periódicas a que se refieren los apartados 3, 4 y 5 de este artículo, así como la decla-ración resumen anual prevista en el apartado 7, incluso en los casos en que no existan cuotas devengadas ni se practique deducción de cuotas soportadas o satisfechas.

La obligación establecida en los párrafos anteriores no alcanzará a aquellos sujetos pasivos que realicen exclusivamente las operaciones exentas comprendidas en los artículos 20 y 26 de la Ley del Impuesto.

(...).".

Por tanto, en la medida en que el consultante realizase únicamente operaciones no sujetas al Impuesto, por dedicarse en exclusiva a prestar sus servicios en el turno de oficio de Asistencia al Ciudadano, no tendrá la consideración de empresario o profesional y no tendrá la obligación de presentar declaraciones-liquidaciones por el Impuesto sobre el Valor Añadido.

Sí deberá presentar dichas declaraciones si realiza otras prestaciones de servicios que sí estén sujetas al Impuesto, incluso en el supuesto en que no existan cuotas devengadas ni se practique deducción de cuotas soportadas o satisfechas, así como también la declaración resumen anual según indica el artículo 71 del Reglamento del impuesto en sus apartados 3, 4, 5 y 7».

Consulta vinculante de la Dirección General de Tributos (V2313-23), de 9 de agosto de 2023

Asunto: no deducibilidad de las cuotas de IVA soportadas por el abogado que solo presta servicios en el turno de oficio, no sujetos al IVA.

«Por lo que se refiere, por último, a la deducción de las cuotas que soporte en el ejercicio de su actividad, el apartado uno del artículo 93 de la Ley 37/1992 establece en su primer párrafo que:

"Podrán hacer uso del derecho a deducir los sujetos pasivos del Impuesto que tengan la condición de empresarios o profesionales de conformidad con lo dispuesto en el artículo 5 de esta Ley y hayan iniciado la realización habitual de entregas de bienes o prestaciones de servicios correspondientes a sus actividades empresariales o profesionales."

Así pues, en el caso de que el consultante prestase únicamente servicios en el turno de oficio, no sujetos al Impuesto sobre el Valor Añadido, no tendrá la consideración de empresario o profesional y no podrá practicar deducción alguna de las cuotas soportadas por el Impuesto».

3.
LA OBLIGACIÓN DEL CLIENTE DE PRACTICAR RETENCIONES A CUENTA EN EL IRPF

En determinados supuestos, los honorarios o derechos que perciban los abogados y procuradores como consecuencia de la prestación de sus servicios profesionales quedarán sometidos a retención a cuenta de su IRPF.

Y es que, en términos generales, el **artículo 99 de la LIRPF** señala lo siguiente en sus apartados 2, 4 y 10:

> «2. Las entidades y las personas jurídicas, incluidas las entidades en atribución de rentas, que satisfagan o abonen rentas sujetas a este impuesto, estarán obligadas a practicar retención e ingreso a cuenta, en concepto de pago a cuenta del Impuesto sobre la Renta de las Personas Físicas correspondiente al perceptor, en la cantidad que se determine reglamentariamente y a ingresar su importe en el Tesoro en los casos y en la forma que se establezcan. (...)
>
> (...)
>
> 4. En todo caso, los sujetos obligados a retener o a ingresar a cuenta asumirán la obligación de efectuar el ingreso en el Tesoro, sin que el incumplimiento de aquella obligación pueda excusarles de ésta.
>
> (...)
>
> 10. Los contribuyentes deberán comunicar, al pagador de rendimientos sometidos a retención o ingreso a cuenta de los que sean perceptores, las circunstancias determinantes para el cálculo de la retención o ingreso a cuenta procedente, en los términos que se establezcan reglamentariamente».

Esta obligación de retención se desarrolla reglamentariamente en los artículos 74 y siguientes del RIRPF, determinando el primero de ellos:

> «1. Las personas o entidades contempladas en el artículo 76 de este Reglamento que satisfagan o abonen las rentas previstas en el artículo 75,

estarán obligadas a retener e ingresar en el Tesoro, en concepto de pago a cuenta del Impuesto sobre la Renta de las Personas Físicas correspondiente al perceptor, de acuerdo con las normas de este Reglamento.

Igualmente existirá obligación de retener en las operaciones de transmisión de activos financieros y de transmisión o reembolso de acciones o participaciones de instituciones de inversión colectiva, en las condiciones establecidas en este Reglamento.

2. Cuando las mencionadas rentas se satisfagan o abonen en especie, las personas o entidades mencionadas en el apartado anterior estarán obligadas a efectuar un ingreso a cuenta, en concepto de pago a cuenta del Impuesto sobre la Renta de las Personas Físicas correspondiente al perceptor, de acuerdo con las normas de este Reglamento.

3. A efectos de lo previsto en este Reglamento, las referencias al retenedor se entenderán efectuadas igualmente al obligado a efectuar ingresos a cuenta, cuando se trate de la regulación conjunta de ambos pagos a cuenta».

Así las cosas, **los rendimientos derivados de actividades profesionales, como las que desarrollan los abogados y procuradores, estarán sujetos a retención cuando se satisfagan o abonen por ciertas personas o entidades,** por tratarse de una de las rentas sujetas a retención en los términos del artículo 75 del RIRPF:

«1. Estarán sujetas a retención o ingreso a cuenta las siguientes rentas:
(...)
c) Los rendimientos de las siguientes actividades económicas:
Los rendimientos de actividades profesionales.
Los rendimientos de actividades agrícolas y ganaderas.
Los rendimientos de actividades forestales.
Los rendimientos de las actividades empresariales previstas en el artículo 95.6.2.º de este Reglamento que determinen su rendimiento neto por el método de estimación objetiva.
(...)».

En concreto, procederá la práctica de retención cuando los servicios profesionales se presten a alguno de los sujetos o entidades que se enumeran en el artículo 76 del RIRPF. Por ese motivo, habría que distinguir dos situaciones, en función de quién sea el cliente, que se analizarán a continuación:

- Clientes que sean contribuyentes obligados a retener.
- Clientes que sean contribuyentes no obligados a retener.

A TENER EN CUENTA. Evidentemente, nos estamos refiriendo a aquellos supuestos en los que el abogado o procurador presta sus servicios por su propia cuenta o de manera independiente, percibiendo sus remuneraciones como rendimientos de actividades económicas; puesto que, cuando mantenga una relación laboral percibiendo rendimientos del trabajo, sus nóminas quedarán sometidas a las retenciones propias de ese tipo de rendimientos.

3.1. Contribuyentes obligados a retener: profesionales y empresarios

Con carácter general, están obligados a retener o ingresar a cuenta del IRPF, siempre que satisfagan rentas a abogados y procuradores, según el artículo 76 del RIRPF:

- Las **personas jurídicas y demás entidades**, incluidas las comunidades de propietarios y las entidades en régimen de atribución de rentas.

- Los **contribuyentes que ejerzan actividades económicas**, cuando satisfagan rentas en el ejercicio de sus actividades.

- Las personas físicas, jurídicas y demás entidades no residentes en territorio español, que operen en él mediante establecimiento permanente.

- Las personas físicas, jurídicas y demás entidades no residentes en territorio español, que operen en él sin mediación de establecimiento permanente, en cuanto a los rendimientos del trabajo que satisfagan, así como respecto de otros rendimientos sometidos a retención o ingreso a cuenta que constituyan gasto deducible para la obtención de rentas procedentes de prestaciones de servicios, asistencia técnica, obras de instalación o montaje derivados de contratos de ingeniería y, en general, de actividades o explotaciones económicas realizadas en España sin mediación de establecimiento permanente.

> **A TENER EN CUENTA.** No se considerará que una persona o entidad satisface rentas cuando se limite a efectuar una simple mediación de pago, entendiéndose por tal el abono de una cantidad por cuenta y orden de un tercero. Ahora bien, no tienen la consideración de operaciones de simple mediación de pago las siguientes y las personas o entidades señaladas estarán obligadas a retener e ingresar:
>
> - Cuando sean depositarias de valores extranjeros propiedad de residentes en territorio español o tengan a su cargo la gestión de cobro de las rentas derivadas de dichos valores, siempre que tales rentas no hayan soportado retención previa en España.
>
> - Cuando satisfagan a su personal prestaciones por cuenta de la Seguridad Social.
>
> - Cuando satisfagan a su personal cantidades desembolsadas por terceros en concepto de propina, retribución por el servicio u otros similares.
>
> - Tratándose de cooperativas agrarias, cuando distribuyan o comercialicen los productos procedentes de las explotaciones de sus socios.

Asimismo, y en particular, el apartado 2 del artículo 76 del RIRPF, también recoge otra serie de sujetos que estarán obligados a retener o ingresar a cuenta, fundamentalmente en el ámbito de las operaciones financieras, de seguro y societarias.

CUESTIONES

1. ¿Existe obligación de retener a cuenta del IRPF en caso de que un procurador o abogado preste servicios a otro procurador o abogado?

Sí, estarán sujetos a retención, puesto que los honorarios facturados por el profesional que presta sus servicios son rendimientos de actividades profesionales y son satisfechos por una persona física en el ejercicio de su actividad económica (en este caso, profesional). No en vano, los rendimientos de actividades profesionales constituyen rentas sujetas a retención o ingreso a cuenta conforme al artículo 75.1 del RIRPF y los abogados o procuradores que actúan en el ámbito de su actividad se incluyen entre los sujetos obligados a practicar retenciones según el artículo 76.1 del RIRPF.

En este sentido, por ejemplo, la consulta vinculante de la Dirección General de Tributos (V2288-13), de 10 de julio de 2013.

2. ¿Las compensaciones satisfechas por un colegio profesional a los abogados o procuradores por su intervención en un asunto del turno de oficio están sujetas a retención?

Sí, conforme a lo previsto en los artículos 75.1 y 76.1 del RIRPF ya analizados, el colegio profesional estará obligado a practicar e ingresar las retenciones correspondientes al IRPF sobre los honorarios satisfechos a los procuradores o abogados por los servicios prestados en el marco de la asistencia jurídica gratuita o turno de oficio.

3. Si un letrado o procurador designado de oficio cobró con cargo a fondos públicos por su intervención en el proceso y, con posterioridad, su cliente beneficiario de asistencia jurídica gratuita debe abonarle sus honorarios, ¿qué sucede con las retenciones que el colegio profesional practicó en su momento sobre la compensación satisfecha al profesional?

Cuando un abogado o procurador haya percibido una compensación económica por una intervención en el turno de oficio y deba devolverla al colegio que se la abonó porque su cliente tiene que pagarle los honorarios como consecuencia de lo previsto en el artículo 36 de la Ley 1/1996, de 10 de enero, se plantea la cuestión de qué sucede con las retenciones que el colegio practicó en su momento sobre las compensaciones satisfechas al profesional.

La Dirección General de Tributos ha señalado que, en estos casos, la retención practicada por los colegios de abogados o procuradores sobre la remuneración del turno de oficio podría suponer un ingreso indebido. Así las cosas, para el reconocimiento de un eventual derecho a la devolución de tal ingreso indebido y de su abono deberá instarse la rectificación de la autoliquidación de las retenciones, en los términos de los artículos 221.4 y 120.3 de la LGT. Dicho procedimiento de rectificación se encuentra regulado en los artículos 126 a 129 del Real Decreto 1065/2007, de 27 de julio.

Dado que la autoliquidación cuya rectificación se pretende se refiere a retenciones, ingresos a cuenta o cuotas soportadas, el artículo 129 de ese reglamento se remite en cuanto a la legitimación para instar el procedimiento de rectificación y al beneficiario de la eventual devolución al artículo 14 del Real Decreto 520/2005, de 13 de mayo. En esa medida, y conforme al primer apartado de dicho artículo 14, letras a) y b), podrán solicitar la devolución de ingresos indebidos, no solo los obligados tributarios que hubiesen realizado el eventual ingreso indebido (los colegios profesionales), sino también quienes hubiesen soportado la retención indebida (los abogados o procuradores).

Una vez instado el procedimiento de rectificación, la Administración tributaria deberá valorar la concurrencia de los presupuestos de hecho y de derecho que determinen la procedencia o no de la rectificación de la autoliquidación y consiguiente devolución de ingresos indebidos.

Así se desprende, por ejemplo, de las consultas vinculantes de la Dirección General de Tributos (V1436-19), de 14 de junio de 2019, y (V2850-14), de 21 de octubre de 2014.

Finalmente conviene resaltar que el Real Decreto 117/2024, de 30 de enero, implantó la nueva figura de la autoliquidación rectificativa en el IRPF (entre otros impuestos), con el régimen previsto en el artículo 67 bis del RIRPF; que entrará en vigor cuando lo haga la orden ministerial que apruebe los correspondientes modelos de declaración.

Obligaciones del retenedor

Las personas y entidades obligadas a retener y a ingresar a cuenta del IRPF tendrán las siguientes obligaciones, según lo previsto en el artículo 108 del RIRPF:

- Presentar, en los primeros 20 días naturales de los meses de abril, julio, octubre y enero, **declaración de las cantidades retenidas y de los ingresos a cuenta correspondientes al trimestre natural inmediato anterior**, así como ingresar su importe en el Tesoro Público. Habrá que presentar declaración negativa cuando, a pesar de haber satisfecho rentas sometidas a retención o ingreso a cuenta, no hubiera procedido, por razón de su cuantía, la práctica de retención o ingreso a cuenta alguno; pero no en caso de que no se hubieran satisfecho, en el período de declaración, rentas sometidas a retención e ingreso a cuenta. Esta declaración e ingreso se realizará en los 20 primeros días naturales de cada mes en relación con las cantidades retenidas e ingresos a cuenta correspondientes al mes inmediato anterior, cuando se trate de retenedores u obligados en los que concurran las circunstancias de los números 1.º y 2.º del artículo 71.3 del RIVA.

- Presentar, dentro de los primeros 20 días naturales del mes de enero, una **declaración anual de las retenciones e ingresos a cuenta efectuados**. En el caso de que esta declaración se presente en soporte directamente legible por ordenador o haya sido generado mediante la utilización, exclusivamente, de los correspondientes módulos de impresión desarrollados, a estos efectos, por la Administración tributaria, el plazo de presentación será el comprendido entre el 1 de enero y el 31 de enero del año siguiente al del que corresponde dicha declaración. La declaración habrá de reunir los datos y requisitos especificados en el artículo 108.2 del RIRPF.

- **Expedir en favor del contribuyente una certificación acreditativa de las retenciones practicadas o de los ingresos a cuenta efectuados**, así como de los restantes datos referentes al contribuyente que hayan sido incluidos en el correspondiente resumen anual de retenciones e ingresos a cuenta del IRPF. Esta certificación deberá ponerse a disposición del contribuyente antes de la apertura del plazo de declaración del IRPF.

Por lo demás, con carácter, la obligación de retener nacerá en el momento en el que se satisfagan o abonen las rentas correspondientes (artículo 78.1 del RIRPF).

CUESTIÓN

¿A qué ejercicio se imputarán las retenciones a cuenta del IRPF?

Las retenciones o ingresos a cuenta se imputarán al período impositivo en el que se imputen las rentas sometidas a retención o ingreso a cuenta, con independencia del momento en que se hayan practicado. Así resulta del artículo 79 del RIRPF.

Importe de la retención a practicar

El importe de la retención será el resultado de aplicar a la base de retención el tipo de retención que corresponda, siendo la base la cuantía total que se satisfaga o abone (artículo 77.1 del RIRPF).

En particular, en el caso de actividades profesionales (como serían las de los abogados y procuradores), se aplicará un **tipo de retención general del 15 % sobre los ingresos íntegros satisfechos**, tal y como prevé el artículo 95.1 del RIRPF. Ahora bien, si se tratase de contribuyentes que inicien el ejercicio de actividades profesionales, el tipo de retención será del **7 % en el período impositivo de inicio de actividades y en los dos siguientes**, siempre que no hubieran ejercido ninguna actividad profesional en el año anterior a la fecha de inicio de las actividades.

A TENER EN CUENTA. Para que pueda aplicarse este tipo de retención del 7 %, los contribuyentes (abogados o procuradores que presten sus servicios) tendrán que comunicar al pagador de los rendimientos que concurre la circunstancia oportuna para su aplicación, quedando obligado el pagador a conservar la comunicación debidamente firmada.

Estos porcentajes se reducirán en un 60 % cuando los rendimientos tengan derecho a la deducción en la cuota prevista en el artículo 68.4 de la LIRPF (deducción por rentas obtenidas en Ceuta y Melilla).

CUESTIÓN

¿Existe obligación legal de detallar el porcentaje de retención que debe aplicar el pagador en la factura?

No existe obligación de incluir en la factura la retención a cuenta del IRPF cuando deba practicarse, aunque tampoco existe ningún impedimento para que efectivamente se incorpore.

Así lo razona la Dirección General de Tributos en su consulta vinculante (V1728-15), de 2 de junio de 2015:

«En el artículo 26 del Reglamento por el que se regulan las obligaciones de facturación, aprobado por el Real Decreto 1619/2012, de 30 de noviembre (BOE de 1 de diciembre) se establecen las particularidades de la obligación de documentar las operaciones en el IRPF.

En el apartado 1 de este precepto, se establece que los contribuyentes por el IRPF que obtengan rendimientos de actividades económicas y determinen su rendimiento neto por el régimen de estimación directa estarán obligados a expedir factura y copia de ésta por las operaciones que realicen en el desarrollo de su actividad en los términos previstos en dicho Reglamento a los efectos del Impuesto sobre el Valor Añadido.

Por tanto, entre los requisitos que debe reunir una factura no se encuentra la obligación de incluir en la misma la retención a cuenta del IRPF, en los casos en que esta deba practicarse.

Ahora bien, tampoco existe impedimento alguno para su inclusión en la factura de dicha retención a cuenta.

No obstante, que la retención no se incluya en la factura no supone que el pagador de las misma no esté obligado a practicarla cuando exista la obligación de retener, dado que los actos de retención tributaria corresponde realizarlos a quién satisface o abona los rendimientos, quién además vendrá obligado a comunicar la retención al contribuyente y a expedir en su momento certificación acreditativa de la misma, tal y como dispone el artículo 108, en sus apartados 3 y 4, del Reglamento del IRPF».

RESOLUCIONES ADMINISTRATIVAS

Consulta vinculante de la Dirección General de Tributos (V2609-23), de 27 de septiembre de 2023

Asunto: ¿puede hacerse algo si el profesional que inicia una actividad profesional emite sus primeras facturas con una retención del 15 % y luego se da cuenta de que podía aplicar un tipo de retención del 7 %?

«(...) la aplicación del porcentaje reducido del 7 por ciento no es automático, sino que, además, de estar en los tres primeros períodos impositivos de ejercicio de la actividad profesional, los contribuyentes afectados (en este caso, la consultante) deberán comunicar la circunstancia de estar iniciando la actividad a cada pagador de las facturas emitidas.

Como en el caso planteado no se ha producido esta comunicación, el porcentaje reducido del 7 por ciento no ha sido de aplicación, por lo deberá aplicarse el porcentaje general de retención establecido para los rendimientos de actividades profesionales satisfechos con anterioridad a dicha comunicación.

Finalmente, procede indicar que la constancia de la retención no es uno de los requisitos que debe reunir la factura, pero tampoco existe impedimento alguno para su inclusión en la misma. A este respecto, cabe señalar que los actos de retención tributaria corresponde realizarlos a quien satisface o abona los rendimientos, quien además vendrá obligado en su momento a expedir en favor del contribuyente certificación acreditativa de la retención practicada».

Consulta vinculante de la Dirección General de Tributos (V2422-23), de 7 de septiembre de 2023

Asunto: no cabe aplicar un tipo de retención superior al 15 % en las facturas emitidas por servicios profesionales.

«Las retenciones sobre rendimientos de actividades profesionales están reguladas en el artículo 95 del Reglamento del Impuesto sobre la Renta de las Personas Físicas, aprobado por el Real Decreto 439/2007, de 30 de marzo (...)

(...)

Como se puede observar, no se prevé la aplicación de un porcentaje superior al tipo de retención establecido en el artículo anteriormente reproducido.

Por tanto, debe contestarse de forma negativa a la cuestión planteada en la consulta».

3.2. Contribuyentes no obligados a retener

Una vez analizadas las personas y entidades que tienen obligación de retener a cuenta del IRPF cuando abonen rentas a abogados y procuradores como contraprestación por sus servicios profesionales, puede decirse por exclusión, que aquellos otros clientes que no encajen en las categorías que enumera el artículo 76 del RIRPF no tendrán tal obligación. Fundamentalmente, se trataría de **clientes particulares que sean personas físicas y no operen en el ámbito de sus actividades económicas o profesionales**.

En este punto también habría que tener en cuenta que, en los casos de condena en costas, **la parte que deba satisfacer las costas no estará obligada a practicar retención a cuenta del IRPF sobre los honorarios profesionales del abogado y procurador contrarios**, con independencia de que se trate de un sujeto que, en principio, sí deba practicar la retención conforme al artículo 76 del RIRPF cuando abone rentas sujetas a retención. Es decir, en tal supuesto, tendría que practicar la oportuna retención sobre los honorarios que pague a sus propios profesionales, pero no sobre los que deba satisfacer por los abogados y procuradores que hubiesen asistido y representado al litigante contrario, beneficiario de las costas. No en vano, dada la naturaleza de las costas, el condenado a satisfacerlas no estaría abonando un rendimiento a los profesionales del contrario, sino una indemnización a la parte vencedora en el litigio.

> **RESOLUCIÓN ADMINISTRATIVA**
>
> **Consulta vinculante de la Dirección General de Tributos (V0666-24), de 15 de abril de 2024**
>
> **Asunto: el condenado al pago de las costas no tiene obligación de retener a cuenta del IRPF sobre los honorarios profesionales del abogado y procurador de la parte vencedora.**
>
> *«En cuanto a las costas, este Centro directivo viene manteniendo el criterio —consultas nº 0154-05, 0172-05, V0588-05, V1265-06, V0343-09, V0268-10, V0974-13, V2909-14 y V4846-16, entre otras, y tomando como base la configuración jurisprudencial de la condena en costas, establecida por el Tribunal Supremo, como generadora de un crédito a favor de la parte vencedora y que, por tanto, no pertenece a quien le representa o asiste— de considerar que al ser beneficiaria la parte vencedora, la parte condenada no está satisfaciendo rendimientos profesionales a los abogados y procuradores de la parte vencedora sino una indemnización a esta última —la cual se corresponde con el pago de los honorarios de abogado y procurador en que esta ha incurrido—, por lo que aquella parte (la condenada) no está obligada a practicar retención, a cuenta del Impuesto sobre la Renta de las Personas Físicas, sobre tales honorarios profesionales.*
>
> *Conforme con el criterio expuesto, al tratarse de una indemnización a la parte vencedora, la incidencia tributaria para esta parte viene dada por su carácter restitutorio del gasto de defensa y representación realizado por la parte vencedora en un juicio, lo que supone la incorporación a su patrimonio de un crédito a su favor o de dinero (en cuanto se ejercite el derecho de crédito) constituyendo así una ganancia patrimonial, conforme con lo dispuesto en el artículo 33.1 de la Ley 35/2006, antes reproducido,*

ganancia patrimonial que al no proceder de una transmisión entendía este Centro (consultas nº V2085-17, V1190-18, V0285-19 y V3228-19, entre otras) que su cuantificación venía dada por el propio importe indemnizatorio de la condena en costas, tal como resultaba de lo dispuesto en el artículo 34.1,b) de la Ley del Impuesto.

Ahora bien, en relación con lo señalado en el párrafo anterior, el Tribunal Económico-Administrativo Central (TEAC) en resolución de recurso de alzada para la unificación de criterio de 1 de junio de 2020, resolución nº 00/06582/2019/00/00), ha fijado el siguiente criterio:

"Conforme con lo dispuesto en el artículo 33.1 de la Ley 35/2006, de 28 de noviembre, del Impuesto sobre la Renta de las Personas Físicas y de modificación parcial de las leyes de los Impuestos sobre Sociedades, sobre la Renta de no Residentes y sobre el Patrimonio, para la determinación de la ganancia patrimonial que puede suponer para el vencedor del pleito la condena a costas judiciales a la parte contraria, el litigante vencedor podrá deducir del importe que reciba en concepto de costas los gastos en que haya incurrido con motivo del pleito, importe deducible que podrá alcanzar como máximo el importe que reciba, sin superarlo; con lo que, si se le resarcen todos los gastos calificables de costas, en puridad no habrá tenido ganancia patrimonial alguna".

Este criterio establecido por el TEAC motivó que por esta Dirección General se replantease el que esta venía manteniendo, procediendo a su modificación en contestación de 13 de octubre de 2020 (consulta vinculante V3097-20) y pasar a considerar que para la determinación de la ganancia patrimonial que puede suponer para el vencedor del pleito la condena en costas judiciales a la parte contraria, el litigante vencedor podrá deducir del importe que reciba en concepto de costas los gastos en que haya incurrido con motivo del pleito, importe deducible que podrá alcanzar como máximo el importe que reciba, sin superarlo. Por tanto, si el importe de la condena en costas se corresponde con los gastos incurridos —esto es, los honorarios profesionales correspondientes a su defensa— no se habrá producido una ganancia patrimonial para el consultante respecto a las costas».

4.
LA CONDENA EN COSTAS Y EL IVA

¿Qué son las costas en un proceso judicial?

El Diccionario panhispánico del español jurídico define las costas procesales del siguiente modo:

> «Parte de los gastos procesales que tiene origen en el proceso y cuyo pago recae en las partes, de acuerdo con lo que determinen las leyes procesales. Cada una de las partes tiene derecho a ser resarcida si al final del proceso se declara la condena en costas de la contraria».

Por su parte, el **artículo 241 de la LEC** establece que, salvo lo dispuesto en la Ley de asistencia jurídica gratuita, cada parte pagará los gastos y costas del proceso causados a su instancia a medida que se vayan produciendo.

Se considerarán gastos del proceso aquellos desembolsos que tengan su origen directo e inmediato en la existencia de dicho proceso, y se considerarán costas la parte de aquellos que se refieran a los siguientes conceptos:

- **Honorarios de la defensa y de la representación técnica cuando sean preceptivas**.
- Inserción de anuncios o edictos que deban publicarse en el curso del proceso de forma obligada.
- Depósitos necesarios para la presentación de recursos.
- Derechos de peritos y demás abonos que tengan que realizarse a personas que hayan intervenido en el proceso.
- Copias, certificaciones, notas, testimonios y documentos análogos que hayan de solicitarse conforme a la ley, salvo los que se reclamen por el tribunal a registros y protocolos públicos, que serán gratuitos.
- Derechos arancelarios que deban abonarse como consecuencia de actuaciones necesarias para el desarrollo del proceso.

- La tasa por el ejercicio de la potestad jurisdiccional, cuando sea preceptiva. No se incluirá en las costas del proceso el importe de la tasa abonada en los procesos de ejecución de las hipotecas constituidas para la adquisición de vivienda habitual. Tampoco se incluirá en los demás procesos de ejecución derivados de dichos préstamos o créditos hipotecarios cuando se dirijan contra el propio ejecutado o contra los avalistas.

Los titulares de créditos derivados de actuaciones procesales podrán reclamarlos de la parte o partes que deban satisfacerlos sin esperar a que el proceso finalice y con independencia del eventual pronunciamiento sobre costas que en este recaiga.

Por lo tanto, la finalidad de las costas procesales es rehabilitar la situación patrimonial del beneficiario del pronunciamiento, que ha incurrido en unos gastos que la parte condenada al pago le ha causado al obligarla a acudir a un proceso judicial.

Entre otros conceptos, como se ha visto, las costas incluyen los honorarios del abogado y procurador que hubieran asistido a litigante beneficiado por ellas, por lo que es frecuente que estos profesionales tengan dudas a la hora de emitir la correspondiente factura. En particular, a la hora de decidir si deben repercutir IVA en ella o no. Sin embargo, antes de entrar en esta problemática, que se analizará en epígrafes posteriores, conviene realizar un repaso por el régimen básico de las costas en los distintos órdenes jurisdiccionales.

CUESTIÓN

¿La factura de derechos arancelarios del notario por otorgamiento de poder para pleitos tiene consideración de costas procesales?

Sí, los gastos por la factura de derechos arancelarios del notario por otorgamiento de poder para pleitos tienen la consideración de costas procesales. En este sentido se pronuncia la **sentencia de la Audiencia Provincial de Málaga n.° 151/2008, de 13 de marzo, ECLI:ES:APMA:2008:611:**

*«(...) el importe de la facturas que acompaña como documentos n.° 28 a 31, esto es, los correspondientes a la factura de honorarios por informe topográfico, **factura de derechos arancelarios de Notario por otorgamiento de poder para pleitos** y factura de honorarios del Registrador de la Propiedad por expedición de certificación de cargas, conceptos que no son reintegrables como indemnización de daños y perjuicios, sino que, al tratarse de gastos ocasionados a la parte como consecuencia del proceso, tienen el carácter de costas procesales. Así están expresamente reconocidos en el artículo 241 párrafo, segundo, en los n.° 4 (derechos de peritos y demás abonos a personas que hayan intervenido en el proceso), n.° 5 (copias, certificaciones, notas, testimonios y documentos análogos que hayan de solicitarse conforme a la Ley) y n.° 6 (derechos arancelarios que deban abonarse como consecuencia de actuaciones necesarias para el desarrollo del proceso) y en este concepto, en su caso, pueden y han de ser reclamados, por lo que procede desestimar el motivo, sin necesidad de mayor argumentación».*

A TENER EN CUENTA. De acuerdo con el Tribunal Supremo, las costas y los honorarios profesionales son conceptos distintos que confluyen en el proceso. Por un lado, las costas constituyen una indemnización a la parte que ha obtenido el reconocimiento de sus peticiones, mientras que los honorarios profesionales corresponden al precio de los servicios prestados en virtud del contrato de arrendamiento llevado a cabo entre las partes. En este sentido, la **sentencia del Tribunal Supremo n.º 489/2003, de 8 de septiembre, ECLI:ES:TS:2003:5420,** dispone lo siguiente:

«Es doctrina consolidada emanada de las resoluciones de esta Sala, la que establece que cuando se ha producido una condena en costas a la parte que interpuso el recurso, es lógico concluir que ha de verse obligada ésta al abono de las costas incluidas en la tasación efectuada por el Secretario judicial en la que, lógicamente, se incluirán los honorarios devengados por el Letrado que defiende a la parte contraria, siempre que su minuta se halle legalmente redactada y cualquiera que sea la forma de pago de los servicios profesionales que haya podido pactarse entre la parte a quien han sido judicialmente condenada las costas y el Abogado que los prestó, y sin que, por ser ajeno a tal relación contractual, pueda beneficiarse tal parte del dato de que tales servicios hayan podido o no ser ya total o parcialmente retribuidos por el arrendador de los mismos, pues ello, no sólo resultaría contradictorio con el mandato judicial que la condena en costas comporta, sino también porque incluso podría deparar un perjuicio económico inadmisible.

Todo lo cual sirve para enervar la tesis impugnatoria de la parte solicitante, que se basa en dos datos: 1.º.-Que no se han desembolsado los gastos que se incluyen en la tasación, y 2.º.- Que ni siquiera son gastos de la parte vencedora».

RESOLUCIÓN RELEVANTE

Auto del Tribunal Supremo de 5 de junio de 2024, recurso n.º 5813/2023, ECLI:ES:TS:2024:7571A

Asunto: naturaleza de la condena en costas.

«(...) es doctrina reiterada de este Tribunal Supremo (por todos, autos de 7 de octubre de 1999, 17 y 18 de diciembre de 2001, 27 de noviembre de 2003 y de 10 de diciembre de 2007, y, más recientemente, de 25 de septiembre de 2019), que la condena en costas declara un crédito del favorecido con ella, por lo que el pago de las costas judiciales supone una indemnización a favor de la parte vencedora en el pleito por los gastos ocasionados en un procedimiento judicial.

Resulta, pues, que hay que entender que el importe de las costas es para la parte que obtuvo a su favor el pronunciamiento de imposición de costas y no para los profesionales que representaron y defendieron a dicha parte, pues es ésta, como se ha dicho, la que obtiene, a través del pago de las costas judiciales por la parte vencida en el juicio, una indemnización de los gastos derivados de un proceso, entre los que figuran los honorarios del letrado y procurador que actuaron en su defensa (por todos, ATS de 3 de diciembre de 2007).

SEGUNDO.- Sentado lo anterior, hay que señalar que el procurador y el letrado intervienen en el proceso en representación y defensa de las partes y no pueden ejercer en el mismo pretensiones propias ajenas a los intereses de éstas. Sustancialmente es, por tanto, una cantidad debida por una parte procesal a otra.

A ello no obsta que, en el presente caso, la parte favorecida por la condena en costas tenga reconocido el beneficio de justicia gratuita».

El procedimiento de tasación de costas

Como norma general, de acuerdo con el artículo 243.1 de la LEC, en todo tipo de pronunciamientos e instancias, la tasación de costas se practicará por:

- El letrado de la Administración de Justicia que hubiere conocido del proceso o recurso.
- El letrado de la Administración de Justicia encargado de la ejecución.

LA TASACIÓN DE COSTAS

Se practicará por el LAJ
→ El LAJ que hubiere conocido del proceso o recurso
→ El LAJ encargado de la ejecución

Traslado a las partes por 10 días
→ No impugnación → Aprobación por decreto del LAJ
→ Impugnación → Deben mencionarse las cuentas, minutas y partidas en las que está la discrepancia
→ En caso contrario: Inadmisión

POR INDEBIDOS
3 días al abogado para pronunciarse sobre la inclusión o exclusión

POR EXCESIVOS
5 días al abogado para aceptar o rechazar la reducción
Si no acepta: Solicitud de informe al colegio de abogados correspondiente

Decreto manteniendo la tasación o introduciendo modificaciones

Posibilidad de recurso de revisión

|| Solicitud de la tasación de costas

El art. 242 de la LEC regula la solicitud de la tasación de costas, disponiendo que cuando sea firme una condena en costas, se procederá a la exacción de las mismas por el procedimiento de apremio, previa su tasación, si la parte condenada no las hubiere satisfecho antes de que la contraria solicite dicha tasación.

Se exige que la parte que pida la tasación de costas presente con la solicitud los justificantes de haber satisfecho las cantidades cuyo reembolso reclame.

El apartado tercero del mentado artículo establece que:

«Una vez firme la resolución en que se hubiese impuesto la condena, los procuradores, abogados, peritos y demás personas que hayan intervenido en el juicio y que tengan algún crédito contra las partes que deba ser incluido en la tasación de costas podrán presentar ante la Oficina judicial minuta detallada de sus derechos u honorarios y cuenta detallada y justificada de los gastos que hubieren suplido».

CUESTIONES

1. ¿Puede impugnarse la tasación de costas por haber sido presentada por un abogado distinto al que intervino en el proceso en el que se generaron?

No, las costas son siempre un derecho de la parte procesal beneficiaria de dichas costas, con independencia del abogado que la solicite.

2. ¿Cuál es el plazo para solicitar una tasación de costas?

El plazo para solicitar la tasación de costas es de 5 años a contar desde la firmeza de la resolución, siendo este **plazo de caducidad**. Asimismo, **una vez ya se hayan tasado las costas, habrá un plazo caducidad de 5 años para que se despache ejecución** del decreto del letrado de la Administración de Justicia mediante el que se tasan las costas.

Los derechos que correspondan a funcionarios, procuradores y profesionales se regularán con sujeción a los aranceles a los que estén sujetos. En el caso de abogados, peritos y demás profesionales y funcionarios no sujetos a arancel, los honorarios se fijarán con sujeción, en su caso, a las normas reguladoras de su estatuto profesional.

El crédito de la tasación de costas pertenece al cliente.

|| La práctica de la tasación de costas

La tasación de costas se practicará por el letrado de la Administración de Justicia del tribunal que hubiese conocido del proceso o recurso, o en su caso por el letrado de la Administración de Justicia encargado de la ejecución.

No pueden incluirse en la tasación los siguientes conceptos:

- Los derechos correspondientes a escritos y actuaciones que sean inútiles, superfluas o no autorizadas por la ley.
- Las partidas de las minutas que no se expresen detalladamente o que se refieran a honorarios no devengados en el pleito.

- Los derechos de los procuradores devengados por la realización de los actos procesales de comunicación, cooperación y auxilio a la Administración de Justicia.

- Los derechos de los procuradores devengados por las demás actuaciones meramente facultativas que hubieran podido ser practicadas, en otro caso, por las Oficinas judiciales.

- Las costas de actuaciones o incidentes en que hubiese sido condenada expresamente la parte favorecida por el pronunciamiento sobre costas en el asunto principal.

CUESTIONES

1. ¿Existe algún límite a las costas?

Sí, el art. 394.3 de la LEC fija como límite de la parte que corresponda a los abogados y demás profesionales no sujetos a arancel, una cantidad total que no exceda de la tercera parte de la cuantía del proceso, por cada uno de los litigantes que hubieren obtenido tal pronunciamiento, salvo que el tribunal haya declarado la temeridad del litigante. Cuando excedan este límite y no se hubiese declarado la temeridad del condenado en costas el letrado de la Administración de Justicia reducirá el importe de los honorarios reclamados.

2. ¿Debe incluirse el IVA en los honorarios que se reclaman en la tasación?

Sí, en las tasaciones de costas, los honorarios de abogado y derechos de procurador incluirán el Impuesto sobre el Valor Añadido de conformidad con lo dispuesto en la ley que lo regula, pero dicho importe no será computado a los efectos del límite fijado en el art. 394.3 de la LEC.

|| Aprobación de la tasación de costas

Una vez practicada la tasación de costas por el letrado de la Administración de Justicia, se dará traslado de ella a las partes por un plazo de 10 días (art. 244 de la LEC).

> **A TENER EN CUENTA.** Una vez acordado el traslado de la tasación de costas, no se podrá incluir ninguna otra partida.

La tasación de costas podrá ser impugnada en el citado plazo de 10 días. De haber transcurrido dicho plazo sin que la tasación de cosas sea impugnada, el letrado de la Administración de Justicia la aprobará mediante decreto.

CUESTIÓN

¿Puede recurrirse el decreto del LAJ aprobando la tasación de costas?

Si, contra este decreto cabe recurso de revisión, pero contra el auto resolviendo el recurso de revisión no cabrá recurso alguno.

|| Impugnación de la tasación de costas

Los motivos en que podrá basarse la impugnación a la tasación de costas aparecen regulados en el art. 245 de la LEC, y serían los siguientes:

- Que se hayan incluido en las partidas, derechos o gastos excesivos.

- En cuanto a los honorarios de abogados, peritos o profesionales sujetos a arancel, que el importe de los mismos sea excesivo.
- Que no se hayan incluido gastos debidamente justificados y reclamados.
- Que no se hayan incluido la totalidad de la minuta del abogado, perito, profesional o funcionario no sujeto a arancel que hubiese actuado a instancia de la parte favorecida, por la condena en costas.
- Que no se hayan incluido correctamente los derechos del procurador.

En el escrito de impugnación habrán de mencionarse las cuentas o minutas y las partidas concretas a que se refiera la discrepancia y las razones de esta. En caso de que en el escrito no se haga tal mención, el letrado de la Administración de Justicia mediante decreto inadmitirá la impugnación y contra este únicamente se podrá interponer recurso de reposición.

Si la impugnación de la tasación se realizara por considerar excesivos los honorarios de los abogados, en el plazo de 5 días se oirá al abogado y si este no aceptara la reducción de honorarios se pasará testimonio de los autos al colegio de abogados correspondiente para que emita informe. El mismo procedimiento se aplicará para los honorarios de peritos y de profesionales.

Una vez el letrado de la Administración de Justicia haya analizado los mencionados informes dictará decreto manteniendo la tasación o introduciendo las modificaciones que crea oportunas.

Si la impugnación se desestima en su totalidad las costas del incidente serán impuestas al impugnante. En caso contrario, cuando la impugnación se estima total o parcialmente, las costas del incidente se impondrán al abogado o al perito cuyos honorarios hubieran sido considerados excesivos.

En el caso de que la impugnación se realizara por haberse incluido partidas de derechos u honorarios indebidas, o por no haberse incluido gastos debidamente justificados y reclamados, el letrado de la Administración de Justicia dará traslado a la otra parte por el plazo de 3 días para que se pronuncie sobre la inclusión o exclusión de las partidas reclamadas.

El letrado de la Administración de Justicia resolverá en los 3 días siguientes mediante decreto, contra el que únicamente cabrá recurso de revisión y contra el auto que resuelva sobre dicho recurso, no cabrá recurso alguno.

CUESTIÓN

Si se impugna la tasación por entender que alguna partida es indebida, y en caso de no serlo, sería excesiva, ¿se tramitan ambas impugnaciones juntas?

Sí, el apartado 5 del art. 246 dispone que: «Cuando se alegue que alguna partida de honorarios de abogados o peritos incluida en la tasación de costas es indebida y que, en caso de no serlo, sería excesiva, se tramitarán ambas impugnaciones simultáneamente, con arreglo a lo prevenido para cada una de ellas en los apartados anteriores, pero la resolución sobre si los honorarios son excesivos quedará en suspenso hasta que se decida sobre si la partida impugnada es o no debida».

A TENER EN CUENTA. De acuerdo con el artículo 36.2 de la Ley 1/1996, de 10 de enero, de asistencia jurídica gratuita, quien hubiera sido beneficiario del derecho a la asistencia jurídica gratuita o lo tuviera reconocido legalmente, y fuera condenado al pago de costas, este no está obligado a pagar las mismas, salvo que, dentro de los tres años siguientes a la terminación del proceso, viniere a mejor fortuna, quedando, mientras tanto, interrumpida la prescripción del artículo 1.967 del Código Civil.

4.1. Las costas en los distintos órdenes jurisdiccionales

Las costas procesales cuentan con una regulación específica en los distintos órdenes jurisdiccionales:

- **Orden civil** (artículo 241 y siguientes de la LEC).
- **Orden penal** (artículos 123 y 124 del Código Penal, así como artículo 239 y siguientes de la LECrim).
- **Orden social**. Si bien el orden social, por su especial operativa, está asentado en el «principio de gratuidad» del proceso, se regula la posibilidad de incluir los honorarios de abogados, procuradores y graduados sociales en las posibles costas derivadas del proceso en el artículo 269.3 de la LRJS.
- **Orden contencioso-administrativo** (artículo 139 y siguientes de la LJCA).

A continuación, se realizará un repaso sobre el régimen básico de la condena en costas en cada uno de ellos.

4.1.1. Orden civil

A continuación, veremos la condena en costas que corresponda en el orden civil en función de la fase de las circunstancias procesales en las que se produzca.

Condena en costas en primera instancia (artículo 394 de la LEC)

En los procesos declarativos, las costas de la primera instancia se impondrán a la parte que haya visto rechazadas todas sus pretensiones, salvo que el tribunal aprecie —y así lo razone— que el caso presentaba serias dudas de hecho o de derecho.

> **JURISPRUDENCIA**
>
> **Sentencia del Tribunal Constitucional n.° 91/2023, de 11 de septiembre, ECLI:ES:TC:2023:91**
>
> **Asunto: Excepción de serias dudas de hecho o derecho en la condena en costa en materia de cláusulas abusivas.**
>
> *«La reciente STJUE de 13 de julio de 2023, asunto C-35/22, parte de la misma perspectiva al declarar que el art. 6.1 de la Directiva 93/13/CEE no se opone a una*

normativa de reparto de costas en caso de allanamiento como la española, "a condición de que el juez nacional competente pueda tener en cuenta la existencia de una jurisprudencia nacional reiterada que declara abusivas cláusulas análogas a aquella y la actitud del referido profesional para concluir que este ha actuado de mala fe y, en su caso, condenarlo consiguientemente a cargar con esas costas". Y afirma a este respecto que "dado el conocimiento que sobre esta materia cabe esperar de las entidades de crédito, conjugado con la posición de inferioridad de los consumidores respecto de tales entidades", conductas consistentes en esperar a que sea el consumidor quien inicie la vía judicial, para allanarse y así evitar la condena en costas "pueden constituir indicios serios de mala fe de dichas entidades" por lo que "es preciso que el juez competente pueda efectuar las comprobaciones necesarias al efecto y, en su caso, extraer las consecuencias que de ellas se deriven" (apartado 37).

e) Por último, de forma específica, la Sala de lo Civil del Tribunal Supremo ha excluido en las SSTS 419/2017, de 4 de julio, y 472/2020, de 17 de septiembre, que, en los litigios sobre cláusulas abusivas en los que la demanda del consumidor resulte estimada, pueda aplicarse la excepción al principio de vencimiento objetivo en materia de costas basada en la existencia de serias dudas de derecho. Como puede observarse, dichas resoluciones —como lo fue la STJUE de 16 de julio de 2020— son anteriores en el tiempo a la resolución judicial de apelación que es impugnada en el presente recurso de amparo.

Para el Tribunal Supremo, el criterio decisivo aplicable en esta materia es el respeto al principio de efectividad del Derecho de la Unión Europea que, a su vez, exige dar cumplimiento a otros dos principios: el de no vinculación de los consumidores a las cláusulas abusivas (art. 6.1 de la Directiva) y el del efecto disuasorio del uso de cláusulas abusivas en los contratos no negociados celebrados con los consumidores (art. 7.1 de la Directiva). Aprecia el tribunal que "si en virtud de la excepción a la regla general del vencimiento por la existencia de serias dudas de hecho o de derecho, el consumidor, pese a vencer en el litigio, tuviera que pagar íntegramente los gastos derivados de su defensa y representación, no se restablecería la situación de hecho y de derecho que se habría dado si no hubiera existido la cláusula abusiva y, por tanto, el consumidor no quedaría indemne pese a contar a su favor con una norma procesal nacional cuya regla general le eximiría de esos gastos. En suma, se produciría un efecto disuasorio inverso, pues no se disuadiría a los bancos de incluir las cláusulas abusivas en los préstamos hipotecarios, sino que se disuadiría a los consumidores de promover litigios por cantidades moderadas". Y concluye destacando que la aplicación de la excepción al principio de vencimiento objetivo por la concurrencia de serias dudas de derecho (art. 394.1 LEC), hace imposible o dificulta en exceso la efectividad del Derecho de la Unión Europea, pues "trae como consecuencia que el consumidor, pese a obtener la declaración de que la cláusula es abusiva y que no queda vinculado a la misma, deba cargar con parte de las costas procesales, concretamente, las causadas a su instancia y las comunes por mitad"».

Para apreciar, a efectos de condena en costas, que el caso era jurídicamente dudoso, se tendrá en cuenta la jurisprudencia recaída en casos similares. Sin embargo, podemos señalar determinados requisitos que deben concurrir para apreciar esta exención; con relación a ellos la **sentencia de la Audiencia Provincial de Tarragona n.º 80/2022, de 10 de febrero, ECLI:ES:APT:2022:203,** ha señalado:

«En cuanto a las "serias dudas de hecho o de derecho" acogidas por el juzgador de Instancia en este caso, que excluyen la expresa imposición de costas a pesar de producirse el vencimiento previsto en el artículo 394, los requisitos para su apreciación son los dos siguientes:

1.º) Que tales dudas sean fundadas, razonables, basadas en una gran dificultad para determinar, precisar o conocer fuera del proceso judicial la realidad de los hechos fundamento de la pretensión deducida, o aun no habiendo dudas sobre los hechos, los efectos jurídicos de los mismos se presenten dudosos por ser la normativa aplicable susceptible de diversas interpretaciones, o bien en el supuesto de las de derecho, porque exista jurisprudencia contradictoria en casos similares.

2.º) Ha de concurrir la "seriedad" de la duda, esto es, la importancia de los hechos sobre los que recae la incertidumbre en orden a decidir la razonabilidad de la pretensión. En el mismo sentido citaremos la sentencia de la AP de Murcia de 25 de abril de 2013, que establece: "Es decir la concurrencia de serias dudas de hecho o de derecho en la resolución del caso. Estas dudas de hecho o de derecho exigen la nota o característica de seriedad, es decir que en todo caso, habrán de ser fundadas y de cierta importancia y entidad. Las primeras, hacen referencia a aquellos casos en los que la prueba practicada admita varias interpretaciones y las posiciones que las partes mantengan a partir de ellas, resulten lógicas y razonables. Las segundas, dudas de derecho, surgirían cuando quepan distintas interpretaciones de las normas y conceptos jurídicos implicados, de forma asimismo lógica y razonable".

En definitiva, por tanto, la expresión "serias" que contiene la norma, conlleva la exigencia de que tales dudas sean razonablemente fundadas, graves, importantes y de notable entidad y consideración en atención a la especial complejidad de los hechos controvertidos, lo que excluye las naturales y comprensibles divergencias que han dado lugar al debate jurídico».

Si fuere parcial la estimación o desestimación de las pretensiones, cada parte abonará las costas causadas a su instancia y las comunes por mitad, a no ser que hubiere méritos para imponerlas a una de ellas por haber litigado con temeridad.

Cuando, en aplicación de lo dispuesto en los primeros párrafos, se impusieren las costas al litigante vencido, este solo estará obligado a pagar, de la parte que corresponda a los abogados y demás profesionales que no estén sujetos a tarifa o arancel, una cantidad total que no exceda de la tercera parte de la cuantía del proceso, por cada uno de los litigantes que hubieren obtenido tal pronunciamiento; a estos solos efectos, las pretensiones inestimables se valorarán en 18.000 euros, salvo que, en razón de la complejidad del asunto, el tribunal disponga otra cosa.

A TENER EN CUENTA. No se aplicará lo antedicho cuando el tribunal declare la temeridad del litigante condenado en costas.

CUESTIÓN

Si el condenado en costas es titular del derecho de asistencia de jurídica gratuita, ¿qué costas debe abonar?

Para el caso de que el condenado en costas sea titular del derecho de asistencia jurídica gratuita, solo estará obligado a pagar las costas derivadas de la defensa de la parte contraria en los casos expresamente señalados en la Ley 1/1996, de 10 de enero, de asistencia jurídica gratuita. Señala el **art. 36.2 de la Ley de asistencia jurídica gratuita** que: «Cuando en la resolución que ponga fin al proceso fuera condenado en costas quien hubiera obtenido el reconocimiento del derecho a la asistencia jurídica gratuita o quien lo tuviera legalmente reconocido, éste quedará obligado a pagar las causadas en su defensa y las de la parte contraria, si dentro de los tres años siguientes a la terminación del proceso viniere a mejor fortuna, quedando mientras tanto interrumpida la prescripción del artículo 1.967 del Código Civil (...)».

En ningún caso se impondrán las costas al Ministerio Fiscal en los procesos en que intervenga como parte.

Del anterior precepto se desprende el **criterio del vencimiento** para la imposición de costas en primera instancia, salvo cuando se aprecien dudas de hecho o de derecho, dudas que deben ser razonadas y con cierta entidad. En este sentido, se pronuncia el **Tribunal Supremo en su auto, rec. 258/2012, de 5 de junio, ECLI:ES:TS:2012:5952A**: «(...) no basta para excluir la preceptiva condena en costas que existan discrepancias sobre una determinada cuestión, de hecho o de derecho, siendo preciso que aquellas revistan una entidad tal que justifique la exención (...)».

El criterio del vencimiento para la imposición de costas atiende al objetivo de garantizar el principio de tutela judicial efectiva.

El sistema de imposición de costas que se regula en el art. 394 de la LEC se ha complementado por los tribunales con la denominada doctrina de la «estimación sustancial» de la demanda. Esta doctrina opera cuando en el proceso hay una leve diferencia entre lo que se ha pedido en la demanda y lo que la sentencia ha estimado. Este supuesto se da cuando, por ejemplo, se rechazan peticiones accesorias de intereses, repercusión del IVA u otros conceptos de pequeña entidad. Se entiende en estos casos que la demandas se ha estimado en lo sustancial.

JURISPRUDENCIA

La estimación sustancial de la demanda como criterio de imposición de costas.

STS n.º 715/2015, de 14 de diciembre, ECLI:ES:TS:2015:5222

«1.- Nuestro sistema general de imposición de costas recogido en el artículo 394 de la LEC se asienta fundamentalmente en dos principios: el del vencimiento objetivo y el de la distribución, también llamado compensación —aunque no es estrictamente tal—, que tiene carácter complementario para integrar el sistema. El sistema se completa mediante dos pautas limitativas. La primera afecta al principio del vencimiento, y consiste en la posibilidad de excluir la condena cuando concurran circunstancias excepcionales que justifiquen su no imposición (lo que en régimen del artículo 394 de la LEC tiene lugar cuando el caso presente serias dudas de hecho o de derecho). Su acogimiento transforma el sistema del vencimiento puro en vencimiento atenuado. La segunda pauta afecta al principio de la distribución, permitiendo que se impongan las costas a una de las partes cuando hubiese méritos para imponerlas por haber litigado con temeridad. Por otro lado, la doctrina de los tribunales, con evidente inspiración en la ratio del precepto relativo al vencimiento, en la equidad, como regla de ponderación a observar en la aplicación de las normas del ordenamiento jurídico, y en poderosas razones prácticas, complementa el sistema con la denominada doctrina de la "estimación sustancial" de la demanda, que si en teoría se podría sintetizar en la existencia de un "cuasi-vencimiento", por operar únicamente cuando hay una leve

diferencia entre lo pedido y lo obtenido, en la práctica es de especial utilidad en los supuestos en que se ejerciten acciones resarcitorias de daños y perjuicios en los que la fijación del quantum es de difícil concreción y gran relatividad, de modo que, por razón de la misma, resulte oportuno un cálculo a priori ponderado y aproximado, con lo que se evitan oposiciones razonables por ser desproporcionadas las peticiones efectuadas y, además, se centra la reclamación en relación al valor del momento en que se formula, dejando la previsión de la actualización respecto del momento de su efectividad, a la operatividad de la modalidad que se elija de las varias que en la práctica son posibles (SSTS 9 de junio de 2006 y 15 de junio de 2007).

2.- El carácter sustancial de la estimación de la demanda ha sido apreciado por esta Sala en diversas resoluciones para justificar la imposición de costas a aquel contra el que la pretensión se ha estimado en sus aspectos más importantes cualitativa o cuantitativamente.

Como declara la sentencia de esta Sala de 18 de junio de 2008, recurso núm. 339/2001, y reitera la de 18 de julio de 2013, "esta Sala en anteriores ocasiones ha estimado procedente la imposición de costas en casos de estimación sustancial de la demanda. Así, entre otras, en las sentencias de 17 de julio de 2003, 24 de enero y 26 de abril de 2005, y 6 de junio de 2006. Como se reconoce en la sentencia de 14 de marzo de 2003, esta Sala ha mantenido, a los efectos de la imposición de costas, la equiparación de la estimación sustancial a la total"».

Estimación sustancial, no literal, a efectos de imposición de costas: los aspectos accesorios no cuentan.

STS n.º 733/2018, de 21 de diciembre, ECLI:ES:TS:2018:4356

«(...) Como recuerda la sentencia 715/2015, de 14 de diciembre, con cita de otras muchas, para la aplicación del principio general del vencimiento ha de considerarse que el ajuste del fallo a lo pedido no ha de ser literal sino sustancial, de modo que, si se entendiera que la desviación en aspectos meramente accesorios deberían excluir la condena en costas, ello sería contrario a la equidad, como justicia del caso concreto, al determinar que tuvo necesidad de pagar una parte de las costas quien se vio obligado a seguir un proceso para ver realizado su derecho (...)».

STS n.º 67/2019, de 31 de enero, ECLI:ES:TS:2019:161

«(...) la confirmación de la sentencia de primera instancia en su integridad incluye la condena en costas de la primera instancia a la parte demandada, conforme al artículo 394.1 LEC, dado que la diferencia en cuanto a la fecha de devengo de los intereses no altera la estimación sustancial de la demanda, y al criterio jurisprudencial fijado por esta sala a partir de la sentencia de pleno 419/2017, de 4 de julio».

Rechazo de estimación sustancial a efectos de imposición de costas: casuística.

El Tribunal Supremo no ha apreciado estimación sustancial de la demanda en casos en los que, a pesar del carácter accesorio de la pretensión resarcitoria, este no se daba desde la perspectiva económica del proceso.

STS n.º 871/2003, de 29 de septiembre, ECLI:ES:TS:2003:5771

«(...) No cabe argüir que la desestimación se refiere a aspectos accesorios, porque, aunque la pretensión resarcitoria tenga tal carácter en la perspectiva de la acumulación (accesoria, subordinada o condicionada), obviamente no lo tiene en la perspectiva económica del proceso (y así lo entiende la propia parte como se puede apreciar en el motivo 18.º en el fundamento siguiente), y por otra parte tampoco cabe aceptar que la desestimación afecta a una parte mínima, —en orden a una hipotética aplicación de la doctrina de la "estimación sustancial"—, porque la sustancialidad de la

> *parte desestimada no debe medirse en relación, sólo, con la totalidad de lo pedido, sino sobre todo con la importancia de lo no estimado».*
>
> **STS n.° 553/2005, de 7 de julio, ECLI:ES:TS:2005:4582**
>
> *«Esta Sala no puede compartir el criterio sustentado por el Tribunal de instancia; si bien en algunas sentencias esta Sala ha aplicado el criterio de equiparar a efectos de costas la estimación sustancial a la total, no cabe deducir de ello una doctrina general, singularmente en un caso como el presente en que se rechaza, por falta de prueba, la indemnización por daños morales, uno de los elementos integrantes del suplico de la demanda con carácter principal, no accesorio. En consecuencia, la sentencia recurrida infringe el art. 523, al aplicar el párrafo primero, en un caso de estimación parcial de la demanda y sin que existan méritos que justifiquen la imposición a una de las partes por haber litigado con temeridad; en este sentido, se estima el motivo».*

Finalmente, debemos hacer una especial referencia a las **costas en los procesos relativos a cláusulas suelo**, ya que la Ley 1/2017, de 20 de enero, regula en su art. 4 una especialidad relativa a la imposición de costas en este tipo de procesos. Así, el precepto indicado establece en su apartado 1:

> «1. Solamente si el consumidor rechazase el cálculo de la cantidad a devolver o declinase, por cualquier motivo, la devolución del efectivo e interpusiera posteriormente demanda judicial en la que obtuviese una sentencia más favorable que la oferta recibida de dicha entidad, se impondrá la condena en costas a esta».

Lo que supone esta previsión es que **solo se impondrán las costas a la entidad financiera cuando en la sentencia se reconozca que se debe devolver una cantidad superior** a la que había ofrecido en el intento de acuerdo. **En caso contrario no se impondrán las costas a ninguna de las partes**, así lo ha señalado el Tribunal Supremo en la **sentencia n.° 531/2022, de 5 de julio, ECLI:ES:TS:2022:2903**:

> «Según el Tribunal Constitucional no es irrazonable que no se impongan las costas a la entidad financiera si ha realizado una oferta y en la vía judicial no se obtiene un fallo que conceda más de lo ofrecido extrajudicialmente. Considera justificada la separación del régimen general de imposición de costas, porque se mantiene un equilibrio en las posiciones de las partes y se incentiva a las entidades de crédito para que formulen ofertas serias y bien fundadas a los clientes, que eviten la necesidad de tener que acudir a la vía judicial, en la que el reconocimiento de cualquier cantidad que supere lo ofertado -por mínimo que sea- va a suponer su condena en costas.
>
> 4.- No obstante, a criterio de esta sala, la cuestión estriba en que la sentencia recurrida hace una interpretación a sensu contrario del precepto, que perjudica al consumidor. Nótese que el art. 4.1 del Real Decreto-Ley, al igual que hacía el art. 4.2 (declarado inconstitucional y nulo por la misma STC 156/2021) se refiere exclusivamente a distintas posibilidades de imposición de costas a la entidad prestamista demandada, pero nunca al consumidor demandante (...)».

Condena en costas en caso de allanamiento (artículo 395 de la LEC)

Si el demandado se allanare a la demanda antes de contestarla, no procederá la imposición de costas salvo que el tribunal, razonándolo debidamente, aprecie mala fe en el demandado.

Se entenderá que, en todo caso, existe mala fe si, antes de presentada la demanda, se hubiese formulado al demandado requerimiento fehaciente y justificado de pago, o si se hubiera iniciado procedimiento de mediación o dirigido contra él solicitud de conciliación.

Si el allanamiento se produjere tras la contestación a la demanda, se aplicará el apartado 1 del art. 394 de la LEC (criterio de vencimiento).

La previsión recogida en el art. 395 de la LEC tiene como finalidad fomentar la solución extrajudicial de los conflictos. De esta forma se incentiva al potencial demandante a buscar una solución sin acudir a los tribunales. En este sentido se ha pronunciado el Tribunal Supremo en la **sentencia n.º 762/2023, de 18 de mayo, ECLI:ES:TS:2023:2209**:

> «Por tanto, siendo de aplicación en cuanto a costas el artículo 395 LEC, debemos recordar, que como hemos dicho en nuestras sentencias 131/2021, de 9 de marzo, y 620/2021 de 22 de septiembre, una de las finalidades del artículo 395 LEC es fomentar la solución extrajudicial a los conflictos. Se incentiva al potencial demandante a buscar una solución sin acudir a los tribunales, de modo que cuando ha intentado solucionar extrajudicialmente el conflicto antes de interponer la demanda, y no ha obtenido una respuesta satisfactoria a su pretensión, si aquel con quien mantiene el conflicto se allana a la demanda, se considerará que este ha actuado de mala fe y se le impondrán las costas».

La excepción a la no imposición de costas es que el tribunal, razonándolo debidamente, aprecie mala fe en el demandado. La Audiencia Provincial de Cáceres en su **sentencia n.º 600/2019, de 31 de octubre, ECLI:ES:APCC:2019:867**, y en la **sentencia n.º 141/2023, de 9 de marzo, ECLI:ES:APCC:2023:195**, dispone lo siguiente:

> «La novedad introducida por el legislador en la LEC. 1/2000, reside en la concreción de dos casos en los que siempre se debe considerar que existe mala fe: 1.º) Cuando haya habido requerimiento fehaciente y justificado de pago anterior a la demanda; y 2.º) Cuando se haya presentado contra el demandado previa demanda de conciliación.
>
> En estos dos supuestos el Tribunal está legalmente obligado a declarar la mala fe y, en consecuencia a imponer las costas al demandado, si bien, ello no significa que no puedan darse otros casos similares en los que también puede el Tribunal considerar que existe mala fe, en función de las circunstancias concretas que concurran, pues insistimos, los dos supuestos previstos en dicho precepto no son numerus clausus, como se desprende del término "en todo caso" que utiliza, que cuando concurran obligan a los tribunales a apreciar la mala fe, pero pueden concurrir otros

supuestos distintos, en los que según la singularidad del caso el tribunal pueda apreciar mala fe a los efectos de las costas».

Condena en costas cuando el proceso termine por desistimiento (artículo 396 de la LEC)

Si el proceso terminara por desistimiento del actor que no haya de ser consentido por el demandado, aquel será condenado a todas las costas.

Si el desistimiento que pusiere fin al proceso fuere consentido por el demandado o demandados, no se condenará en costas a ninguno de los litigantes.

Apelación en materia de costas (artículo 397 de la LEC)

Para resolver en segunda instancia el recurso de apelación en el que se impugne la condena o la falta de condena en las costas de la primera instancia será de aplicación lo dispuesto en el art. 394 de la LEC.

Condena en costas en apelación y recurso de casación (artículo 398 de la LEC)

En caso de recurso de apelación, en cuanto a las costas del recurso, se aplicará lo dispuesto en el art. 394 de la LEC.

La desestimación total del recurso de casación llevará aparejada la imposición de costas a la parte recurrente, salvo que la sala aprecie circunstancias especiales que justifiquen otro pronunciamiento.

Cuando el recurso de casación fuera estimado total o parcialmente, no se impondrán las costas a ninguna de las partes.

A TENER EN CUENTA. Este art. 398 de la LEC fue modificado por el Real Decreto-ley 6/2023, de 19 de diciembre, con entrada en vigor el 20 de marzo de 2024, quedando con el régimen que acaba de exponerse.

CUESTIÓN

Si el recurrente desiste del recurso de casación por desaparición sobrevenida del interés casacional, ¿se le condenará en costas?

No, sobre este asunto se ha pronunciado el Tribunal Supremo en el auto, rec. 4355/2021, de 6 de febrero de 2024, ECLI:ES:TS:2024:1340A en el que establece:

«Esta sala ha reiterado en numerosas resoluciones que el desistimiento en un recurso extraordinario comporta la condena en costas para la parte que lo interpuso, ya que crea una situación que equivale a su desestimación (AATS de 15 de junio de 2016, rec. 1923/2013, y 29 de junio de 2016, rec. 1471/2015). Y que resulta aplicable, en tal caso, el art. 398.1 LEC, que remite al art. 394 LEC. Todo ello al margen de que, si no ha existido actuación procesal alguna de la contraparte, no se practique la posterior tasación de costas (entre otros, autos de 4 de noviembre de 2015, rec. 2400/2014, y 13 de julio de 2016, rec. 1466/2015).

> No obstante, en atención al carácter no preceptivo de la imposición de costas en la regulación del desistimiento por el art. 450 LEC, es también reiterado el criterio de no hacer pronunciamiento alguno sobre costas cuando haya conformidad de las partes sobre su no imposición (en este sentido, autos de 4 de marzo de 2015, rec. 191/2014, 24 de septiembre de 2013, rec. 2732/2012, 9 de octubre de 2012, rec. 2178/2009, y 14 de septiembre de 2010, rec. 977/2009).
>
> Y también como excepción, en ocasiones, esta sala ha tenido en cuenta el carácter sobrevenido de la desaparición del interés casacional para decidir la no imposición de costas al recurrente desistido (así, autos de 20 de mayo de 2015, rec. 1269/2014, 17 de febrero de 2016 rec. 3267/2012 y 24 de febrero de 2016, rec. 3357/2012). Si bien, como declaramos en el auto de 15 de junio de 2016 (rec. 1923/2013), "la no condena en costas en estos supuestos pasa porque se produzca una auténtica situación de desaparición sobrevenida del interés casacional, esto es, que la cuestión controvertida quede definitivamente resuelta en un momento posterior, de forma que la parte recurrente no haya dispuesto de la oportunidad de desistir y apartarse del recurso antes, para no ocasionar gastos a la parte contraria"».

Plazo para solicitar la tasación de costas en el orden civil

El plazo que debe aplicarse para la solicitud de la tasación de costas es el de 5 años que el art 518 de la LEC fija para la caducidad de la acción ejecutiva fundada en sentencia judicial, resolución arbitral o acuerdo de mediación. Ha sido la jurisprudencia la que ha determinado la aplicación de este plazo de caducidad, así el Tribunal Supremo fija en el **auto, rec. 2674/2001, de 1 de junio de 2010, ECLI:ES:TS:2010:7529A**:

> «Formulada la impugnación en tales términos y reconociendo la discrepancia existente tanto en la doctrina como en la jurisprudencia de las Audiencias, cabe decir que, si bien con anterioridad a la entrada en vigor de la actual Ley de Enjuiciamiento Civil el plazo de prescripción de la acción para reclamar la cantidad correspondiente era el previsto en el art. 1964 CC, de quince años (STS de 9 de febrero de 1998, recurso nº 1671/1990) al entender que se pretendía el cumplimiento de una obligación personal, posteriormente, en coherencia con el espíritu de la Ley de Enjuiciamiento Civil de 2000, se entiende aplicable a la solicitud de tasación de costas el plazo de caducidad de cinco años previsto en el art. 518 de la LEC para las acciones ejecutivas al considerarla como acto preparatorio de la ejecución. En este sentido, el hecho de estar incluida la condena a su pago en la resolución definitiva, la convierte en un aspecto más al que se extiende la acción ejecutiva que dimana de aquella resolución, sujeta, en consecuencia, al plazo establecido en dicho precepto. Y es que la petición de tasación de las costas implica, en definitiva, la pretensión de cobro de una deuda establecida en una sentencia, cuyo titular es la parte vencedora y no el abogado ni el procurador actuantes, por ello, tras la entrada en vigor de la Ley de Enjuiciamiento Civil 1/2000, deberá aplicarse el plazo legal para el ejercicio de las acciones ejecutivas de cinco años (art. 518 LEC). Esta doctrina se ha recogido en el reciente Auto de fecha 23 de febrero de 2010, en recurso núm. 3398/1998».

Asimismo, **una vez ya se hayan tasado las costas, habrá un plazo caducidad de 5 años para que se despache ejecución** del decreto del letrado de la Administración de Justicia mediante el que se tasan las costas. Así lo ha determinado la **sentencia del Tribunal Supremo n.º 1683/2023, de 29 de noviembre, ECLI:ES:TS:2023:5200:**

> «Posteriormente, la jurisprudencia tuvo que pronunciarse sobre el nuevo escenario jurídico instaurado por la entrada en vigor del art. 518 LEC 1/2000, precisando dos cosas: primero, que la solicitud de la tasación de costas está sometida al plazo de caducidad de cinco años del art. 518 LEC; y segundo que, una vez realizada la tasación instada dentro de dicho plazo, y determinada la cantidad líquida a que ascienden dichas costas, nace otro plazo de caducidad de cinco años para hacer efectivo el crédito cuantificado por tal concepto.
>
> En este sentido, podemos citar el auto de 11 de septiembre de 2012 (recurso 2236/2002), que, con cita del acuerdo del pleno gubernativo de 21 de julio de julio de 2009 y de otras resoluciones anteriores, explicó que:
>
> "Según se ha declarado por esta Sala (AATS de 23 de febrero de 2010, RC n.º 3398/1998, 1 de junio de 2010, RC n.º 2674/2001, 11 de noviembre de 2011, RC n.º 1948/1998), con anterioridad al Acuerdo de Pleno gubernativo de esta Sala 1.ª, de 21 de julio de 2009, no había un criterio pacífico, y en algunas resoluciones se mantuvo la aplicación del plazo de prescripción de quince años para la solicitud de tasación de costas, pero en dicho Pleno se estableció: "Se acuerda en este punto, aplicar a la solicitud de tasación de costas, en coherencia con el espíritu de la Ley de Enjuiciamiento Civil de 2000, el plazo de caducidad previsto en el artículo 518 LEC, entendiéndola como acto preparatorio de la ejecución, ya que completa el título de crédito -sentencia- y crea el de ejecución -auto liquidando costas-. Además, una vez tasadas las costas y firme el auto, la parte dispondrá de un nuevo plazo de cinco años para ejecutar tal tasación, con lo que se mantiene el carácter privilegiado del que goza la condena en costas"».

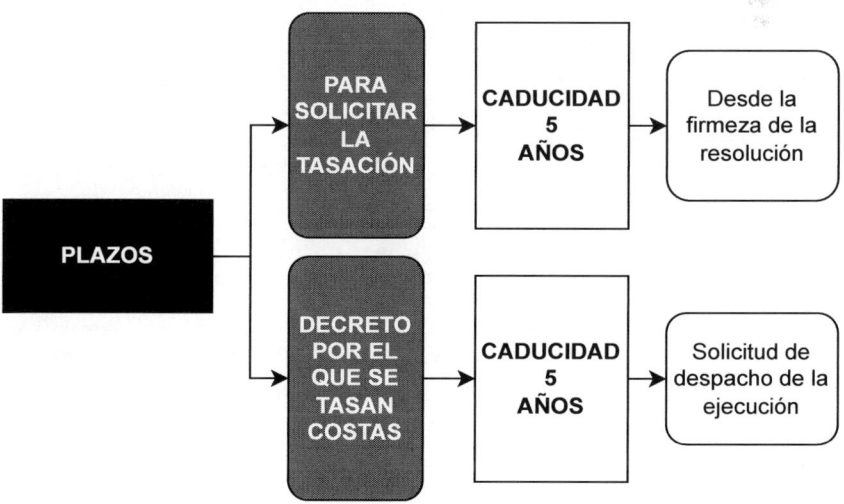

¿Qué importancia tiene la cuantía del procedimiento en la tasación de costas?

La cuantía del procedimiento es **esencial** a la hora de ejecutar la tasación de costas, pues la misma es la base de cálculo para determinar la tasación de costas. Y es que el **art. 394.3 de la LEC** establece que:

«Cuando, en aplicación de lo dispuesto en el apartado 1 de este artículo, se impusieren las costas al litigante vencido, éste sólo estará obligado a pagar, de la parte que corresponda a los abogados y demás profesionales que no estén sujetos a tarifa o arancel, una cantidad total que **no exceda de la tercera parte de la cuantía del proceso**, por cada uno de los litigantes que hubieren obtenido tal pronunciamiento; a estos solos efectos, las pretensiones inestimables se valorarán en 18.000 euros, salvo que, en razón de la complejidad del asunto, el tribunal disponga otra cosa.

No se aplicará lo dispuesto en el párrafo anterior cuando el tribunal declare la temeridad del litigante condenado en costas.

Cuando el condenado en costas sea titular del derecho de asistencia jurídica gratuita, éste únicamente estará obligado a pagar las costas causadas en defensa de la parte contraria en los casos expresamente señalados en la Ley de Asistencia Jurídica Gratuita».

La cuantía del procedimiento ha de determinarse en la demanda, y si el demandado no está de acuerdo con la misma, deberá de indicarlo en el escrito de contestación y en la audiencia previa, ya que en la impugnación de la tasación de costas no podremos impugnar la cuantía del procedimiento.

RESOLUCIÓN RELEVANTE

Auto del Tribunal Supremo, rec. 1887/2010, de 15 de abril de 2015, ECLI:ES:TS:2015:2741A

«En cuanto a la cuantía, el incidente de impugnación de la tasación de costas no tiene por objeto fijar la cuantía del pleito, su misión es la de ser un cauce de liquidación de cantidades ilíquidas, en el que no pueden alterarse las bases de cálculo —la cuantía— que pertenecen a una fase del proceso definitivamente cerrada.

En nuestro caso, según se deduce de los documentos aportados, la cuantía de la demanda fue fijada por la parte demandante, ahora recurrente, en 2.020.240,24 euros, y no consta ni se alega que fuera impugnada, de manera que no pueda admitirse la pretensión de la parte recurrente de que se tome como base otra cuantía en función de valoraciones extemporáneas más o menos interesadas, sin perjuicio de que el interés económico del recurso extraordinario, no coincida, en este y en la mayoría de los casos, con la cuantía inicialmente fijada, eso no significa que esto nos lleve a la alteración de la cuantía del procedimiento, fijada, o a una fijación de cuantía del recurso de casación, a los solos efectos de la tasación de costas, pues no es en el incidente de impugnación de costas, donde cabe su modificación o fijación».

La cuantía del procedimiento, por tanto, no se puede alterar en el incidente de tasación de costas ni tampoco fijar en el mismo una cuantía diferente a la fijada en la demanda.

CUESTIÓN

En caso de impugnación de la tasación de costas, ¿por qué cauce impugnaremos los aspectos relativos a la cuantía del procedimiento en caso de no estar de acuerdo con la misma?

Siempre por el cauce de costas excesivas, no por indebidas. El auto del Tribunal Supremo, rec. 2443/2012, de 2 de septiembre de 2014, ECLI:ES:TS:2014:7060A, reza como sigue:

«Sentado lo anterior, hay que decir que esta Sala ha declarado en infinidad de ocasiones que los problemas de cuantía litigiosa pertenecen al ámbito de las impugnaciones por excesivos, y no a las impugnaciones por indebidos (AATS 10 de mayo de 2011 RC 2758/2003, y 9 de julio de 2013 RC 1461/2008, entre otros muchos); La impugnación de los derechos de Procurador se funda en el hecho de no ser aceptable la cuantía base de la tasación porque el pleito se ha seguido por la cuantía de 12.367,30 euros.

La impugnación por este motivo debe ser desestimada, aunque la cuantía se fije en 12.367,30 euros, porque según reiterada doctrina de esta Sala, los problemas de cuantía litigiosa pertenecen al ámbito de las impugnaciones por excesivas, no por indebidas, ya que apenas cabe cuestionar que, condenada en costas la parte hoy impugnante, son debidos los derechos del procurador de la parte contraria cualquiera que sea su importe (AATS 25-11-2009 26-12-08, STS 25-7-08). La cuantía en ningún caso determina el carácter indebido de tales derechos, sino en su caso la consideración de excesivos cuya impugnación únicamente ha previsto el legislador para los casos de honorarios de abogados, peritos o profesionales no sujetos a arancel. En el caso de la aplicación del arancel es el Secretario Judicial quien ha de determinar la cuantía de los derechos devengados. De modo que en el caso de los Procuradores —cuyos derechos se determinan en tal forma— solo cabe la impugnación por indebidos, según lo dispuesto en el artículo 245.2 de la Ley de Enjuiciamiento Civil, cuando se hayan incluido en la tasación partidas, derechos o gastos que no son debidos en su totalidad.

CUARTO.- En relación a la impugnación de la tasación de costas, en cuanto al Letrado, por excesivas, debe recordarse que esta Sala ya se ha pronunciado en otras ocasiones (Autos de 19/05/2009 y 16/06/2009, entre otros) diciendo que la condena en costas va dirigida a resarcir al vencedor de los gastos originados directa e inmediatamente en el pleito entre los que se incluyen los honorarios del letrado, teniendo en cuenta que no se trata de fijar los honorarios derivados de los servicios del letrado minutante respecto de su cliente que libremente le eligió, sino de cuantificar un crédito derivado de la aplicación de un principio procesal de vencimiento objetivo».

Caso distinto es que se haya aplicado de forma incorrecta la base constituida por la cuantía litigiosa. En este sentido, el **auto del Tribunal Supremo, rec. 1699/2010, de 28 de octubre de 2015, ECLI:ES:TS:2015:8801A**, establece lo siguiente:

«Si bien el procedimiento de impugnación de tasación de costas establecido en los artículos 245 y 246 de la Ley de Enjuiciamiento Civil tiene un objeto preciso y determinado en el que no encaja la revisión de la **cuantía litigiosa tenida en cuenta para la práctica de la tasación de costas, ello no impide que pueda solicitarse la revisión de la tasación cuando de forma notoria, grave y manifiesta haya sido aplicada incorrectamente la base constituida por la cuantía litigiosa**».

Procedimiento de impugnación de costas en el orden civil

En primer lugar, tendremos que distinguir entre la impugnación de costas por indebidas o la impugnación de costas por excesivas (artículos 245 y 246 de la LEC).

- **Impugnación por costas indebidas**: se impugnará si realmente los gastos que se incluyen en la tasación de costas no se han devengado en el pleito, o si corresponden a escritos o actuaciones inútiles, superfluas, o no autorizadas por la ley.

> **A TENER EN CUENTA.** Cuando los honorarios del procurador se consideren indebidos, debe de acudirse siempre al cauce de impugnación de costas por excesivas, y nunca por indebidas.

- **Impugnación por costas excesivas**: en este caso, el objeto de la impugnación es cuando los gastos sí son debidos, pero exceden del importe, es decir, son excesivos.

Esta vía de impugnación es la que se utiliza para impugnar los derechos u honorarios de abogados, peritos o profesionales no sujetos a arancel. El concepto de tasación de costas se debe, pero existe una discrepancia en cuanto al *quantum*. Así lo recuerda el Tribunal Supremo en el **auto, rec. 4873/2020, de 20 de febrero de 2024, ECLI:ES:TS:2024:2102A**, en el que señala:

> «Como recuerda el auto de 17 de octubre de 2023, rec. 6628/2020, es doctrina reiterada que los derechos de procurador y los honorarios de letrado son debidos cualquiera que sea su importe siempre que se correspondan con escritos o actuaciones que no sean inútiles, superfluas o no autorizadas por la ley (art. 243.2 LEC), y en este caso no consta que los derechos del procurador incluidos en la tasación impugnada se correspondan con partidas indebidas, inútiles o superfluas que no traigan causa de actuaciones procesales efectivamente realizadas, pues basta el examen de las actuaciones para comprobar que dicho profesional se personó ante esta sala en representación de la parte recurrida, siendo preceptiva la postulación en los recursos de casación y por infracción procesal».

Cuando se impugne la tasación de costas tanto por excesivas como por indebidas, en aras a la economía procesal, deben tramitarse conjuntamente resolviéndose en el mismo decreto y, posteriormente, en el mismo auto resolutorio de revisión frente al decreto. En este sentido se ha pronunciado el Tribunal Supremo en numerosas resoluciones como es el **auto, rec. 302/2012, de 14 de febrero de 2016, ECLI:ES:TS:2016:11298A**.

> **RESOLUCIÓN RELEVANTE**
>
> **Auto del Tribunal Supremo, rec. 2207/2020, de 16 de enero de 2024, ECLI:ES:TS:2024:380A**
>
> *«Constantemente se viene declarando por esta sala (entre otros muchos, autos de 17 de enero de 2018, rec. 3334/2014, 31 de enero de 2018, rec. 1185/2010, 7 de febrero de 2018, rec. 1851/2014, 14 de febrero de 2018, rec. 3283/2014, y 18 de abril de 2018, rec. 2762/2015): (i) que la solución de todas las controversias planteadas al*

respecto de la consideración o no como excesivos de los honorarios de los letrados incluidos en la tasación de costas pasa por el examen de las circunstancias concretas del caso y su acomodación a los parámetros o criterios que rigen en la materia, lo que incumbe en primer lugar al letrado de la Administración de Justicia, como encargado de la resolución inicial del incidente, y posteriormente a esta sala en el caso de que dicha resolución fuese recurrida en revisión en la forma que prevé la LEC; (ii) que la tasación tiene únicamente por objeto determinar la carga que debe soportar el condenado en costas respecto de los honorarios del letrado minutante y que, a tal fin, la minuta incluida en la tasación debe ser una media ponderada y razonable dentro de los parámetros de la profesión, no solo calculada de acuerdo a criterios de cuantía, sino además adecuada a las circunstancias concurrentes en el pleito, el grado de complejidad del asunto, la fase del proceso en que nos encontramos, los motivos del recurso, la extensión y desarrollo del escrito de impugnación del mismo, la intervención de otros profesionales en la misma posición procesal y las minutas por ellos presentadas a efectos de su inclusión en la tasación de costas, sin que, para la fijación de esa media razonable que debe incluirse en la tasación de costas resulte vinculante por sí sola la cuantía del procedimiento ni el preceptivo informe del Colegio de Abogados, ni ello suponga que el abogado minutante no pueda facturar a su representado el importe íntegro de los honorarios concertados con su cliente por sus servicios profesionales; (iii) que la función revisora de la sala se contrae a los casos en que el decreto dictado por el letrado de la Administración de Justicia infrinja normas procesales o incurra en arbitrariedad, irrazonabilidad o falta de proporción, sin que sea posible usar el recurso de revisión para sustituir esa ponderación por un nuevo juicio de mejor criterio por parte de esta Sala».

CUESTIÓN

¿El colegio de abogados puede repercutir los gastos de la emisión de dictamen a alguna de las partes?

De acuerdo con el **auto del Tribunal Supremo, rec. 2373/2015, de 17 de julio de 2018, ECLI:ES:TS:2018:8536A:**

«No procede declarar a cargo de ninguna de las partes los derechos colegiales por emisión de dictamen, en la medida que el dictamen que ha de emitir el Colegio de Abogados, según lo dispuesto en el art. 246 de la LEC, cuando los honorarios del letrado han sido impugnados por excesivos, constituye una obligación impuesta por la Ley a aquellos como Administración Corporativa, además de un trámite preceptivo para que el órgano jurisdiccional pueda pronunciarse con mayor conocimiento y mejor criterio acerca de la corrección de los expresados honorarios profesionales, sin que por ello puedan tales derechos colegiales incluirse en la tasación de costas que ha de abonar la parte condenada a su pago».

La regulación de las costas en la ejecución

En cuanto a las costas devengadas durante el proceso de ejecución hay que hacer una **distinción fundamental** entre las **costas de la ejecución** respecto de las que no debe recaer pronunciamiento judicial alguno imponiéndolas a alguna de las partes y las **costas de algunas de las incidencias** que se puedan producir durante la ejecución y respecto de las cuales la ley imponga un específico pronunciamiento judicial relativo a esas costas.

Respecto a las **costas de la ejecución** el art. 539.2 de la LEC en su párrafo segundo establece que **serán a cargo del ejecutado sin necesidad de expresa imposición**, pero hasta su liquidación, el ejecutante deberá satisfacer los gastos y costas que se vayan produciendo, salvo los que correspondan a actuaciones que se realicen a instancia del ejecutado o de otros sujetos, que deberá ser pagados por quien haya solicitado la actuación de que se trate.

De este precepto nace una obligación del ejecutado de pagar las costas que nacen del proceso de ejecución y, en consecuencia, un crédito a favor del ejecutante. Sin embargo, este crédito no es líquido, sino que es necesario que el ejecutante inste la tasación de costas.

En segundo lugar, debemos hacer referencia a las costas surgidas del **incidente de oposición** a la ejecución. En este supuesto, el art. 539.2 de la LEC en su párrafo primero señala:

> «En las actuaciones del proceso de ejecución para las que esta ley prevea expresamente pronunciamiento sobre costas, las partes deberán satisfacer los gastos y costas que les correspondan conforme a lo previsto en el artículo 241 de esta ley, sin perjuicio de los reembolsos que procedan tras la decisión del Tribunal o, en su caso, del Letrado de la Administración de Justicia sobre las costas».

Los casos en que la ley tiene previsto un pronunciamiento sobre costas en los procesos de ejecución en los que se formula oposición son los arts. 559.2 y 561 de la LEC.

El art. 559.2 de la LEC señala que cuando la **oposición del ejecutado se fundare en defectos procesales** que no sean subsanables o que no se hayan subsanado dentro del plazo, en el auto que se dicte dejando sin efecto la ejecución despachada se impondrán las costas al ejecutante. En caso de que no se aprecie la existencia de los defectos procesales a que se limite la oposición las costas se impondrán al ejecutado.

Cuando la **oposición se base en motivos de fondo**, el auto que desestime totalmente la oposición condenará en costas al ejecutado, conforme a los dispuesto en el art. 394 de la LEC para la condena en costas en la primera instancia (art. 561.1.1.º de la LEC). Si, por el contrario, se estimara la oposición, se condenará en costas al ejecutante (art. 561.3 de la LEC).

A TENER EN CUENTA. El art. 561 de la LEC ha sido modificado por el Real Decreto-ley 6/2023, de 19 de diciembre, con entrada en vigor el 20 de marzo de 2024.

Nada dice la ley respecto a los supuestos en que la estimación de la oposición es parcial. La jurisprudencia menor ha señalado que para ese caso se hace preciso acudir a lo dispuesto en el art. 394.2 de la LEC; así, el **AAP de Valencia n.º 204/2021, de 13 de julio, ECLI:ES:APV:2021:1922A,** y, más recientemente, la Audiencia Provincial de Málaga en el **auto n.º 180/2023, de 20 de abril, ECLI:ES:APMA:2023:1372A,** señalan:

> «(...) Pero nada dice el precepto del pronunciamiento que debe dictarse respecto de las costas cuando la estimación de la oposición es solo parcial, así cuando, habiéndose opuesto la excepción de pago total, se estima, en el auto resolutorio de la oposición, la concurrencia de un pago

parcial, mandándose seguir adelante la ejecución por una cantidad de dinero inferior a aquella por la que se despachó ejecución (en concreto por la parte del crédito no pagado). Se trata de una laguna legal que debe ser completada acudiendo a lo dispuesto en el apartado 2 del artículo 394 de la Ley 1/2000, de 7 de enero de Enjuiciamiento Civil, de tal manera que cada parte, ejecutante y ejecutado, abonará las costas causadas a su instancia y las comunes por mitad, a no ser que hubiere méritos para imponerlas a una de ellas por haber litigado con temeridad».

4.1.2. Orden penal

La regulación de las costas en el orden jurisdiccional penal se contiene en los artículos 239 y siguientes de la LECrim y en el capítulo III, del título V, del libro I, del Código Penal, que engloba dos únicos artículos: el 123 y 124. Estos disponen lo siguiente:

Artículo 123

«Las costas procesales se entienden impuestas por la ley a los criminalmente responsables de todo delito».

Artículo 124

«Las costas comprenderán los derechos e indemnizaciones ocasionados en las actuaciones judiciales e incluirán siempre los honorarios de la acusación particular en los delitos solo perseguibles a instancia de parte».

> **JURISPRUDENCIA**
>
> **Sentencia del Tribunal Supremo n.º 730/2014, de 5 de noviembre, ECLI:ES:TS:2014:4533**
>
> *«El artículo 240 de la LECrim dispone en el párrafo segundo de su apartado segundo, que no se impondrán nunca las costas a los procesados que fueren absueltos. Coincide así con lo dispuesto en el artículo 123 del Código Penal, en el que al establecer que las costas se entienden impuestas por la ley a los criminalmente responsables de todo delito o falta, excluye a los que resulten absueltos, sin hacer distinciones de las razones por las que lo fueron. Es cierto que la condena en costas se basa en la necesidad de resarcir los gastos del proceso y no en el principio de culpabilidad, y también lo es que el proceso ha sido necesario para resolver la cuestión imponiendo, en el caso, una medida privativa de libertad, pero los términos de ambos preceptos son claros al respecto. Así lo ha entendido esta Sala en algunas sentencias, (STS nº 38/2008, de 17 de enero y STS nº 890/2010, de 8 de octubre y muy recientemente en la STS nº 624/2014, de 30 de setiembre)».*

La catalogación del concepto de costas en el orden jurisdiccional penal la encontramos mucho más detallada en el **artículo 241 de la LECrim**, donde se establece que las costas consistirán en:

• El reintegro del papel sellado empleado en la causa.
• El pago de los derechos de arancel.
• El pago de los honorarios devengados por los abogados y peritos.

- El pago de las indemnizaciones correspondientes a los testigos que las hubieran reclamado, si fueren de abono, así en los demás gastos que se hubiesen ocasionado en la instrucción de la causa.

Con respecto a los testigos, el **artículo 722 de la LECrim** dispone que aquellos testigos que comparezcan a declarar ante el tribunal tendrán derecho a una indemnización, si la reclamasen. El letrado de la Administración de Justicia la fijará mediante decreto, teniendo en cuenta únicamente los gastos del viaje y el importe de los jornales perdidos por el testigo con motivo de su comparecencia para declarar.

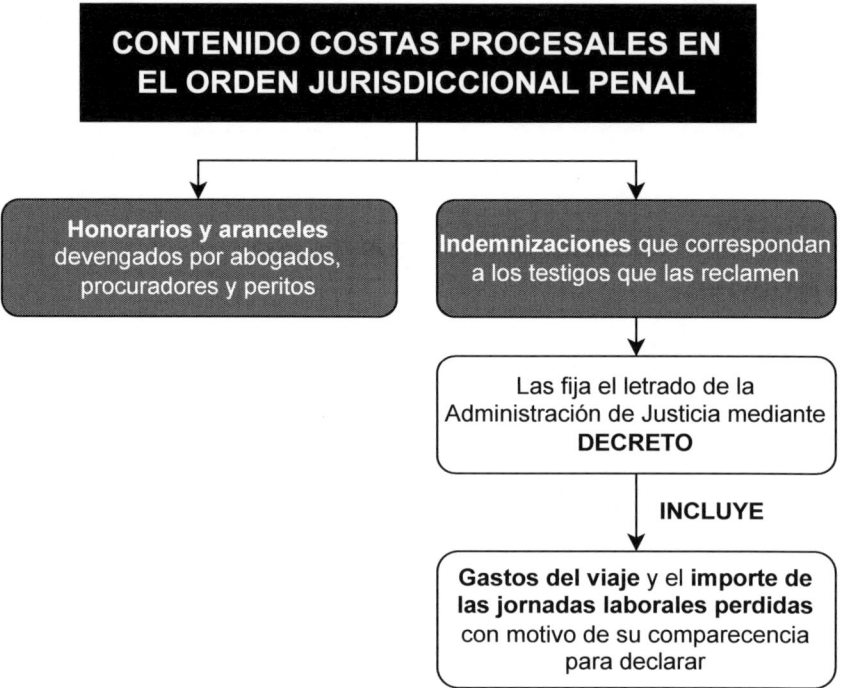

CUESTIONES

1. ¿Se pueden atribuir los gastos de la búsqueda del cadáver de la víctima al acusado a modo de responsabilidad civil?

Sí, el Tribunal Supremo reconoce esta posibilidad en su sentencia n.º 179/2022, de 14 de febrero, ECLI:ES:TS:2022:571, en la que se dice que si bien es la Administración pública la que debe asumir estos gastos tan pronto se producen, podrá repercutir tales gastos en las costas en el caso de que se produzca condena en costas si el órgano judicial considera que tales gastos efectivamente forman parte de las costas, especificando que: «(...) *Todavía menos problemas interpretativos plantea el artículo 241 LECrim, al incluir su apartado 4.º en las costas "los demás gastos que se hubiesen ocasionado en la instrucción de la causa", lo que sin duda permite comprender en las costas gastos generados por una labor de búsqueda ordenada por el órgano judicial. En este mismo sentido se pronunció la Sala Segunda de este Tribunal Supremo en su sentencia de 29 de enero de 2013 (recurso de casación 10145/2012 P, fundamento de derecho decimoquinto.4). En todo caso, habrá de ser el órgano judicial sentenciador el que determine si unos determinados gastos han de ser considerados costas en el asunto concreto de que se trate».*

2. ¿Pueden imponerse las costas en un juicio por delito leve en donde no es preceptiva la intervención de abogado y procurador?

Sí, pueden imponerse las costas. Así lo recoge la sentencia de la Audiencia Provincial de Madrid n.º 457/2008, de 9 de diciembre, ECLI:ES:APM:2008:20581, que señala que si bien la sentencia debe realizar el pronunciamiento condenatorio en costas, cuestión distinta sería la fase de ejecución de sentencia, ya que en la tasación no aparecen gastos computables a esos efectos:

«La cuestión así planteada deviene harto difícil de comprender, pues por un lado implica desconocer que las costas han de imponerse por ministerio de la ley a todo responsable de un delito o falta de conformidad con el artículo 123 del Código Penal Las costas procesales se entienden impuestas por la ley a los criminalmente responsables de todo delito o falta"; así lo recuerda la sentencia del Tribunal Supremo n.º 1571/2003 de 25 de noviembre, al establecer que ni siquiera es preciso interesar la condena en costas para que el Tribunal la conceda, en supuestos del condenado (costas causadas en juicio), porque las impone la ley (art. 123 C.P.). Por otro lado implica igualmente desconocer que las costas no se limitan a los gastos de abogado y procurador; y con ello lo dispuesto en el artículo 241 L.E.Crim "Las costas consistirán: 1.º) En el reintegro del papel sellado empleado en la causa. 2.º) En el pago de los derechos de Arancel. 3.º) En el de los honorarios devengados por los Abogados y peritos. 4.º) En el de las indemnizaciones correspondientes a los testigos que las hubiesen reclamado, si fueren de abono, y en los demás gastos que se hubieren ocasionado en la instrucción de la causa". Cuestión distinta es que en la fase de ejecución de sentencia y al realizarse la tasación de costas por el Secretario Judicial no aparezca la existencia de ningún gasto computable a efectos de costas procesales, mas ello no implica que en la sentencia no deba realizarse el pronunciamiento condenatorio impuesto por el citado artículo 123 del Código Penal».

Asimismo, de acuerdo con la doctrina mayoritaria, no se debe entender que la imposición de costas en el orden jurisdiccional penal tenga un carácter punitivo, sino el resarcimiento de los gastos procesales indebidamente soportados por la parte perjudicada en el proceso.

JURISPRUDENCIA

Sentencia del Tribunal Supremo n.º 200/2023, de 21 de marzo, ECLI:ES:TS:2023:1216

«Previamente es necesario destacar que pese a la confusa regulación de las costas en el proceso penal, tanto la doctrina procesalista actual como la jurisprudencia coinciden en destacar su naturaleza procesal, cuyo fundamento no es el punitivo, sino el resarcimiento de los gastos procesales indebidamente soportados por la parte perjudicada por el proceso, bien sea el acusador particular, la privada o el actor civil, que representan a la víctima o perjudicado y deben ser resarcidos de gastos ocasionados por la conducta criminal del condenado; bien el condenado absuelto en casos de acusaciones infundadas o temerarias (art. 240.3 LECrim). Por ello la condena en costas no se concibe ya como sanción sino como resarcimiento de gastos procesales».

Procedimiento de la tasación de costas en el orden penal

En primer lugar, debemos tener en cuenta que, para la imposición de costas en el orden jurisdiccional penal, se tienen en cuenta dos criterios:

- El **criterio objetivo o de vencimiento**.
- El **criterio subjetivo de la temeridad o mala fe** atendiéndose al caso concreto.

De acuerdo con los artículos 239 y siguientes de la LECrim, los autos o sentencias que pongan fin a una causa deberán resolver sobre el pago de las costas procesales. La meritada resolución podrá consistir en:

- Declarar las costas de oficio.
- Condenar a su pago a los procesados, señalando la parte proporcional por la que cada uno de ellos debe responder, en caso de que fueran varios. No se impondrán **nunca** las costas a los procesados que fueren **absueltos**.
- Condenar al pago de las costas al querellante particular o actor civil, cuando resultare de las actuaciones que han obrado con temeridad o mala fe.

Es importante recalcar que no es preciso instar la condena en costas para que el tribunal las conceda en los casos del condenado, porque las impone la ley, a través del art. 123 del Código Penal, ni tampoco las de la acusación particular en los delitos perseguibles a instancia de parte por estar también impuestas en el art. 124 del Código Penal, sin embargo, cuando se trate de las costas de la acusación particular en los demás delitos, o de las costas que puedan imponerse a los querellantes por haber sostenido pretensiones temerarias frente al acusado sí deberán ser solicitadas expresamente, pues de lo contrario el tribunal que las impusiera incurriría en un exceso sobre lo solicitado o *extra petita* (STS n.º 200/2023, de 21 de marzo, ECLI:ES:TS:2023:1216).

CUESTIONES

1. Si una sentencia firme en el orden penal no hace pronunciamiento expreso sobre las costas, el acusado es absuelto y ya ha transcurrido el plazo para solicitar aclaración o ampliación de sentencia, ¿su abogado puede solicitar que se impongan las costas a la acusación particular?

No, porque la sentencia no realiza ningún pronunciamiento expreso sobre la imposición de costas a la acusación particular.

2. El abogado de la defensa en un procedimiento penal en el que se ha condenado a la parte contraria y se han declarado de oficio las costas, ¿puede imputar sus minutas a la parte contraria?

No, el cliente de la defensa deberá pagarle sus honorarios, salvo que sea beneficiario del derecho a la asistencia jurídica gratuita.

Imposición de costas de oficio

La imposición de costas de oficio corre a cargo del Estado, pero las partes deberán asumir, a pesar de ello y salvo que gocen del beneficio de justicia gratuita, los gastos de los procuradores y abogados que les hubieren representado y defendido, y el abono de los derechos, honorarios e indemnizaciones de los peritos y testigos que hayan declarado a su instancia. Estos honorarios se reclamarán al juez o tribunal que haya conocido la causa.

Se procederá a la exacción de los mismos por la vía de apremio si, presentadas las respectivas declaraciones y hecho saber a las partes, no pagasen estas en el término prudencial que el letrado de la Administración de Justicia señalase, ni tampoco tacharen las mismas por excesivas o indebidas. En estos casos el art. 242 de la LECrim contiene una remisión a la LEC.

CUESTIÓN

¿Cómo se acreditan las cantidades previstas en el artículo 241 de la LECrim?

De acuerdo con el artículo 242 de la LECrim, los honorarios de abogados y peritos se acreditarán por minutas firmadas por los que hubiesen devengado. Las indemnizaciones de los testigos se computarán por la cantidad que oportunamente se hubiese fijado en la causa. Los demás gastos serán regulados por el letrado de la Administración de Justicia, con vista de los justificantes.

Respecto de cuándo procede la condena en las costas de la instancia contra el acusado, obedece a un principio muy claro: la condena en costas del condenado penal y la declaración de oficio cuando esa condena penal no se produjo.

Imposición al condenado de las costas de la acusación particular

De acuerdo con la jurisprudencia mayoritaria, las costas de la acusación particular han de incluirse entre las impuestas al condenado, a menos que las pretensiones de aquel sean desproporcionadas, erróneas o heterogéneas en relación con las deducidas por el Ministerio Fiscal.

Tal y como concluye el Tribunal Supremo en su **STS n.° 136/2024, de 14 de febrero, ECLI:ES:TS:2024:928**, la imposición de costas de la acusación particular puede resumirse en los siguientes 5 criterios:

«1) La condena en costas por delitos sólo perseguibles a instancia de parte incluyen siempre las de la acusación particular (art. 124 C. Penal).

2) La condena en costas por el resto de los delitos incluyen como regla general las costas devengadas por la acusación particular o acción civil.

3) La exclusión de las costas de la acusación particular únicamente procederá cuando su actuación haya resultado notoriamente inútil o superflua o bien haya formulado peticiones absolutamente heterogéneas respecto de las conclusiones aceptadas en la sentencia.

4) Es el apartamiento de la regla general citada el que debe ser especialmente motivado, en cuanto que hace recaer las costas del proceso sobre el perjudicado y no sobre el condenado.

5) La condena en costas no incluye las de la acción popular (SSTS. 464/2007 de 30.5, 717/2007 de 17.9, 750/2008 de 12.11)».

JURISPRUDENCIA

Sentencia del Tribunal Supremo n.º 244/2023, de 30 de marzo, ECLI:ES:TS:2023:1365

«Conforme a la jurisprudencia mayoritaria de esta Sala, abandonando el criterio de la relevancia, las costas del acusador particular han de incluirse entre las impuestas al condenado, salvo que las pretensiones de aquel sean manifiestamente desproporcionadas, erróneas o heterogéneas en relación a las deducidas por el Ministerio Fiscal, o a las recogidas en la sentencia, exigiéndose el razonamiento explicativo sólo en los casos en los que se deniegue su imposición. Lo cual implica entender que el artículo 123 CP se refiere a todas las costas, incluyendo las de la acusación particular, cuando proceda. (STS 624/2020, de 19 de noviembre).

De otro lado, esta Sala tiene declarado que "es necesario que haya mediado solicitud expresa relativa a la condena en las costas de la acusación particular, pues las costas no tienen carácter de sanción o penalización, sino de compensación indemnizatoria por los gastos que se ha visto obligada a soportar la parte, por lo que —de procederse de otro modo— el Tribunal incurriría en un exceso respecto de lo solicitado; señalando además que una condena en las costas de la acusación particular, sin haber sido peticionada, produciría una imposibilidad de defensa de la parte condenada, por no haber tenido oportunidad de conocer esa pretensión y, por ende, de alegar contra ella lo que a su derecho conviniera (STS 560/02, de 27-3, 744/02, de 23-4; 1571/03, de 25-11; 911/06, de 2-10 135/11, 15-3 o 774/12, de 25-10 entre muchas otras). En todo caso, hemos declarado además que se aprecia la petición de parte cuando la acusación solicita del Tribunal una condena genérica en las costas del proceso (STS 560/02, de 27-3 o 1351/02, de 19-7), sin que la falta de argumentación suponga otra cosa que la pérdida de la oportunidad de la parte de hacer llegar al Tribunal las razones jurídicas en las que hace descansar su pretensión y, con ello, malograr la mejor coyuntura para convencer de la bondad de su razón de pedir", (STS n.º 1000/2016, de 17 de enero de 2017)».

CRITERIOS PARA LA ATRIBUCIÓN DE COSTAS DE LA ACUSACIÓN PARTICULAR

DELITOS PERSEGUIBLES SOLO A INSTANCIA DE PARTE

RESTO DE DELITOS

REGLA GENERAL → **EXCEPCIÓN**

REGLA GENERAL

Incluyen las **costas devengadas por la acusación particular o acción civil**

El apartamiento de la regla general debe de estar **especialmente motivado**, en cuanto que hace recaer las costas del proceso sobre el perjudicado y no sobre el condenado

Incluyen las **costas devengadas por la acusación particular o acción civil**

EXCLUSIÓN

Únicamente cuando su **actuación haya resultado notoriamente inútil o superflua**

CUESTIONES

1. ¿Es necesaria la petición expresa a las costas ocasionadas por la acusación particular?

La jurisprudencia mayoritaria siempre ha declarado que es necesario que haya mediado solicitud expresa relativa a la condena en las costas de la acusación particular, pues las costas, como ya hemos señalado anteriormente, no tienen carácter de sanción o penalización, sino de compensación indemnizatoria por los gastos que se ha visto obligada a soportar la parte, por lo que, de procederse de otro modo, el tribunal incurriría en un exceso respecto de lo solicitado. Además, como señala nuestro Alto Tribunal en reiteradas sentencias, una condena en costas de la acusación particular sin haber sido solicitada produciría una imposibilidad de defensa de la parte condenada, por no haber tenido oportunidad de conocer esa pretensión y, por ende, de alegar contra ella lo que a su derecho conviniera.

2. La expresión utilizada habitualmente solicitando la absolución «con todos los pronunciamientos favorables», ¿puede entenderse como una solicitud también de la condena en costas?

No, y así lo aclara la STS n.º 200/2023, de 21 de marzo, ECLI:ES:TS:2023:1216, que recoge expresamente que es: «*(...) doctrina mayoritaria de la Sala 2.ª (vid. SSTS 43/2021, de 21-1, con cita SSTS 114/2016, de 22-2; 410/2016, de 12-5; 168/2018, de 11-4; 662/2018, de 17-2) y seguida en STS 297/2022, de 24-5, que al analizar si la petición expresa de la imposición de costas debe entenderse englobada en la petición de absolución con todos los pronunciamientos favorables, se decantó por exigir una petición expresa, razonando, con cita de la STS 863/2014, de 11-12, que "aunque tal fórmula pudiera cobijar implícitamente ese petitum la misma no sería "posiblemente suficiente"; la exigencia de petición expresa encuentra su anclaje en razones vinculadas al principio de defensa material y al que prohíbe condenas inaudita parte. No es razonable reclamar de la acusación que haya de prever esa condena que responde a motivos concretos. Que haya de aventurarse a rebatir o argumentar la inexistencia de temeridad o mala fe por su parte, subsidiariamente para el caso de no ser acogida su pretensión contra el acusado, cuando éste no lo ha planteado nítidamente, o lo que es lo mismo, no les ha atribuido un actuar temerario o malintencionado"*».

Hecha la tasación y regulación de costas, de acuerdo con los **artículos 243 y 244 de la LECrim**, se dará vista al Ministerio Fiscal y a la parte condenada al pago, para que manifiesten lo que tengan por conveniente en el término de **tres días**.

Transcurrido el anterior plazo sin haber sido impugnada la tasación de costas practicada, o tachadas de indebidas o excesivas alguna de las partidas de honorarios, se procederá con arreglo a lo dispuesto en la LEC.

De conformidad con el **artículo 245 de la LECrim**: «Aprobadas o reformadas la tasación y regulación, se procederá a hacer efectivas las costas por la vía de apremio establecida en la Ley de Enjuiciamiento Civil con los bienes de los que hubiesen sido condenados a su pago».

A TENER EN CUENTA. Si se ha prestado fianza de conformidad con el **artículo 280 de la LECrim**, se realizará la misma para responder de las resultas del juicio.

La tasación de costas en el orden penal: impugnación, plazo y pago

En cuanto a la impugnación de la tasación de costas en el orden jurisdiccional penal, el procedimiento y posibilidades son las mismas que para la impugnación de costas en el orden jurisdiccional civil, por lo que nos remitiremos a ese punto en aras de no resultar reiterativos.

‖ Plazo para solicitar la tasación de costas

De acuerdo con el **artículo 1964.2 del Código Civil**, el plazo de prescripción del derecho al cobro de las costas procesales es de cinco años: «Las acciones personales que no tengan plazo especial prescriben a los cinco años desde que pueda exigirse el cumplimiento de la obligación. En las obligaciones continuadas de hacer o no hacer, el plazo comenzará cada vez que se incumplan».

‖ El orden de preferencia para el pago de las costas procesales

¿Cómo se realiza el pago de las costas procesales en el orden penal?

De acuerdo con el **artículo 126 del Código Penal**, existe un orden de preferencia para el pago por el penado o responsable civil subsidiario, y es el siguiente:

1. Reparación del daño causado e indemnización de los perjuicios.

2. Indemnización al Estado por el importe de los gastos que se hubieran hecho por su cuenta en la causa.

3. Costas del acusador particular o privado cuando se impusiere en la sentencia su pago.

4. Demás costas procesales, incluso las de la defensa del procesado, sin preferencia entre los interesados.

5. La multa.

> **JURISPRUDENCIA**
>
> **Sentencia del Tribunal Constitucional n.º 54/1986, de 7 de mayo, ECLI:ES:TC:1986:54**
>
> *«Se limita a establecer un orden de prelación entre las distintas responsabilidades pecuniarias que pesan sobre el responsable de un delito o falta y que no es disponible ni para el obligado al pago, ni para quienes han de recibirlo. El entendimiento común, aunque no sea el único posible a partir del tenor literal de los correspondientes preceptos, de que el condenado a una pena pecuniaria puede optar libremente entre el pago de ésta o el cumplimiento del arresto sustitutorio, no puede extenderse hasta el extremo de considerar que es también asunto de libre opción el de destinar los recursos de que se dispone a asegurar la propia libertad en lugar de ponerlos a disposición de quien, en su persona o sus bienes, ha sufrido las consecuencias dañosas del delito o de la falta».*

Con respecto a los **delitos cometidos contra la salud pública (artículos 361 al 372 del Código Penal)**, el orden de preferencia de pago es el siguiente, conforme al artículo 378 del Código Penal:

1. Reparación del daño causado e indemnización de perjuicios.

2. Indemnización del Estado por el importe de los gastos que se hayan hecho por su cuenta en la causa.

3. La multa.

4. Las costas del acusador particular o privado cuando se imponga en la sentencia su pago.

5. Las demás costas procesales, incluso las de la defensa del procesado, sin preferencia entre los interesados.

> **A TENER EN CUENTA.** Cuando el delito hubiera sido de los que solo pueden perseguirse a instancia de parte, se satisfarán las costas del acusador privado con preferencia a la indemnización del Estado.

¿Qué ocurre cuando son varios los condenados al pago de las costas en el orden penal?

De acuerdo con el **artículo 240 de la LECrim**, en la resolución que condene al pago a los procesados se señalará la parte proporcional de que cada uno de ellos deba responder, en el caso de ser varios los condenados.

Esto no quiere decir que exista una relación de solidaridad para el pago de las costas entre los condenados, ya que cada uno de ellos será responsable individualmente de su parte proporcional de la condena.

> **JURISPRUDENCIA**
>
> **Sentencia del Tribunal Supremo n.º 766/2017, de 28 de noviembre, ECLI:ES:TS:2017:4314**
>
> *«La jurisprudencia siempre ha entendido que cuando se trate de varios delitos y de varios acusados, las costas se dividen en primer lugar por el número de delitos y luego por el número de acusados (STS 140/2010, de 23 de febrero); y si median pronunciamientos absolutorios, de conformidad con el art. 240.1.º, ello conlleva la declaración de oficio de las costas de la parte proporcional que corresponda.*
>
> *De igual modo precisa la STS 676/2014, de 15 de octubre, el reparto correspondiente a cada condenado, opera después, una vez hechas las porciones correspondientes a cada delito objeto de acusación y excluidas las correspondientes a los delitos por los que se ha absuelto a todos (arts. 123 CP y 240.1.2.º LECrim y SSTS 385/2000, de 14 de marzo, 1936/2002, de 19 de noviembre, 588/2003, de 17 de abril; o 2062/2002, de 27 de mayo, entre otras)».*

Junto con los criterios señalados en la mencionada sentencia y unas operaciones aritméticas, se puede establecer la parte de costas por la que se condena y aquella otra que hay que declarar de oficio, así como la que ha de corresponder a cada uno de los condenados cuando son varios.

Existe un caso excepcional para el supuesto de que en un mismo proceso se acuse por diferentes infracciones y estas pueden ser diversas también en cuanto al trabajo procedimental empleado respecto de cada una de ellas, e incluso la responsabilidades de los diferentes acusados puedan ser de diverso tipo en orden no solo al distinto grado de participación (autores o cómplices, en sus diversas clases), sino también en lo que se refiere a la diversa cantidad de trabajo procesal requerido para cada uno de ellos. En estos casos podrán adecuarse las condenas haciendo las oportunas graduaciones, siempre que se motive adecuadamente en la resolución (**STS n.º 233/2001, de 16 de febrero, ECLI:ES:TS:2001:1083**).

CUESTIÓN

En un procedimiento son tres procesados por la comisión de un mismo delito, pero únicamente dos de ellos han resultado condenados. ¿Cómo se hará el cálculo de las costas procesales?

Cada uno de los condenados abonará una tercera parte de las costas procesales y la tercera parte restante se declarará de oficio.

El procedimiento de tasación de costas en los juicios por delitos leves

En primer lugar, señalaremos que en los delitos leves la intervención de abogado y procurador no es preceptiva. Por lo tanto, la tasación de costas no debe de incluir los honorarios de los mismos.

De acuerdo con el **artículo 967 de la Ley de Enjuiciamiento Criminal**, en los juicios leves, al ofendido o perjudicado y al investigado para la celebración del juicio, se les informará que pueden ser asistidos por abogado si lo desean, por lo que el precepto dispone claramente la voluntariedad de la asistencia con abogado.

Sin perjuicio de lo dispuesto anteriormente, en muchas ocasiones, pese a tratarse de delitos leves, estos revisten una especial complejidad jurídica en los que se hace imprescindible la intervención de abogado. Por ello, en estos casos especiales, sí deberían poder incluirse los honorarios del abogado en la tasación de costas. Pero para determinar qué casos revisten especial complejidad jurídica, habría que atender a cada caso en concreto.

Por ejemplo, la **sentencia de la Audiencia Provincial de Alicante, n.º 133/2019, de 1 de marzo, ECLI:ES:APA:2019:163,** dispone lo que sigue:

> «Sostiene la defensa que en los procedimientos de juicio de faltas no es preceptivo el uso de Letrado para la defensa de sus intereses, por lo que si el Sr. Cesar ha decidido contratar los servicio de un letrado deberá asumir él los costes de dicha decisión unilateral y voluntaria.
>
> La condena en costas es preceptiva, cuestión distinta y es en realidad lo que se discute es si la condena comprende o no las costas de la acusación particular, como bien dice la parte apelada no cabe la condena encostas de la acusación particular en procedimientos por delitos leves, en los que la construcción y trabajo de defensa y acusación la mayoría de veces son elementalmente simples, sin necesidad de proponer y practicar prueba, más allá de las meras declaraciones de las partes.

Con la nueva regulación y la introducción del segundo párrafo del art. 967.1 L.E.Crim, la doctrina anterior para los juicios de faltas sigue estando plenamente vigente. Es decir, en todos aquellos delitos leves que no tengan pena de multa con limite máximo de al menos seis meses, en donde no es necesaria la defensa y representación obligatoria (967.1. 2.º párrafo L.E.Crim), la regla general ha de tener el mismo fundamento: no cabe incluir honorarios de letrado y suplidos derechos de Procurador por las mismas razones expuestas en el juicio de faltas (salvo aquellos casos excepcionales en que sí cabía).

Las costas del abogado y del procurador son indebidas por cuanto su intervención no es preceptiva.

Como recuerda la parte apelada. El artículo 124 del código Penal establece que solo los delitos perseguibles a instancia de parte generan siempre la obligación de abonar los honorarios del Abogado y del procurador.

En consecuencia la condena en costas es preceptiva pero para evitar cualquier equivoco, precisando que se trata de las costas de un juicio de faltas o de delito leve y por tanto excluidas los honorarios y derechos de abogado y procurador, al no ser preceptivos y ello con independencia o abstracción de la posible relevancia de su intervención».

Por el contrario, en la **sentencia de la Audiencia Provincial de Sevilla, n.º 181/2016, de 20 de marzo, ECLI:ES:APSE:2016:753**, sí se incluyen los honorarios de abogado:

«En el presente recurso se plantea una cuestión adicional que es la de la exclusión de las costas de los honorarios del abogado de la acusación particular al no ser preceptiva su intervención en los juicios de faltas.

Como señala la sentencia del Tribunal Constitucional núm. 47/1987, de 22 de abril, entre el haz de garantías que integran el derecho a un proceso justo se incluye el derecho a la defensa y a la asistencia letrada que el art. 24.2 de la Constitución Española, consagra de manera singularizada, con proyección especial hacia el proceso penal, que tiene por finalidad asegurar la efectiva realización de los principios de igualdad de las partes y de contradicción.

La doctrina del Tribunal Constitucional expresada en la referida resolución estima que las excepciones a la norma general de intervención de abogado en los procesos concede a las partes la posibilidad de actual personalmente pero no les obliga a ello, proporcionándoles la facultad de elegir entre la autodefensa y la defensa técnica.

"El derecho a la asistencia letrada, en estos supuestos, permanece incólume debiendo valorarse en cada caso para sopesar la concurrencia del derecho a la asistencia gratuita —o en el caso presente, a la inclusión en las costas que no deben ser abonadas por la propia parte perjudicada—, la necesidad de la intervención letrada a los efectos de mantener el principio de igualdad de armas, y no situar al perjudicado en situación de inferioridad o indefensión (...)".

Aplicando dicha doctrina al caso de autos, en el que se dilucidaba no solo la responsabilidad penal o contribución del recurrente en la producción del siniestro, sino el alcance de sus lesiones y de las cantidades indemnizatorias tanto por tales lesiones como por las secuelas que le han quedado, se estima que la intervención de letrado era necesaria para posibilitar la mejor defensa de sus derechos por el perjudicado en el proceso, evitando su indefensión y por ello debe ser estimado este particular del recurso, incluyendo el pago de los honorarios de letrado dentro de la condena en costas, si bien limitados a los que corresponderían a un juicio de faltas».

4.1.3. Orden social

La imposición de costas en primera instancia del orden social

En primer lugar, tendremos en cuenta que, con carácter general, en la **fase inicial del proceso en la jurisdicción social no hay condena en costas,** esto es, en primera instancia ante el juzgado de lo social, ya que la jurisdicción social está inspirada en el **principio de gratuidad.**

Asimismo, cabe señalar que en el orden jurisdiccional social no es preceptiva la intervención de procurador, por lo que, en los casos de imposición de costas en este orden, dicha imposición se limitará a los honorarios de los abogados o peritos que pudieran intervenir en el proceso.

A pesar de que, como regla general, tal y como ya hemos señalado en las primeras líneas de este capítulo, en el orden jurisdiccional no hay imposición de costas, sí que existen, sin embargo, algunos casos en los que se podrá condenar a costas, como son los siguientes:

- **No asistencia al acto de conciliación o mediación (artículo 66.3 de la LRJS):** cuando no compareciera la parte demandada en aquellos casos en que esté debidamente citada al acto de conciliación o mediación, el juez o tribunal impondrá las costas del proceso a la parte que no hubiere comparecido sin causa justificada, incluidos los honorarios, hasta un límite de 600 euros, del letrado o graduado social colegiado de la parte contraria que hubiere intervenido, si la sentencia que en su día dicte coincidiera esencialmente con la pretensión contenida en la papeleta de conciliación o en la solicitud de mediación.

- **Litigante no acudió acto de conciliación o mediación, obró de mala fe o con temeridad o sentencia condenatoria coincida esencialmente con la papeleta de conciliación o en la solicitud de mediación (artículo 97.3 de la LRJS, modificado por el RD-ley 6/2023, de 19 de diciembre, con entrada en vigor el 20/03/2024):** La sentencia, motivadamente, podrá imponer una sanción pecuniaria, dentro de los límites que se fijan en el art. 75.4 de la LRJS, al litigante que no acudió injustificadamente al acto de conciliación ante el servicio administrativo correspondiente o a mediación, de acuerdo con lo establecido en el art. 83.3 de la LRJS, así como al litigante que obró de mala fe o con temeridad. También motivadamente podrá imponer una sanción pecuniaria cuando la sentencia condenatoria coincidiera esencialmente con la pretensión contenida en la papeleta de conciliación o en la solicitud de mediación. En tales casos, y cuando el condenado fuera el empresario, deberá abonar también los honorarios de los abogados y graduados sociales de la parte contraria que hubieren intervenido, hasta el límite de 600 euros.

CUESTIÓN

Para la imposición de costas en primera instancia a tenor del art. 66.3 de la LRJS, ¿es necesario que la sentencia que se dicte estime de manera total la demanda?

No, para imponer las costas conforme a lo preceptuado en el art. 66.3 de la LRJS lo que debe examinarse es si la pretensión de la demanda se ha estimado en lo esencial. Así, en un caso en el que la sentencia declara el despido como improcedente, pero reduce las cuantías que deben abonarse, el TSJ de Barcelona en la sentencia n.º 550/2022, de 1 de febrero, ECLI:ES:TSJCAT:2022:795, declara:

«Lo que debe examinarse es si la pretensión de la demanda se ha estimado en lo esencial, en lo relevante, lo principal o sustancial. Y en este sentido hay que tomar en consideración que la parte actora planteaba en su demanda, como pretensión esencial, la declaración de improcedencia del despido. Habiendo por tanto obtenido una satisfacción en lo esencial de su pretensión cuando se le ha aceptado y estimado lo que es más importante y básico en el debate como es la existencia de un despido improcedente».

JURISPRUDENCIA

Sentencia del Tribunal Supremo n.º 805/2019, de 26 de noviembre, ECLI:ES:TS:2019:4339

«El motivo debe ser desestimado, procediendo a confirmar la condena en costas que se realizó en la instancia, por cuanto que, tal y como dispone el art. 66.3 y 97.3 de la LRJS, las costas del proceso en la instancia solo procederán cuando concurra el supuesto allí contemplado y en este caso, esos requisitos concurren.

El art. 66 de la LRJS, al regular las consecuencias de la no asistencia al acto de conciliación o de mediación, en su apartado 3 dispone lo siguiente: "Si no compareciera la otra parte, debidamente citada, se hará constar expresamente en la certificación del acta de conciliación o de mediación y se tendrá la conciliación o la mediación por intentada sin efecto, y el juez o tribunal impondrán las costas del proceso a la parte que no hubiere comparecido sin causa justificada, incluidos honorarios, hasta el límite de seiscientos euros, del letrado o graduado social colegiado de la parte contraria que hubieren intervenido, si la sentencia que en su día dicte coincidiera esencialmente con la pretensión contenida en la papeleta de conciliación o en la solicitud de mediación".

Este apartado recoge la imposición de costas en la instancia cuando concurran dos circunstancias: 1) incomparecencia al acto de conciliación sin causa justificada; y 2) que la sentencia que se dicte coincida esencialmente con la pretensión contenida en la papeleta de conciliación».

Pese a existir estas dos posibilidades, lo cierto es que en la práctica no es muy común la imposición de costas en primera instancia.

La imposición de costas en ejecución del orden social

De acuerdo con el **artículo 269.3 de la LRJS**, los honorarios o derechos de abogados, incluidos los de las Administraciones públicas, procuradores y graduados sociales colegiados, devengados en la ejecución podrán incluirse en la tasación de costas.

Asimismo, de acuerdo con lo previsto en esta ley **(art. 239.2 de la LRJS)**, la ejecución podrá solicitarse tan pronto como la sentencia o resolución judicial haya ganado firmeza o desde que el título haya quedado constituido o, en su caso, desde que la obligación declarada en el título ejecutivo fuese exigible.

Iniciada la ejecución, de acuerdo con lo previsto en el **apartado 3 del art. 239 de la LRJS**, no se aplicará el plazo de espera previsto en el artículo 548 de la LEC. No obstante, si la parte ejecutada cumpliera en su integridad la obligación exigida contenida en el título, incluyendo en los casos de ejecución dineraria el pago de los intereses procesales, si procedieran, dentro del plazo de los **veinte días siguientes a la fecha de la firmeza de la sentencia o resolución judicial ejecutable o desde que el título haya quedado constituido, o desde que la obligación declarada en el título fuese exigible, no se le impondrán las costas de la ejecución que hubiera instado.**

> **JURISPRUDENCIA**
>
> **Sentencia del Tribunal Supremo, rec. 1554/2011, de 11 de mayo de 2012, ECLI:ES:TS:2012:4653**
>
> *«En el proceso social, la regulación de las costas y honorarios difiere de la civil excepto en el proceso de ejecución en el que, con los límites ordinarios y no en importes tasados, se dispone que "los honorarios o derechos de abogados, incluidos los de las Administraciones públicas, procuradores y graduados sociales colegiados, devengados en la ejecución podrán incluirse en la tasación de costas (arts. 267.3 LPL y 269.3LRJS). La nueva LRJS mantiene idénticos criterios y principios sobre costas y honorarios que los que se contenían en la LPL (entre otros, en sus arts. 21.1, 66.3, 77.1, 79.2, 97.3, 148, 200.2, 213.5, 217, 228.2, 235, 236, 239, 247, 251, 268 y 269 LRJS), ajustándolos especialmente a las reglas sobre el derecho de justicia gratuita de trabajadores y beneficiarios del régimen público de la seguridad social con derecho a la designación de abogado del turno de oficio. Advirtiéndose que en la fase declarativa y en la de recursos los honorarios de abogados y graduados sociales que se imponen judicialmente por temeridad, mala fe, incumplimiento de determinadas obligaciones procesales o preprocesales o por el principio de vencimiento, tienen un importe tasado, hasta el límite de 600 € en la instancia, 1.200 € en el recurso de suplicación y 1.800 € en recurso de casación(en especial, arts. 97.3 y 235.1 a 3 LRJS). No conteniéndose ni en la LPL(arts. 175 a 182) ni en la LRJS (arts. 177 a 184) reglas específicas sobre costas ni honorarios en la modalidad procesal de la tutela de los derechos fundamentales y libertades públicas; pero regulándose en la LRJS con carácter general al proceso social, en todas sus fases o instancias, las consecuencias(rechazo de oficio de pretensiones, multas de hasta 180.000 € o indemnizaciones, en su caso) de las actuaciones dilatorias o que entrañen abuso de derecho o fraude procesal o que vulneren las reglas de la buena fe, así como del incumplimiento de las obligaciones de colaborar con el proceso y de cumplir las resoluciones que en el mismo se dicten (art. 75 LRJS)».*

Por tanto, se admite la ejecución de costas en el orden social, pero no como una obligación, sino como una posibilidad de la que dispone el órgano judicial.

La imposición de costas en caso de recurso de suplicación o recurso de casación en el orden social

El recurso de suplicación se interpone ante el Tribunal Superior de Justicia y el recurso de casación ante el Tribunal Supremo.

El **art. 235 de la LRJS** se refiere a la imposición de las costas que se produzcan en los recursos de suplicación y en el de casación, debiendo imponerse en las sentencias las mismas a la parte vencida en el recurso.

Aunque la regla general es la imposición de costas a la parte vencida, hay excepciones:

- Ser beneficiario de la justicia gratuita.
- Sindicatos.
- Funcionarios públicos o personal estatutario que deban ejercitar sus derechos como empleados públicos ante el orden social.
- Procesos sobre conflictos colectivos.

CUESTIÓN

En el caso de procesos sobre conflicto colectivo, ¿quién se hace cargo de las costas?

Conforme a lo establecido en el art. 235.2 de la LRJS, cada parte se hará cargo de las costas causadas a su instancia. Ello, no obstante, la sala podrá imponer el pago de las costas a cualquiera de las partes que en el proceso o en el recurso hubiera actuado con temeridad o mala fe.

En los supuestos de estimación total o parcial del recurso no procede la condena en costas. Así lo ha declarado, entre otras, la **STSJ de La Rioja n.º 28/2024, de 1 de febrero, ECLI:ES:TSJLR:2024:20**, que atendiendo a la jurisprudencia del Tribunal Supremo señala «En aplicación de lo dispuesto en el Art. 235.1 LRJS (L 36/11), no procede condena en costas, toda vez que la estimación, total o parcial, del recurso de suplicación implica que no haya parte vencida a efectos de imponer el pago de las costas generadas en el mismo a alguno de los litigantes (SSTS 14/02/07, RJ 2177; 29/01/09, RJ 1051)».

Las costas comprenderán los honorarios del abogado o graduado social colegiado de la parte contraria que hubiera actuado en el recurso en defensa o en representación técnica de la parte, sin que la atribución en las costas de dichos honorarios pueda superar la cantidad de 1.200 euros en el recurso de suplicación y de 1.800 euros para el recurso de casación (art. 235.1 de la LRJS).

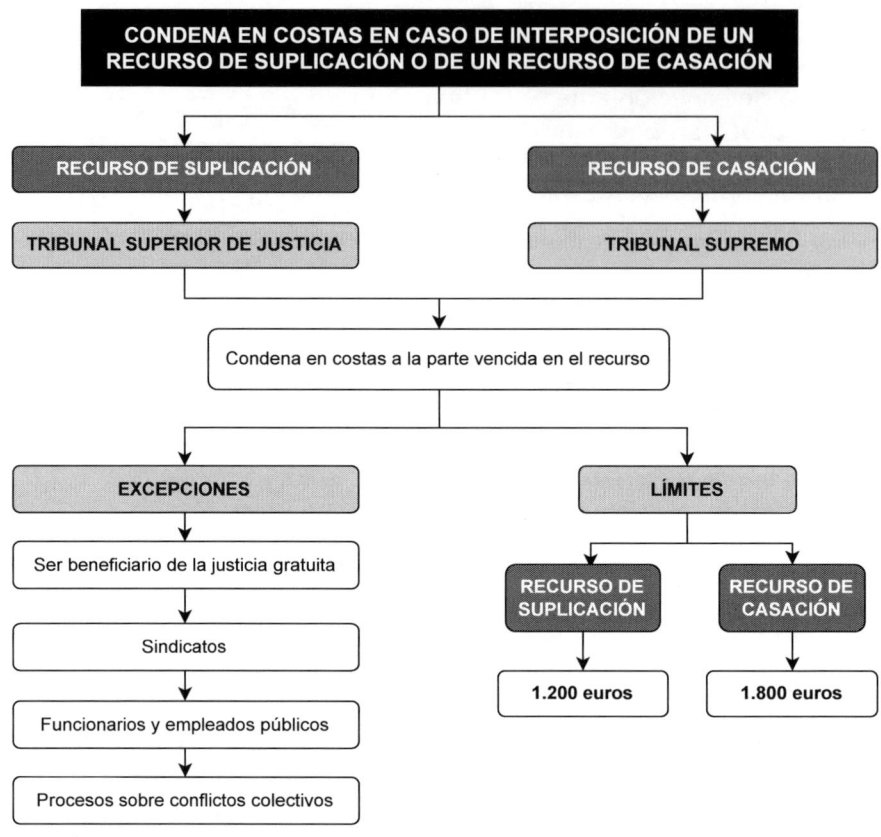

A TENER EN CUENTA. Pese a lo dispuesto anteriormente, los trabajadores y los beneficiarios de la Seguridad Social gozan del beneficio de justicia gratuita sin necesidad de que se solicite de forma expresa, por lo que no se les podrían imponer las costas pese a resultar vencidos en la interposición de recurso. En este sentido se ha pronunciado el Tribunal Supremo en numerosas resoluciones como el **auto, rec. 4412/2017, de 22 de noviembre, ECLI:ES:TS:2018:13591A**, y en el **auto de aclaración, rec. 700/2021, de 3 de marzo, ECLI:ES:TS:2022:3330AA**.

En este sentido, es muy importante la **sentencia del Tribunal Supremo n.º 224/2018, de 28 de febrero, ECLI:ES:TS:2018:929**, donde al recurrente trabajador no se le condena al pago de costas, pues entiende el Alto Tribunal que la condena en costas por haber actuado con temeridad solo puede recaer sobre el que ostenta la condición de empresario. Sin embargo, mantiene la multa al trabajador:

> «Por la recurrente se alega la infracción del artículo 97.3 de la LRJS, en relación exclusivamente ala condena al pago de los honorarios de los letrados que intervinieron. La dicción del artículo 97.3 de la LRJS, idéntica

a la que en su momento tuvo el precepto homónimo en la LPL es clara al respecto "La sentencia, motivadamente, podrá imponer al litigante que obró de mala fe o con temeridad, así como al que no acudió al acto de conciliación injustificadamente, una sanción pecuniaria dentro de los límites que se fijan en el apartado 4 del artículo 75. En tales casos, y cuando el condenado fuera el empresario, deberá abonar también los honorarios de los abogados y graduados sociales de la parte contraria que hubieren intervenido, hasta el límite de seiscientos euros.

La imposición de las anteriores medidas se efectuará a solicitud de parte o de oficio, previa audiencia en el acto de la vista de las partes personadas. De considerarse de oficio la posibilidad de dicho pronunciamiento una vez concluido el acto de juicio, se concederá a las partes un término de dos días para que puedan formular alegaciones escritas. En el caso de incomparecencia a los actos de conciliación o de mediación, incluida la conciliación ante el secretario judicial, sin causa justificada, se aplicarán por el juez o tribunal las medidas previstas en el apartado 3 del artículo 66".

El tenor literal que acabamos de reproducir no deja margen de duda acerca del cual es el sujeto procesal al que se refiere la condena al pago de honorarios de letrado cuando ésta acompaña a la imposición de la multa por temeridad. **Tan solo el litigante que ostenta la condición de empresario es susceptible de la condena en relación al pago de honorarios. La demandante no solo no consta que sea empresaria si no que su demanda temeraria, tenía por objeto obtener la declaración de su condición de trabajadora de donde resulta carente de base jurídica la condena impuesta por lo que el recurso, de conformidad con el informe del Ministerio Fiscal, deberá ser estimado, sin que haya lugar a la imposición de las costas a tenor de lo preceptuado en el artículo235 de la LRJS»**.

Para el supuesto de que la **parte recurrente desista del recurso** resulta de aplicación lo dispuesto en el art. 396 de la LEC, en el que se señala:

«1. Si el proceso terminara por desistimiento del actor, que no haya de ser consentido por el demandado, aquél será condenado a todas las costas.

2. Si el desistimiento que pusiere fin al proceso fuere consentido por el demandado o demandados, no se condenará en costas a ninguno de los litigantes».

El Tribunal Supremo ha considerado que este precepto **no impide que se impongan costas en caso de haya habido actividad procesal de la parte contraria**, así lo ha recogido en el **auto, rec. 548/2022, de 21 de diciembre, ECLI:ES:TS:2022:18486A:**

«Regirá en todo caso la regla general de que, si no se ha personado la parte recurrida en el recurso en cualquiera de sus fases, no hay gravamen para ella ni por tanto imposición de costas, razón por la que el desistimiento sin parte recurrida únicamente comportaría la pérdida del depósito para recurrir.

En caso de que sí se hubiera personado el recurrido, de conformidad con lo previsto en el artículo 396.1 LEC procederá la imposición de costas, si bien debe matizarse su alcance en función de la situación del recurso, debiendo ser más alta la cifra acordada para costas si el desistimiento se produce después de la impugnación del recurso, porque la actividad procesal es más intensa en ese caso. (AATS -dos-de 18/07/2017, rcud. 394/2014 y rcud. 2941/2016; ATS de 20/12/2018, rcud. 704/2017).

Como orientación, la cantidad fijada para costas en caso de desistimiento en el recurso en el únicamente se haya producido la personación del recurrido se fija en 300 euros, igual que en la inadmisión del recurso con personación de la parte recurrida.

Si se ha llevado a cabo la impugnación del recurso, la cuantía por el concepto de costas será la de 1000 euros, pudiendo incrementarse esa cifra si el desistimiento se produce en fechas próximas a la fijada para la votación y fallo.

Lo que supone, a afectos de la imposición de costas, que "cuando el recurrente desiste debe diferenciarse si ha mediado personación del recurrido o no: si no hay personación del recurrido sólo se produce la pérdida del depósito; si se ha personado el recurrido pero no ha impugnado el recurso se imponen las costas (en cuantía inicial de 300 euros). En línea con la finalidad de esta figura, si el desistimiento surge cuando ya se ha impugnado el recurso, las costas han de ser superiores (en principio, de 1000 euros)"».

La condena en costas a los sindicatos de trabajadores

De acuerdo con el **artículo 235 de la LRJS, la sentencia impondrá las costas a la parte vencida en el recurso, excepto** cuando goce de beneficio de justicia gratuita, **o cuando se trate de sindicados**, así como casos de funcionarios públicos o personal estatutario que deban ejercitar sus derechos como empleados públicos ante el orden social.

Asimismo, es importante mencionar el **artículo 20.4 de la LRJS,** que dispone que los sindicatos están exentos de efectuar depósitos y consignaciones en todas sus actuaciones **ante el orden social y gozarán del beneficio legal de justicia gratuita cuando ejerciten un interés colectivo en defensa de los trabajadores y beneficiarios de la Seguridad Social.**

La cuestión radica en si, en cualquier caso, los sindicatos, como regla general, están exentos de la condena en costas pese a ser parte vencida del recurso, con independencia de la condición en la que hubieran litigado dentro del proceso, es decir, si actúan en defensa de los trabajadores o en defensa de cuestiones relativas a su organización interna.

Aunque el meritado **artículo 235 de la Ley reguladora de la jurisdicción social no indica si la excepción de condena en costas a los sindicatos lo es cuando estos ejerciten un interés colectivo en defensa de los trabajadores y beneficiarios de la Seguridad Social o están exentos por el mero hecho de actuar como sindicato,** con independencia del asunto del litigio, parece que **la jurisprudencia en este sentido es unánime:** los **sindicatos únicamente estarán exentos de la condena en costas** cuando sean **parte vencida** en el recurso, **en los casos en los que actúen dentro del procedimiento en ejercicio de un interés colectivo en defensa de los trabajadores y beneficiarios de la Seguridad Social.**

Esta interpretación tiene su razón de ser en el sentido de que, cuando el sindicato actúa en representación y defensa de los trabajadores, asume el beneficio de justicia gratuita que ostentan estos como si ellos mimos ejercitaran la acción.

JURISPRUDENCIA

Sentencia del Tribunal Supremo n.º 401/2016, de 11 de mayo, ECLI:ES:TS:2016:3027

«Doctrina unificada sobre la exención de costas procesales a los sindicatos en su condición de parte vencida en los recursos de suplicación o de casación.-Por todo lo expuesto, —especialmente por la finalidad de la LRJS de asumir la doctrina mayoritaria de esta Sala sobre la exención de las costas procesales a los sindicatos cuando actúan en defensa de intereses colectivos y, por otra lado, por la vinculación de las costas con el derecho de justicia gratuita que la propia norma procesal otorga por primera vez en favor de los sindicatos pero condicionada a que ejerciten un interés colectivo (art. 20.4LRJS), vinculación que expresamente se refleja en múltiples sentencias dictadas por esta Sala tras la entrada en vigor de la LRJS (entre otras, SSTS/IV 27-octubre-2014-rco 267/2013 sobre impugnación convenio colectivo por un sindicato o 26-enero-2016-rco 144/2015 relativa a impugnación despido colectivo por un sindicato, afirmándose en ambas que "El artículo 235.1 LRJS conduce a que no deban imponerse las costas cuando quien resulta vencido en el recurso goza del beneficio de justicia gratuita, lo que es el caso"—, entendemos que la genérica exclusión de la imposición de costas a los sindicatos en su condición de parte vencida en los recursos de suplicación o de casación, contenida en el art. 235.1LRJS, no constituye un derecho nuevo y no puede interpretarse de forma aislada respecto del derecho de justicia gratuita condicionada del que son titulares, por lo que no puede extenderse tal exclusión a cualquier tipo de proceso en que los sindicatos intervengan, comprendiendo incluso los supuestos en los que actúen defensa de sus posibles intereses particulares o privativos, como acontece cuando intervienen en el proceso social en su condición de empresarios. Por lo que la exención de costas procesales a los sindicatos en su condición de parte vencida en los recursos de suplicación o de casación, establecida en el art. 235.1 LRJS, está condicionada, al igual que el derecho de justicia gratuita otorgado a los sindicatos en el art. 20.4LRJS, a que "ejerciten un interés colectivo en defensa de los trabajadores y beneficiarios de la seguridad social"».

CUESTIÓN

Cuando el sindicato actúa como empleador no le alcanza la exención de costas. Con relación a esto, ¿debe entenderse que en cualquier conflicto con un afiliado el sindicato es empleador y por tanto debe asumir costas en caso de vencimiento?

No, el sindicato no siempre actúa en condición de empleador, sino que en estos casos también puede actuar en defensa de los intereses colectivos. Así lo ha recogido el Tribunal Supremo en la **sentencia n.º 889/2022, de 3 de noviembre, ECLI:ES:TS:2022:4062**, en la que señala:

«En el supuesto que estamos examinando, las federaciones sindicales no eran las empleadoras del afiliado, por lo que no se trataba de una cuestión litigiosa derivada del contrato de trabajo (artículo 2 a) LRJS), sino que se trataba de un litigio del sindicato con dicho afiliado (artículo 2 k) LRJS), ocasionado cuando este último dejó de estar dispensado o liberado y no se le concedió el crédito sindical al que tenía derecho por ser miembro de la Junta de Personal.

> *Y si cuando el sindicato actúa como empleador y tiene un conflicto con un empleado suyo, en dicho conflicto subyace un mero interés particular o privativo de la organización sindical, cuando se plantea un conflicto entre el sindicato y un afiliado, de conformidad con nuestra doctrina, está en juego el derecho de libertad sindical, tanto del sindicato como del afiliado, y la organización sindical está ejercitando —en los términos del artículo 20.4 LRJS— un "interés colectivo", por lo que ha de gozar del beneficio legal de justicia gratuita, como expresamente dispone el propio artículo 20.4 LRJS.*
>
> *(...)*
>
> *Siendo ello así, y con independencia de que la posición sostenida por las federaciones sindicales no prosperara, es claro que dichas federaciones no estaban defendiendo en la controversia un mero interés privativo o particular —que es lo que hacen cuando son las empleadoras del trabajador—, sino que estaban ejercitando un "interés colectivo" (artículo 20.4 LRJS), pues estaba en juego cómo y quién ejercía los derechos y garantías sindicales reconocidos en los acuerdos citados».*

Los límites en la condena en costas en el orden social

En la jurisdicción social no existe una fase de tasación de costas, es la sala la que fija discrecionalmente los honorarios del letrado, pero siempre dentro de los límites establecidos en el **artículo 235 de la Ley reguladora de la jurisdicción social**, y se puede hacer en la propia sentencia, o bien, posteriormente en providencia.

El Tribunal Supremo ha señalado en reiteradas ocasiones que la sala suele abstenerse de cuantificar los honorarios en la resolución final bien porque las partes han llegado a un acuerdo en esta materia o porque la parte beneficiaria no solicita la cuantificación. Así el Alto Tribunal lo ha recogido en el **auto, rec. 570/2015, de 19 de julio de 2017, ECLI:ES:TS:2017:8383A**, en el que además recuerda que la sala puede fijar discrecionalmente los honorarios:

> «Como recordábamos en el Auto de esta Sala de fecha 20 de julio de 2016 (recurso 1337/2015), con cita de los autos de esta Sala de 11 de febrero y 22 de marzo de 2002, 17 de noviembre de 2011 y 2 de abril de 2013 (R. 3374/2011), "la Sala suele abstenerse de cuantificar los honorarios en la resolución final, porque a veces las partes han llegado a un acuerdo en la materia, y otras veces —por razones que sólo a la parte beneficiaria de los honorarios incumbe tener en cuenta— simplemente el abogado del recurrido no solicita esta cuantificación. En los casos —como el presente— en los que dicho abogado expresamente lo solicita, la Sala los cuantifica en una providencia ulterior, dentro de los estrechos límites marcados por el art. 233.1 LPL (hoy, 235.1 LRJS) y en función de cuál haya sido la intervención que el director técnico beneficiario haya tenido en el proceso (así, ATS 26-11-2002, R. 3772/01)".
>
> Hemos precisado, además, que no existe tasación de costas en el recurso extraordinario de casación unificadora, sino que la Sala puede fijar

discrecionalmente los honorarios del letrado dentro de los márgenes que ese precepto establece (AATS 3-6-1998, 18-5-2007 y 2-4-2013, R. 2244/94, 3265/04 y 3374/11) y 22-7-2015 (R. 1727/2014)».

Con relación a los conceptos que deben integrar las costas, el párrafo segundo de este artículo señala que comprenderán los honorarios del abogado o graduado social colegiado de la parte contraria que hubiera actuado en el recurso en defensa o representación técnica. Este precepto establece un límite de atribución en las costas:

- Recurso de suplicación no puede superar los 1.200 euros.
- Recurso de casación no puede superar los 1.800 euros.

En cuanto al abono de los honorarios del procurador en caso de que intervenga, estos no pueden ser incluidos dentro de la cuantificación de los honorarios al ser voluntaria su intervención y a tenor de lo dispuesto en el art. 235 de la LRJS que no lo contempla. El Tribunal Supremo ha señalado una **excepción** en los supuestos en que las partes residan en un lugar diferente a donde se encuentra la sede judicial, y en tal sentido, el **auto del Tribunal Supremo, rec. 1603/2014, de 3 de mayo de 2016, ECLI:ES:TS:2016:4377A**:

«La cuestión que se plantea por la recurrente "Televisió de Catalunya, SA" ya ha sido resuelta por la Sala -—que tengamos constancia— en dos ocasiones, la STS 24/10/94 [rcud 2473/91] y el ATS 31/05/99 [rcud 3200/97], en las que hemos sostenido que la condena en costas se extiende a los honorarios de Procurador que asume representación de parte residente en lugar distinto de aquél en que se tramita el recurso, cual ocurre en el presente supuesto, razonando que "... si bien, conforme a lo previsto en los artículos 18 y 218 del Texto Articulado de la Ley de Procedimiento Laboral [en la actualidad, arts. 18 y 220 LRJS], la intervención del Procurador no es precisa en la tramitación de los recursos dentro del proceso laboral, pudiendo, al respecto, o intervenir las propias partes procesales asistidas de Letrado o concederse la representación a este último director técnico del recurso, con lo que aquella intervención pudiera reputarse superflua y excluible, por tanto, de la tasación de costas —artículo 424 de la Ley de Enjuiciamiento Civil—, sin embargo, es lo cierto que no puede imponerse la representación procesal al Letrado que dirige el recurso, cuando la parte no interviene directamente". Desde esta perspectiva enjuiciadora no cabe la menor duda que no pueden ser incluibles en la tasación de costas los derechos del Procurador del que se valen, voluntariamente, las partes, cuando, éstas, residen en el mismo lugar del Órgano judicial llamado a resolver el pleito o recurso. Pero esta regla general tiene una excepción, prevista en el artículo 11 de la Ley de Enjuiciamiento Civil [art. 32.5 LECiv/2000], de aplicación supletoria en el proceso laboral —Disposición Adicional 1.ª, del Texto Articulado de la Ley de Procedimiento Laboral [DF Cuarta LRJS]— cuando la residencia de la parte no coincide con la sede del Órgano judicial correspondiente»; precepto —art. 32.5— que literalmente sostiene que "[c]uando la intervención de abogado y procurador no sea preceptiva, de la eventual condena en costas de la parte contraria a la que se hubiese servido de dichos profesionales se excluirán los derechos y honorarios devengados por los mismos, salvo que ... el domicilio de la parte representada y defendida esté en lugar distinto a aquel en que se ha tramitado el juicio"».

4.1.4. Orden contencioso-administrativo

El **artículo 139 de la Ley 29/1998, de 13 de julio, reguladora de la Jurisdicción Contencioso-Administrativa**, dispone lo siguiente:

«1. En primera o única instancia, el órgano jurisdiccional, al dictar sentencia o al resolver por auto los recursos o incidentes que ante el mismo se promovieren, impondrá las costas a la parte que haya visto rechazadas todas sus pretensiones, salvo que aprecie y así lo razone, que el caso presentaba serias dudas de hecho o de derecho.

En los supuestos de estimación o desestimación parcial de las pretensiones, cada parte abonará las costas causadas a su instancia y las comunes por mitad, salvo que el órgano jurisdiccional, razonándolo debidamente, las imponga a una de ellas por haber sostenido su acción o interpuesto el recurso con mala fe o temeridad.

2. En los recursos se impondrán las costas al recurrente si se desestima totalmente el recurso, salvo que el órgano jurisdiccional, razonándolo debidamente, aprecie la concurrencia de circunstancias que justifiquen su no imposición.

3. En el recurso de casación se impondrán las costas de conformidad con lo previsto en el artículo 93.4.

4. En primera o única instancia, la parte condenada en costas estará obligada a pagar una cantidad total que no exceda de la tercera parte de la cuantía del proceso, por cada uno de los favorecidos por esa condena; a estos solos efectos, las pretensiones de cuantía indeterminada se valorarán en 18.000 euros, salvo que, por razón de la complejidad del asunto, el tribunal disponga razonadamente otra cosa.

En los recursos, y sin perjuicio de lo previsto en el apartado anterior, la imposición de costas podrá ser a la totalidad, a una parte de éstas o hasta una cifra máxima.

5. Para la exacción de las costas impuestas a particulares, la Administración acreedora utilizará el procedimiento de apremio, en defecto de pago voluntario.

6. En ningún caso se impondrán las costas al Ministerio Fiscal.

7. Las costas causadas en los autos serán reguladas y tasadas según lo dispuesto en la Ley de Enjuiciamiento Civil».

> **A TENER EN CUENTA.** El apartado 4 del artículo 139 de la LJCA ha sido modificado por el Real Decreto-ley 6/2023, de 19 de diciembre, entrando en vigor el 20 de marzo de 2024.

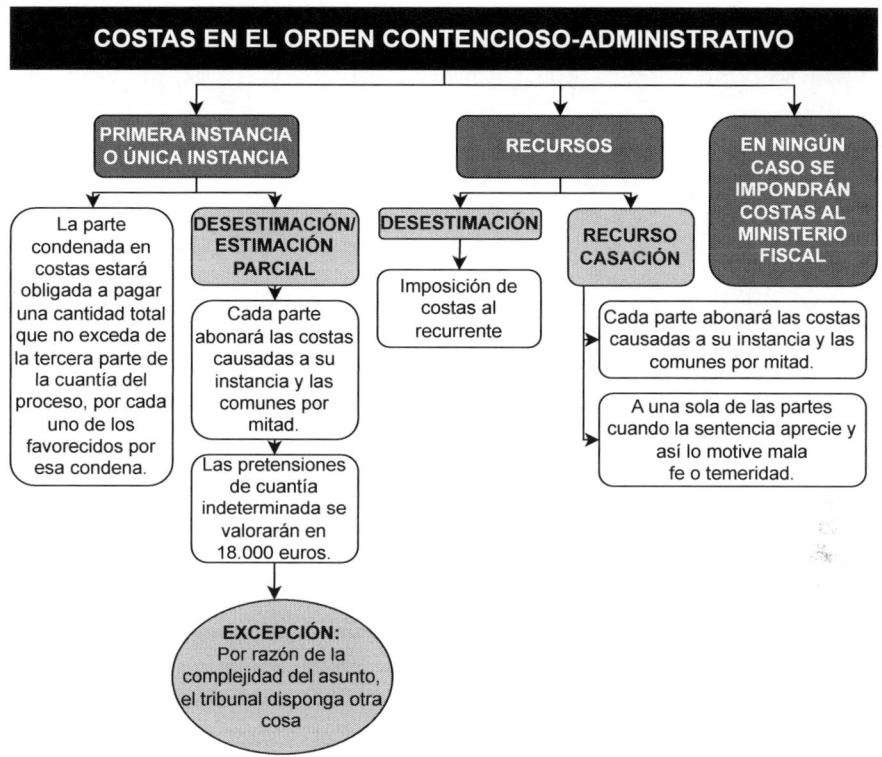

Moderación de las costas impuestas en el procedimiento contencioso-administrativo

En primera instancia y conforme a la nueva redacción del **artículo 139.4 de la LJCA**, introducida por el Real Decreto-ley 6/2023, de 19 de diciembre:

> «4. En **primera o única instancia, la parte condenada en costas** estará **obligada a pagar una cantidad total que no exceda de la tercera parte de la cuantía del proceso,** por cada uno de los favorecidos por esa condena; a estos solos efectos, las **pretensiones de cuantía indeterminada se valorarán en 18.000 euros,** salvo que, por razón de la complejidad del asunto, el tribunal disponga razonadamente otra cosa.
>
> En los *recursos,* y sin perjuicio de lo previsto en el apartado anterior, **la imposición de costas podrá ser a la totalidad, a una parte de éstas o hasta una cifra máxima».**

A TENER EN CUENTA. El apartado 4 de este artículo ha sido modificado por el Real Decreto-ley 6/2023, de 19 de diciembre, entrando en vigor el 20 de marzo de 2024.

También es posible moderar las costas en sede casacional. Al dictar sentencia en el recurso de casación, es el artículo 93.4 de la LJCA el que señala cómo resolver sobre las costas:

1. En lo concerniente a las de primera instancia, se remite a lo establecido en el artículo 139.1 de la LJCA.

2. Por lo que se refiere a las causadas en el recurso de casación, establece una regla general y otra excepcional:

   – Cada parte abonará las causadas a su instancia y las comunes por mitad.

   – Podrá imponer las costas solo a una de las partes cuando aprecie y motive que ha actuado con mala fe o temeridad. Y, en tal caso, podrá limitar las costas a solo una parte de ellas o hasta una cifra máxima.

Téngase en cuenta que la moderación en la cuantía de las costas afecta exclusivamente a la cantidad que el beneficiado puede reclamar del condenado; esto es, al crédito que aquel ostenta contra este, que no tiene por qué suponer la completa indemnidad del beneficiado. Hay que tener presente que, pese al carácter compensatorio de las costas, las previsiones del artículo 139.4 de la LJCA, al igual que las del artículo 394.3 de la LEC, dan buena cuenta de que no se trata aquí de una *restitutio in integrum* de cuantos gastos se han causado al favorecido por el crédito en que consiste la condena en costas.

> **DOCTRINA**
>
> **Belén Triana Reyes: «Fijación de las costas en sentencia en la jurisdicción contenciosa: ¿solución o problema?», en** *Diario La Ley,* **n.º 8857, 7 de noviembre de 2016, ref. D-385.**
>
> *«El Tribunal Supremo se ha referido, en multitud de ocasiones, al "carácter indemnizatorio de las costas", que suponen un crédito de la parte favorecida por la condena frente a la condenada, dirigido a compensar los gastos que indebidamente fue obligada a realizar la primera debido a la segunda. Sin embargo, aunque se trate de una indemnización, ello no supone, que la misma se base en un principio de indemnidad o restitución integral. Es decir, tratándose de una indemnización, no tiene que cubrir todos y cada uno de los gastos que el litigio haya ocasionado a la parte vencedora del mismo pues, si así fuera, no tendría sentido la previsión legal del art. 139.4 LJCA, como tampoco lo tendrían las previsiones del artículo 394.3 de la LEC y de la Ley reguladora de la Jurisdicción Social, que limitan las costas en cuanto a los honorarios de letrados y otros profesionales. De hecho, si estuviéramos ante una* **restitutio ad integrum***, lo consecuente sería exigir como imprescindible la aportación de facturas de todos los conceptos lo que, en la práctica de los tribunales contenciosos, no se hace. Por eso, el propio Tribunal Supremo ha llegado incluso a decir, que las costas son una "sanción procesal".*
>
> *Igualmente, la exposición de motivos de la citada propuesta de anteproyecto de Ley de eficiencia de la Jurisdicción Contencioso-Administrativa, razonaba que las costas no son tanto una indemnización por el coste total del pleito como una compensación. También en la jurisdicción civil (en la que, como se ha dicho, no existe una previsión como el artículo 139.4 de la LJCA, pero sí el límite de la tercera parte del artículo 394.3 de la LEC), el Tribunal Supremo ha excluido la aplicación del principio*

> *de indemnidad, al menos refiriéndose a los honorarios de los abogados. La Audiencia Provincial de Madrid por su parte, en una sentencia de 2006 que analizaba la naturaleza de la condena en costas a partir del debatido asunto de la inclusión en ella del IVA devengado por la prestación de servicios profesionales, dijo que se trata, no tanto de una indemnización, como de una obligación legal, de carácter procesal aunque luego parecía asumir, a mi juicio incorrectamente, que debe incluir la totalidad de los gastos del litigio, al vincularla a la tutela judicial efectiva».*

Por consiguiente, la fijación de una cantidad máxima en concepto de costas no limita los honorarios o los aranceles que, por sus servicios, pueden cobrar los abogados, los peritos y los procuradores de sus clientes. La moderación de las costas solo limita la cuantía a cuyo pago ha de contribuir el condenado.

Tanto el Tribunal Constitucional como el Tribunal Supremo se han pronunciado en el sentido de que el resarcimiento íntegro de los gastos del proceso, en caso de victoria, no se extrae como correlato del artículo 24 de la CE, lo que supone que, a partir de esta doctrina, no quepa oponerse a la limitación de las costas ex artículo 139.4 de la LJCA con base en el derecho del vencedor al resarcimiento íntegro de los gastos procesales.

A TENER EN CUENTA. Todas estas sentencias y doctrina establecida son anteriores a la reforma operada en este apartado 4 del art. 139 de la LJCA por el RD-ley 6/2023, de 19 de diciembre.

JURISPRUDENCIA

Auto del Tribunal Constitucional n.º 119/2008, de 6 de mayo, ECLI:ES:TC:2008:119A

«La contraprestación o el resarcimiento de los gastos causados en la propia defensa no es un derecho de la parte que vence en juicio y, por tanto, un derecho de contenido patrimonial del vencedor que el legislador no pueda legítimamente limitar, condicionar o, incluso, suprimir en determinados supuestos, salvo mediante la correspondiente indemnización. Lo sería en su caso si el hecho de vencer en juicio otorgara directamente al vencedor y bajo cualquier condición el derecho a ser indemnizado por el coste de la justicia y, más concretamente, si el resarcimiento de los gastos originados por la propia defensa fuera en rigor, como sugiere el auto de planteamiento, un derecho de crédito que el litigante vencedor adquiere con la condena en costas de la contraparte.

Este no es, sin embargo, como se ha observado, el modelo que sigue nuestro ordenamiento jurídico, que no incluye ninguna norma constitucional ni legal que imponga para todos los tipos de procesos y recursos jurisdiccionales la condena en costas del vencido en el pleito ni, menos aún, "ha impuesto en todo caso la gratuidad del servicio público de la justicia" (ATC 171/1986, de 19 de enero, FJ 5). De ahí precisamente la libertad del legislador para establecer el sistema de imposición de costas que estime oportuno y, en concreto, como tantas veces hemos dicho, el que "ninguno de los dos sistemas en que se estructura la imposición de costas en nuestro ordenamiento procesal, esto es, el objetivo o del vencimiento y el subjetivo o de la temeridad, afecten a la tutela judicial efectiva" (entre otras, STC 134/1990, de 19 de julio, FJ 5; 170/2002, de 30 de septiembre, FJ 17; y 107/2006, de 3 de abril, FJ 3). [...]

Debe insistirse en que el resarcimiento de los gastos procesales originados por la defensa en juicio de los respectivos derechos e intereses legítimos no es una garantía constitucional, ni un derecho preexistente del litigante vencedor, ni un derecho que nazca simplemente con la condena en costas de la contraparte y que, por tanto, el vencedor patrimonialice de modo automático con la declaración judicial de condena en costas. Es, por el contrario, como se ha advertido y enseña la jurisprudencia constitucional que más arriba se ha dejado citada, una consecuencia económica del acceso a la justicia que, respetando las exigencias que impone el derecho fundamental del artículo 24.1 de la CE, corresponde diseñar libremente al legislador».

Auto del Tribunal Supremo, rec. 4459/2003, de 8 de julio de 2009, ECLI:ES:TS:2009:10494A

«La LJCA no garantiza el reintegro íntegro de los gastos derivados de la contratación de profesionales, y tampoco constituye dicha garantía un elemento incorporado a la tutela judicial efectiva.

Y el referido sistema legal es, en definitiva, compatible con el derecho fundamental, según resulta de la doctrina expuesta del Tribunal Constitucional. O, dicho en otros términos, ni el legislador resulta constitucionalmente obligado a establecer una condena objetiva de todas las costas procesales, ni los tribunales del orden jurisdiccional contencioso-administrativo resultan obligados a ignorar la previsión legal del artículo 139.3 de la LJCA, que dispone, como alternativa a la condena a la totalidad de las costas, una condena parcial o una condena hasta una cifra máxima.

Las partes del proceso pueden contratar los servicios de los profesionales que libremente elijan y convenir los honorarios que consideren procedentes, en un ámbito de libre concurrencia y sin sujeción a sistemas de arancel. Pero sin ignorar que la Ley aplicable, en el caso de que proceda la condena en costas, no asegura el pleno reintegro de la cantidad satisfecha por el referido concepto».

Para moderar las costas, la ley no exige expresamente motivación alguna. Ejemplo de ello es que el Tribunal Supremo las limita frecuentemente, sin mayor razonamiento, con fórmulas estereotipadas como: «haciendo uso de la facultad contemplada en dicho precepto legal, quedan las costas... fijadas en un máximo de... euros por todos los conceptos». Pueden verse, a título de ejemplo, las **SSTS, rec. 347/2019, de 11 de marzo de 2021, ECLI:ES:TS:2021:854, o rec. 436/2019, de 17 de marzo de 2021, ECLI:ES:TS:2021:940, o los AATS, rec. 49/2021, de 20 de julio de 2021, ECLI:ES:TS:2021:10040A, o, rec. 143/2021, de 21 de julio de 2021, ECLI:ES:TS:2021:10540A.**

En otras ocasiones, el Alto Tribunal señala que, para la fijación de la cantidad máxima «se tienen en cuenta los criterios seguidos habitualmente por esta Sala en razón de las circunstancias del asunto, de la dificultad que comporta y de la utilidad del escrito de oposición para resolver el recurso de casación». Así, por ejemplo, en las **SSTS, rec. 744/2016, de 1 de diciembre de 2016, ECLI:ES:TS:2016:5321, o, rec. 2426/2016, de 13 de noviembre de 2017, ECLI:ES:TS:2017:3974.**

DOCTRINA

César Cierco Seira: «El poder del juez administrativo de limitar las costas procesales», en *Revista de Administración Pública*, núm. 202, enero-abril de 2017, págs. 43 a 89.

«Tal es la vaguedad del dictado que no solo no hay referencia alguna a los posibles móviles que han de perseguirse, sino que, sobre ello, ni siquiera se exige una explicación. Al menos, en otros pasajes de las costas, a pesar de la holgura, hay un llamamiento explícito a la motivación [...]. Nada similar aparece en el tenor literal

del artículo 139.4 de la LJCA. Por tanto, ni se señalan los motivos ni se exige que se señalen después por el juez administrativo. [...].

La ley no es ciertamente en este caso acicate para la motivación. Pero el caso es que tampoco la jurisprudencia ha avanzado mucho más. En general, cabe afirmar que el juez administrativo se viene recostando en la anchura de la norma para movilizar este poder con pocas explicaciones. Muchas veces solo se invoca el precepto acompañado de una categórica indicación de que "se considera procedente en este supuesto" limitar las costas. Esta motivación de perfil tan bajo se enmarca, por lo demás, en un contexto, el de las costas procesales, en el que, desde hace mucho, se ha instalado la tendencia a no exponer, sintetizar en extremo o, simplemente, dar por supuesto —el vencimiento y su mecánica automática han empujado, claro es, en esta dirección— el razonamiento que lleva a una determinada solución. Una devaluación de la motivación inquietante a la que, solo discretamente, el TC ha puesto algún que otro freno.

Siendo esto así, es evidente el peligro de que la parte perjudicada vea en el uso del artículo 139.4 de la LJCA un ejercicio de voluntariedad por parte del juzgador, es decir, que en lugar de una llamada al prudente arbitrio lo tenga por un alea generador de frustración. Lo cual sirve a la postre en bandeja la crítica a la inseguridad jurídica y a la desigualdad en la aplicación de la ley. El acecho de la arbitrariedad se agudiza. En cualquier caso, aunque el panorama aparezca dominado por esa relajación a la hora de invocar el poder de limitación de la condena en costas, no faltan tampoco los pronunciamientos en los que, siquiera sea con un cierto convencionalismo, se da cuenta de algunas razones más concretas».

Con todo, parece razonable que esa limitación tenga alguna explicación, por muy lacónica que sea. A título meramente ilustrativo, los tribunales atienden a los siguientes factores:

- La «dificultad e importancia del asunto» (STSJ de Andalucía, rec. 692/2016, de 6 de abril de 2018, ECLI:ES:TSJAND:2018:5479).

- La «naturaleza y complejidad del asunto, la cuantía del presente recurso y la actuación profesional desarrollada» (STSJ de Madrid, rec. 1694/2019, de 11 de noviembre de 2021, ECLI:ES:TSJM:2021:12142).

- La «índole del litigio y la concreta actividad desplegada por las partes» (STSJ de Madrid, rec. 312/2021, de 29 de octubre de 2021, ECLI:ES:TSJM:2021:12509; STSJ de Cataluña, rec. 479/2020, de 30 de noviembre de 2021, ECLI:ES:TSJCAT:2021:10196, y STSJ de Castilla-La Mancha, rec. 431/2019, de 2 de noviembre de 2021, ECLI:ES:TSJCLM:2021:2604).

- La «complejidad del supuesto, el detallado y motivado escrito de oposición al recurso de apelación que se ha presentado por la parte apelada, que el pleito fue decidido en la primera instancia jurisdiccional con una respuesta motivada desestimatoria que ahora es confirmada, que también existían sentencias anteriores del TSJ de Extremadura de contenido similar al debate ahora suscitado y a fin de evitar incidentes en fase de tasación de costas» (STSJ de Extremadura, rec. 193/2021, de 2 de noviembre de 2021, ECLI:ES:TSJEXT:2021:1325).

- La «cuantía del proceso fijada en indeterminada, la complejidad del debate y el trabajo desarrollado por el letrado de la parte demandada»

(STSJ de Extremadura, rec. 115/2021, de 21 de octubre de 2021, ECLI:ES:TSJEXT:2021:1365).

- El «trabajo y esfuerzo desplegado para dar respuesta a los motivos de apelación esgrimidos» (SSTSJ de Galicia, rec. 242/2020, de 29 de octubre de 2021, ECLI:ES:TSJGAL:2021:6289, y, rec. 262/2021, 10 de noviembre de 2021, ECLI:ES:TSJGAL:2021:6455).

- El «estudio que ha merecido la respuesta ofrecida a los argumentos de la apelación». (SSTSJ de Galicia, rec. 28/2021, de 20 de octubre de 2021, ECLI:ES:TSJGAL:2021:6014, o, rec. 258/2021, de 27 de octubre de 2021, ECLI:ES:TSJGAL:2021:6050).

- Las «circunstancias del asunto ya expuestas, la dificultad que comporta y la utilidad del escrito de oposición». (SSTSJ de Cataluña, rec. 54/2021, de 21 de septiembre de 2021, ECLI:ES:TSJCAT:2021:8208, o, rec. 184/2016, de 5 de octubre de 2021, ECLI:ES:TSJCAT:2021:10167).

- Las «circunstancias del caso concreto, la dificultad que comporta el debate jurídico trasladado a la Sala y la utilidad del escrito de oposición para resolver el recurso». (SSTSJ de Las Islas Canarias, rec. 21/2021, de 12 de marzo de 2021, ECLI:ES:TSJICAN:2021:715, o, rec. 55/2021, de 25 de marzo de 2021, ECLI:ES:TSJICAN:2021:761).

La limitación de las costas tiene una ventaja procesal indiscutible: allana el camino de la tasación posterior. Al respecto, el Tribunal Supremo tiene establecido que, salvo casos excepcionales, la tasación practicada dentro de los márgenes fijados en la limitación no puede reputarse excesiva.

RESOLUCIONES RELEVANTES

Auto del Tribunal Supremo, rec. 52/2012, de 20 de noviembre de 2014, ECLI:ES:TS:2014:10407A

«Constituye doctrina reiterada de esta Sala (por todos, AATS de 10 de julio de 2008 —recurso de casación 5784/2004— y de 11 de noviembre de 2011 —recurso de casación 5572/2008—) que, salvo circunstancias excepcionales, cuando se fija una cuantía como máxima a favor del letrado favorecido por una condena en costas, la misma no puede ser discutida en incidente de tasación de costas, en razón de que el tribunal ya prefijó su importe. En este caso, las razones alegadas son insuficientes para reducir la cuantía de las costas establecida en la sentencia y, si bien es cierto que esa cantidad se fijó como cantidad máxima (lo que no excluye que, en ciertos y justificados casos, el importe final haya de señalarse en cantidad menor) también lo es que, en el presente caso, no se da ninguna circunstancia que imponga una modificación pues la naturaleza del asunto y el trabajo desarrollado por el abogado del Estado son las razones tenidas en cuenta al fijar la cuantía máxima de las costas en la propia sentencia siguiendo el criterio expresado para asuntos similares pues el que refleja el Colegio de Abogados en su dictamen es meramente orientativo y no vinculante para esta Sala.

En el mismo sentido, esta Sala ya se ha pronunciado sobre la procedente desestimación de la impugnación de honorarios de abogado por excesivos cuando las minutas coinciden con el máximo señalado en el proceso (AATS de 5 de julio de 2009 —recurso de casación número 1863/2006 y los en él citados— y de 17 de septiembre de 2010 —recurso de casación número 283/2007—, entre otros), precisando que "...

si el artículo 139 de la ley de la jurisdicción permite que la imposición de costas se haga por la totalidad, a una parte o hasta una cifra máxima, es claro que si la Sala en la sentencia se refiere a esa cantidad máxima ya está valorando y admitiendo la validez de la minuta que se presenta dentro de esa cantidad máxima, obviamente lo que no impide que el favorecido por esa declaración pueda solicitar una cantidad inferior, pero sí solicita esa cantidad máxima se está cumpliendo lo dispuesto en la sentencia y no se puede alterar si no es impugnando la citada sentencia"».

Auto del Tribunal Supremo, rec. 537/2015, de 2 de junio de 2016, ECLI:ES:TS:2016:5241A

«La cuestión suscitada en presente recurso es la de si, fijado en la sentencia un límite máximo de la condena en costas, puede entenderse que una minuta que no sobrepasa el límite fijado en la sentencia puede considerarse excesiva, y si, en su caso, puede resultar correcto que, mediante una resolución posterior, en el incidente de impugnación de costas por excesivas, pueda, en definitiva, llegarse a tal consideración.

Pues bien, reiterada jurisprudencia de esta Sala (autos de 22 de junio de 2006 dictado en recurso de casación 4987/2001; de 26 de septiembre de 2008 dictado en recurso de casación para unificación de doctrina 68/2002; de 16 de octubre de 2008, dictado en recurso de casación 4609/2002; de 9 de julio de 2009 dictado en recurso 1863/2006 y de 14 de julio de 2010 dictado en recurso 4534/2004) ha venido señalando que la fijación en sentencia o auto de la cuantía de las costas que pueden ser reclamadas por la parte beneficiada de las mismas, conforme al artículo 139.3 de la Ley de la Jurisdicción Contencioso-Administrativa, hace inviable la reducción de la misma, ya que la Sala, al fijarlas, ya tomó en consideración la importancia del asunto y el trabajo realizado por el letrado de la parte recurrida».

Auto del Tribunal Supremo, rec. 5562/2019, de 10 de junio de 2021, ECLI:ES:TS:2021:8424A

«[...] fijado en la providencia un límite máximo de la condena en costas, no puede entenderse excesiva una minuta que no lo sobrepasa, como es el caso. Reiterada doctrina de esta Sala [véanse los autos de 22 de junio de 2006 (casación 4987/2001); 26 de septiembre de 2008 (casación para unificación de doctrina 68/2002); 16 de octubre de 2008 (casación 4609/2002); 9 de julio de 2009 (casación 1863/2006); 14 de julio de 2010 (casación 4534/2004); y 2 de junio de 2016 (casación 537/2015)] ha señalado que la fijación en resolución de la cuantía de las costas que pueden ser reclamadas por la parte beneficiada de las mismas, conforme al artículo 139.3 de la LJCA, hace inviable la reducción de la misma, ya que la Sala, al fijarlas, tomó en consideración la importancia del asunto y el trabajo realizado por el letrado de la parte que las ganó, máxime, si hubo personación con oposición de la Administración recurrida».

¿En qué consiste la reducción de las costas hasta la tercera parte de la cuantía del pleito?

La ley reguladora de la jurisdicción administrativa tiene sus previsiones específicas sobre la imposición de costas (y sus límites) en el artículo 139 de la LJCA.

La modificación del apartado 4 del mencionado artículo 139 de la LJCA **ha sido una de las novedades más destacadas de la reforma introducida por el Real Decreto-ley 6/2023, de 19 de diciembre.**

Así, desde el 20/03/2024, se prevé que, en primera o única instancia, la parte condenada en costas estará obligada a pagar una cantidad total que no exceda de la tercera parte de la cuantía del proceso, por cada uno de los favorecidos por esa condena.

Tras la lectura del primer apartado de la nueva redacción del artículo 139.4 de la LJCA **se puede observar una equiparación al artículo 394.3 de la LEC,** que anteriormente no se podía realizar ya que el Tribunal Supremo había señalado expresamente que la aplicación de la LEC en este punto se limitaba al ámbito civil, y así lo recogía **en su auto rec. 2834/2019, de 1 de octubre de 2020, ECLI:ES:TS:2020:8463A:**

> «Recuérdese que es criterio de la Sala considerar que el artículo 394.3 de la LEC invocado por la parte impugnante, sólo es posible su aplicación de forma supletoria, es decir será de aplicación en lo que no esté previsto en la propia regulación del proceso, lo que no ocurre en el presente caso, puesto que la Ley de la Jurisdicción Contencioso-Administrativa señala en su artículo 90.8 (redacción dada por la Disposición Final Tercera de la Ley Orgánica 7/2015 de 21 de julio por la que se modifica la Ley Orgánica 6/1985, de 1 de julio del Poder Judicial) que "La inadmisión a trámite del recurso de casación comportará la imposición de las costas a la parte recurrente, pudiendo tal imposición ser limitada a una parte de ellas o hasta una cifra máxima", lo que implica que **la imposición de costas en el presente caso es una facultad ejercida por la Sala a la que viene habilitada por el artículo 90.8 y 139.4 de la LJCA, sin que sea necesario acudir a la regulación de la LEC** ni, por ello, resulta de aplicación su artículo 394. 3, en cuya vulneración se basa el recurso de revisión interpuesto».

En cuanto a las pretensiones de **cuantía indeterminada se valorarán en 18.000 euros, salvo que, por razón de la complejidad del asunto, el tribunal disponga razonadamente otra cosa.**

Asimismo, se faculta al juez, en los recursos, y sin perjuicio de lo dispuesto anteriormente, para imponer las costas «a la totalidad, a una parte de estas o hasta una cifra máxima». Esta facultad, inexistente en otros órdenes jurisdiccionales, es la que permite al juez administrativo ponderar si, en el caso concreto, la imposición de costas lo ha de ser a la totalidad o con ciertos límites; ello sin subordinación alguna a cuál sea la cuantía del pleito.

JURISPRUDENCIA

Auto del Tribunal Supremo, rec. 52/2012, de 20 de noviembre de 2014, ECLI:ES:TS:2014:10407A

No es posible aplicar al orden contencioso-administrativo el artículo 394 de la LEC en materia de costas de forma supletoria.

«No se ha producido la vulneración del artículo 394 de la LEC al no ser posible su aplicación, pues esta solo es aplicable de forma supletoria, como dispone la disposición final primera de la vigente LRJCA, en lo no previsto por la regulación propia del proceso, lo que no ocurre en el presente caso, toda vez que la ley jurisdiccional tiene su propia regulación, que ha sido precisamente la tenida en cuenta por la sentencia de cuya ejecución ahora se trata, al limitar la cantidad máxima a reclamar por la parte recurrida por todos los conceptos, de conformidad con lo dispuesto en el artículo 139.3 de esta última Ley (en el mismo sentido, ATS de 30 de octubre de 2014 —recurso de casación número 3466/2011—)».

> **Sentencia del Tribunal Superior de Justicia de Madrid, rec. 153/2017, de 25 de mayo de 2017, ECLI:ES:TSJM:2017:6262**
>
> *«Interesa, además, señalar que no se ha producido la alegada vulneración del artículo 394.3 de la Ley de Enjuiciamiento Civil al no ser posible su aplicación, pues esta Ley solo es aplicable de forma supletoria, como dispone la disposición final primera de la vigente LRJCA, en lo no previsto por la regulación propia del proceso, lo que no ocurre en el presente caso, toda vez que la ley jurisdiccional tiene su propia regulación, que ha sido precisamente la tenida en cuenta por la sentencia de cuya ejecución ahora se trata, al limitar la cantidad máxima a reclamar por la parte recurrida por todos los conceptos, de conformidad con lo dispuesto en el artículo 139.3 de esta última Ley (en el mismo sentido, AATS de 30 de octubre de 2014 —recurso de casación número 3466/2011— y de 20 de noviembre de 2014 —recurso para el reconocimiento de error judicial número 52/2012—)».*

Plazo para pedir la tasación de costas en el orden contencioso-administrativo

El plazo que opera para pedir la tasación de las costas es el del **artículo 1964.2 del Código Civil**: «Las acciones personales que no tengan plazo especial **prescriben a los cinco años** desde que pueda exigirse el cumplimiento de la obligación. En las obligaciones continuadas de hacer o no hacer, el plazo comenzará cada vez que se incumplan».

Desde la modificación del referido artículo por la Ley 42/2015, de 5 de octubre, el plazo de cinco años para instar la tasación de las costas se iguala al del orden jurisdiccional civil (art. 518 de la LEC). Pero hay que tener en cuenta que, en el orden jurisdiccional civil, el plazo de cinco años es de caducidad y, en el orden jurisdiccional contencioso-administrativo, es de prescripción.

> **JURISPRUDENCIA**
>
> **Auto del Tribunal Supremo, rec. 1255/1999, de 10 de junio de 2010, ECLI:ES:TS:2010:7624A**
>
> *«Una reiteradísima doctrina de esta Sala Tercera (de la que es muestra reciente la sentencia de 16 de enero de 2009, casación 3822/2000, que, a su vez, cita otras muchas anteriores), viene declarando que el plazo aplicable a esta clase de reclamaciones se rige por los artículos 1964 y 1971 del Código civil y, por esta razón, ha de aplicarse el de quince años [desde la modificación por la Ley 42/2015, de 5 de octubre el plazo es de 5 años] a contar desde que la sentencia quedó firme».*

4.2. El letrado minutante, ¿debe repercutir IVA?

La naturaleza de la condena en costas como punto de partida para determinar su tratamiento fiscal

Esta es, sin duda, una pregunta recurrente en el ámbito fiscal y, para darle respuesta, debe estudiarse en primer término la naturaleza de la cantidad que se abona en el marco de la condena en costas. Y es que, no en vano, la condena en costas se caracteriza por dos notas básicas: por un lado, su imposición se encuentra limitada por la regulación que se establezca en cada uno de los órdenes jurisdiccionales; y, por otro, las costas tienen el carácter de **indemnización a favor de la parte vencedora en el pleito**.

Centrándonos en esta segunda nota (la referida a la naturaleza de la condena en costas), conviene tener presente, en primer lugar, que, a pesar de que se hable de «condena en costas», en realidad no se estaría en presencia de una sanción, ni penal ni administrativa, sino que un abono de carácter resarcitorio o indemnizatorio. Así, el Tribunal Constitucional ya indicaba en su sentencia n.º 107/2006, de 3 de abril, ECLI:ES:TC:2006:107, que «es evidente que la condena en costas no sólo no constituye una sanción penal o administrativa, a las que se refiere aquel precepto constitucional, sino que tampoco puede calificarse, en sentido estricto, como una sanción, sino como un **resarcimiento por los gastos originados por el proceso**, contraprestación que se dirige, por un lado, a cubrir parcialmente los gastos de funcionamiento del servicio público de la justicia específicamente ocasionados y, por otro, a compensar a la contraparte del desembolso que le produce el ejercicio de su derecho a la tutela judicial, desembolso que menoscaba o reduce el efecto de la satisfacción de sus pretensiones cuando resulta vencedora».

Por otro lado, las costas **no constituyen un crédito a favor del profesional que haya defendido o representado a la parte vencedora** del litigio, sino que son un crédito a favor de la parte vencedora, que se satisface con cargo a la vencida y que se dirige a compensarle los gastos ocasionados por el proceso. Así lo viene reiterando la jurisprudencia del Tribunal Supremo. Por ejemplo, en su auto de 11 de julio de 2013, recurso n.º 2742/2010, ECLI:ES:TS:2013:7327A, ya hacía referencia a «la universal y permanente conformidad jurisprudencial en la naturaleza de las costas como un crédito a favor de la parte vencedora del litigio y con cargo a la vencida, en ningún caso un crédito a favor del profesional que haya defendido o representado a aquella».

Y, más recientemente, el auto del Tribunal Supremo de 5 de noviembre de 2020, recurso n.º 187/2018, ECLI:ES:TS:2020:9817A, lo deja todavía más claro, al expresarse en los siguientes términos:

> «(...) la condena en costas declara un crédito del favorecido con ella, por lo que el pago de las costas judiciales supone una indemnización a favor de la parte vencedora en el pleito por los gastos ocasionados en un procedimiento judicial. **El importe de las costas es para la parte que obtuvo a su favor el pronunciamiento de imposición de costas y no como se insiste para los profesionales que representaron y defendieron a dicha parte**, pues es ésta, como se ha dicho, la que obtiene, a través del pago de las costas judiciales por la parte vencida en el juicio, una indemnización de los gastos derivados de un proceso. Será por tanto la parte vencedora en el pleito la que reciba el importe de la tasación de costas como indemnización por los gastos derivados del proceso en cuestión". (En el mismo sentido, entre otros muchos, Autos de 25 de diciembre de 2019 (casación

1968/2017), de 10 de diciembre de 2007 (Casación 3630/2005) o de 29 de septiembre de 2005 (Casación 4699/2000). Así lo hemos dicho ya en nuestro Auto de 4 de junio de 2020, que es pertinente repetir por la insistencia en las mismas pretensiones.

TERCERO.- El procurador y el abogado intervienen en el proceso en representación y defensa de las partes y no pueden ejercer en el mismo, ni legal ni éticamente, pretensiones propias que sean ajenas a los intereses de las mismas.

Así, en el presente supuesto, aunque en los escritos de solicitud revisión, en particular en el último, se manifiesta que los mismos se interponen por la procuradora en nombre de su representado don Carlos Manuel se está ejerciendo una pretensión a favor de los citados profesionales que, en principio, puede considerarse contraria a los intereses de su representado, para lo cual sería al menos necesario darle la correspondiente audiencia, a efectos de que pudiera manifestar si está conforme con dicha pretensión, al no existir poder expreso que autorice a dichos profesionales a cobrar personalmente el importe de las costas. [Así, por todos, auto de 29 de septiembre de 2005 (Casación 4699/2000)].

Por otra parte, esta Sala ha venido declarando que la condena en costas implica el reconocimiento de un crédito a favor de la parte cuya pretensión procesal ya prosperó y con cargo a quien fue rechazada, compensatorio de los gastos que indebidamente fue obligada a realizar la primera por mor de la segunda. **Sustancialmente es, por tanto, una cantidad debida por una parte procesal a otra,** cuya cuantía viene determinada por el conjunto de los desembolsos que es necesario hacer en un juicio para conseguir o para defender un derecho. También esta Sala ha puesto de relieve, de manera asimismo reiterada, que **el hecho de la condena en costas no modifica la relación material en que cada parte se halla con su letrado, procurador y peritos, de modo que el derecho a percibir sus honorarios y emolumentos reconocidos a éstos existe frente a la parte que los nombra, no frente al condenado».**

En definitiva, tres serían las ideas clave que permiten comprender en qué consisten las costas y cuál es su naturaleza, y que servirán de base para luego ver su tratamiento a efectos del IVA:

- La condena en costas **no es un crédito a favor del abogado o procurador de la parte vencida,** sino una cantidad que una de las partes (la vencida o condenada en costas) debe a la otra (la vencedora o favorecida por las costas).

- Las costas **suponen una indemnización al favorecido por ellas por los gastos ocasionados en el procedimiento** judicial.

- La condena en costas **no modifica la relación contractual que cada una de las partes mantiene con sus propios profesionales** (abogados, procuradores, peritos). Es decir, cada abogado o procurador tendrá derecho a percibir sus honorarios frente a la parte a la que defienden o cuya representación tienen asumida, no frente al condenado en costas.

RESOLUCIÓN RELEVANTE

Sentencia del Tribunal Supremo n.º 882/2023, de 29 de noviembre, ECLI:ES:TS:2023:5072

Asunto: naturaleza jurídica de la condena en costas (sentencia dictada en el ámbito penal).

«Con carácter general, los criterios para la determinación en la imposición de las costas procesales se encuentran contenidos en los arts. 239 y siguientes de la LECrim, y en el art 901 para el recurso de casación.

Se trata de preceptos de naturaleza procesal y así ha sido destacado tanto por la doctrina procesal actual como por la jurisprudencia de esta Sala y del Tribunal Constitucional. Su fundamento no es el punitivo sino el resarcimiento de los gastos procesales indebidamente soportados por la parte perjudicada por el proceso, bien sea la acusación particular, la privada o la acción civil que representan a la víctima o al perjudicado por el delito y deben ser resarcidos de gastos ocasionados por la conducta criminal del condenado, bien el condenado absuelto en caso de acusaciones infundadas o temerarias (art. 240.3 LECrim) (SSTS 833/2009, de 28 de julio; 890/2013, de 4 de diciembre; o 168/2017, de 15 de marzo entre otras muchas)».

En caso de condena en costas, ¿el abogado o procurador debe repercutir IVA en la factura?

La naturaleza de las costas a la que ya se ha hecho referencia se proyecta también sobre el ámbito fiscal, donde la Dirección General de Tributos viene reiterando que el pago del importe de la condena en costas por la parte vencida en un litigio implica la indemnización a la parte ganadora de los gastos en los que incurrió, entre otros, por servicios de asistencia jurídica y que son objeto de cuantificación en vía judicial. En esa medida, debe tenerse presente que, según el artículo 78.Tres.1.º de la LIVA, no se incluirán en la base imponible del IVA «las cantidades percibidas por razón de indemnizaciones, distintas de las contempladas en el apartado anterior que, por su naturaleza y función, no constituyan contraprestación o compensación de las entregas de bienes o prestaciones de servicios sujetas al impuesto».

En consecuencia, **no procedería repercusión del IVA por la parte ganadora a la perdedora por la operación misma de pago de las costas**, porque no existiría ninguna operación sujeta al impuesto que sustente esa repercusión. Del mismo modo, al no haber operación sujeta a tributación, **tampoco procede la expedición de factura a dichos efectos**, sin perjuicio de la emisión de cualquier otro documento con el que se justifique el cobro del importe correspondiente. Así lo han puesto de manifiesto, por ejemplo, las consultas vinculantes de la Dirección General de Tributos (V0288-22), de 15 de febrero de 2022, o (V2188-23), de 26 de julio de 2023.

Ahora bien, todo ello **debe entenderse sin perjuicio de la sujeción al IVA de los servicios que se hubieran prestado a la parte ganadora por parte de sus propios profesionales**. Y es que, como antes se apuntaba, la condena en costas no modifica la relación material en la que cada parte se encuentra con su letrado, procurador y peritos; de modo que el derecho de cada uno de ellos a percibir sus remuneraciones existe frente a la parte que los nombra, no frente al condenado en costas. Así, la **sentencia del Tribunal Supremo de 30 de noviembre de 2005, recurso n.º 3027/1999, ECLI:ES:TS:2005:7101**, determinó lo siguiente en su fundamento de derecho primero:

> «Ahora bien ello no implica que los Letrados y procuradores minutantes no vengan obligados, por imperativo del artículo 88 de la Ley del Impuesto sobre el Valor Añadido y 26 de su Reglamento, a repercutir en su minuta, separadamente de las cantidades reclamadas en concepto de honorarios y derechos (S.T.S. 7 de Julio de 1.998) el I.V.A. correspondiente, cuestión esta distinta a la de que sobre tal repercusión la Sala haga una declaración con la fuerza propia de un pronunciamiento judicial, ya que, como queda dicho, si surgiera contienda entre los sujetos implicados, -sujeto pasivo del impuesto y quién debe soportarlo por venir obligado al pago-, la misma debe ser resuelta por la Administración en la forma antes dicha y no por este Tribunal que no puede actuar en esta materia, ni en ninguna otra de índole administrativa, preventivamente.
>
> Sentado lo anterior, en lo que atañe al argumento del impugnante éste debe ser desestimado ya que el **sujeto pasivo del IVA, el Letrado y Procurador en este caso, viene obligado a repercutir su importe sobre la persona para quien se realiza la operación gravada** y aquella no es otra que la recurrida quien en virtud de la condena en costas no hace sino obtener el reintegro de lo abonado de quien resulta vencido en el proceso. No estamos ante un supuesto de repercusión del IVA en el Estado sino ante un reintegro al litigante que obtiene una sentencia favorable con condena en costas, por parte de quien resulta condenada en tal concepto, de los gastos por aquel realizados».

En definitiva, cuando la tasación de costas responda a una actuación profesional de defensa o representación jurídica, prestada a la persona que haya ganado el pleito, esa persona será la destinataria de los servicios; y no el condenado en costas, puesto que los servicios profesionales en cuestión no se le prestaron a este, sino al litigante vencedor.

En ese sentido, el **artículo 88 de la LIVA** establece:

> «Uno. Los sujetos pasivos deberán repercutir íntegramente el importe del impuesto sobre aquel para quien se realice la operación gravada, quedando éste obligado a soportarlo siempre que la repercusión se ajuste a lo dispuesto en esta Ley, cualesquiera que fueran las estipulaciones existentes entre ellos.
>
> (...)
>
> Dos. La repercusión del Impuesto deberá efectuarse mediante factura en las condiciones y con los requisitos que se determinen reglamentariamente.
>
> A estos efectos, la cuota repercutida se consignará separadamente de la base imponible, incluso en el caso de precios fijados administrativamente, indicando el tipo impositivo aplicado.
>
> Se exceptuarán de lo dispuesto en los párrafos anteriores de este apartado las operaciones que se determinen reglamentariamente.

Tres. La repercusión del Impuesto deberá efectuarse al tiempo de expedir y entregar la factura correspondiente.

(...)».

A TENER EN CUENTA. El artículo 17 del Real Decreto 1619/2012, de 30 de noviembre, por el que se aprueba el Reglamento por el que se regulan las obligaciones de facturación, determina que las facturas que se expidan deberán ser remitidas por los obligados a su expedición, o en su nombre, a los «destinatarios de las operaciones que en ellos se documentan».

Por lo tanto:

* **El abogado o procurador de la parte favorecida en costas deberá facturar sus servicios a esta,** como destinataria de los servicios, y tendrá que **repercutirle el IVA al tipo general del 21 %.**

* Por el contrario, **la indemnización por costas judiciales que abone el condenado a su pago, como tal indemnización, no constituye una operación sujeta al IVA** y no se devengará el impuesto con motivo de ella ni implicará una nueva repercusión del IVA. Lo cual, sin embargo, es independiente de que a la hora de calcular el montante de las costas se incluya la cuota de IVA que pudiera haberse devengado como consecuencia de la prestación de servicios efectuada por los profesionales al litigante vencedor del pleito. Algo a lo que se hará especial referencia en el siguiente epígrafe.

RESOLUCIÓN ADMINISTRATIVA

Consulta vinculante de la Dirección General de Tributos (V2188-23), de 26 de julio de 2023

Asunto: tratamiento en IVA y expedición de facturas en caso de condena en costas.

«"El pago del importe de la condena en costas por la parte perdedora en un proceso implica la indemnización a la parte ganadora de los gastos en que incurrió, entre otros, por servicios de asistencia jurídica y que son objeto de cuantificación en vía judicial. Habida cuenta de esta naturaleza indemnizatoria, no procede repercusión alguna del tributo por la parte ganadora a la perdedora, ya que no hay operación sujeta al mismo que sustente dicha repercusión. Igualmente, no habiendo operación sujeta a tributación, no procede la expedición de factura a estos efectos, sin perjuicio de la expedición de cualquier otro documento con el que se justifique el cobro del importe correspondiente.".

Lo señalado anteriormente debe entenderse, en todo caso, sin perjuicio de la sujeción al Impuesto sobre el Valor añadido de los servicios que pudieran haberle sido prestados a la parte ganadora, que ha de percibir las cantidades en concepto de costas judiciales, por empresarios o profesionales que actúen en el ejercicio independiente de su actividad empresarial o profesional (como es la letrada a la que se refiere el escrito de consulta), con independencia del hecho de que sea precisamente el importe de tales servicios, en su caso, Impuesto sobre el Valor Añadido incluido, el que haya de tenerse en cuenta para determinar las costas judiciales que habrá de satisfacerle la otra parte en el proceso.

(...)

(...) la letrada de la parte ganadora deberá facturar sus servicios a la misma como destinataria de tales servicios, teniendo que repercutir el Impuesto sobre el Valor Añadido al tipo general del 21 por ciento y siendo la base imponible el importe total de la contraprestación de las operaciones sujetas al mismo procedentes del destinatario o de terceras personas, tal y como establece el artículo 78 de la Ley 37/1992. Dicha repercusión se efectuará mediante la expedición de factura al destinatario de la misma, que es la parte ganadora y no el consultante.

(...)

(...) la parte perdedora que resulte condenada al pago de las costas en el procedimiento judicial, deberá hacer frente al pago del importe que se determine por el juez en el procedimiento de tasación de costas incluido, en su caso, el importe del Impuesto sobre el Valor Añadido, que gravó las prestaciones de servicios de asistencia jurídica prestadas a la parte ganadora del procedimiento. Esta indemnización no constituye una operación sujeta al Impuesto, por lo que no habrá una nueva repercusión ni se deberá expedir factura con la parte perdedora como destinataria».

4.3. Especial referencia al artículo 243.2 de la LEC y al IVA en la tasación de costas

La condena en costas en sí no constituye una operación sujeta al IVA, así que por ella no se devenga el impuesto ni se vuelve a repercutir cuota de IVA alguna al litigante que debe afrontarla. Sin embargo, **a la hora de determinar el importe que se ha de satisfacer en concepto de costas, los honorarios de abogados y procuradores tendrán que incluir también su correspondiente cuota de IVA.**

Actualmente, la inclusión del IVA en la tasación de costas es una cuestión pacífica, en especial tras la reforma efectuada en el artículo 243.2 de la LEC (que regula la práctica de la tasación de costas) por parte de la Ley 42/2015, de 5 de octubre, con entrada en vigor el 7 de octubre de 2015. Y es que, por lo que aquí interesa, con esa modificación se incorporó un nuevo párrafo al precepto, referido específicamente al IVA:

«2. No se incluirán en la tasación los derechos correspondientes a escritos y actuaciones que sean inútiles, superfluas o no autorizadas por la ley, ni las partidas de las minutas que no se expresen detalladamente o que se refieran a honorarios que no se hayan devengado en el pleito.

Tampoco serán incluidos en la tasación de costas los derechos de los procuradores devengados por la realización de los actos procesales de comunicación, cooperación y auxilio a la Administración de Justicia, así como de las demás actuaciones meramente facultativas que hubieran podido ser practicadas, en otro caso, por las Oficinas judiciales.

El Letrado de la Administración de Justicia reducirá el importe de los honorarios de los abogados y demás profesionales que no estén sujetos a tarifa o arancel, cuando los reclamados excedan del límite a que se refiere el apartado 3 del artículo 394 y no se hubiese declarado la temeridad del litigante condenado en costas.

En las tasaciones de costas, los honorarios de abogado y derechos de procurador incluirán el Impuesto sobre el Valor Añadido de conformidad con lo dispuesto en la ley que lo regula. No se computará el importe de dicho impuesto a los efectos del apartado 3 del artículo 394».

A TENER EN CUENTA. El artículo 394.3 de la LEC establece ciertos límites cuantitativos para las costas que se impongan al litigante vencido.

Así lo ponía de manifiesto, por ejemplo, el auto del Tribunal Supremo de 30 de noviembre de 2016, recurso n.º 2979/2014, ECLI:ES:TS:2016:11059A:

«SEGUNDO. - Examinando el escrito de impugnación se observa que la parte centra esta en el tema de la inclusión del IVA en las minutas presentadas por procurador y letrado, cuestión a la que se dio debida respuesta en el decreto que ahora se recurre.

Solo reiterar que sobre tal cuestión esta Sala ha venido manteniendo que el IVA no forma parte de los honorarios profesionales sino que integra con ellos un "simple complemento accesorio", como estableció la STS de 10-12-1996, sin tener la consideración de costas procesales. En acuerdo adoptado por los magistrados de la Sala Primera del Tribunal Supremo, en Junta General celebrada el día 4 de abril de 2006, se decidió la inclusión del IVA en las tasaciones de costas tan solo por aplicación del criterio de la restitución in integrum. Y en auto de 21 de enero de 2014, rec. 1965/2009, esta Sala razonó que el IVA, aun siendo procedente su inclusión tanto en las minutas de letrado como en los derechos del procurador, «se considera partida ajena a la impugnación por excesivas y debida en cualquier caso, tanto respecto de los honorarios del Letrado como de los derechos del Procurador, según reiteradísima jurisprudencia de esta Sala (STS de 20-9-06, en recurso nº 2213/00, que recoge las anteriores de 12-7-06, 27-4-06, 30-3-06, 1-4-05, 9-12-04, 24-11-04, 26-11-03, 14-5-03, 8-4-03 y 15-2-03); en concreto, la sentencia de esta Sala de fecha 7 de octubre de 2008 (Rec 2754/2004) que cita a su vez otras de la Sala señala que "La impugnación de la tasación de costas por considerar indebidas las partidas correspondientes al IVA de la cuenta del Procurador y de la minuta del Letrado, se ha debatido y resuelto por esta Sala de una forma reiterada; tal como dice la sentencia de 2 de febrero de 2007, sobre el cual hay una doctrina consolidada": éste es un tema ajeno al proceso y no objeto del orden jurisdiccional civil ni de ninguna de sus incidencias. El IVA se suma a los honorarios y forman un todo con él, de aquí que no pueden ser objeto de impugnación por indebidos ya que no se trata de una partida de derechos u honorarios sino del impuesto que se añade a la minuta".

Esta cuestión ha quedado definitivamente zanjada con la Ley 42/2015, de 5 de octubre, de reforma de la Ley 1/2000, de 7 de enero, de Enjuiciamiento Civil, por la que se modifica el apartado 2 del artículo 243».

Por lo demás, y si bien es cierto que esa previsión se contiene en la ley procesal civil, su aplicación supletoria o por remisión alcanzaría también al resto de órdenes jurisdiccionales (a modo de ejemplo, pueden considerarse las resoluciones judiciales que luego se reproducen).

CUESTIÓN

Si el montante total de las costas, solo integradas por los honorarios del abogado y el procurador, asciende 1.000 euros: ¿cuánto será el IVA incluido en dichas costas?

Ya que tanto los honorarios de abogados y procuradores se gravan al 21 % de IVA, independientemente del reparto entre unos y otros, la cuota de IVA habrá sido de 173,55 euros.

RESOLUCIONES RELEVANTES

Auto del Tribunal Supremo de 11 de julio de 2023, recurso n.º 1453/2022, ECLI:ES:TS:2023:10800A

Asunto: inclusión del IVA en la tasación de costas (auto dictado en el orden contencioso-administrativo).

«PRIMERO.- La cuestión aquí planteada ha sido resuelta por esta Sala en sentido contrario a lo acordado en el Decreto que se recurre. Así, los autos de 8 de febrero de 2016 (recurso n.º 445/2014), los dos de 21 de abril de 2016 (recursos n.º 630/2015 y n.º 1071/2015), de 13 de julio de 2016 (recurso n.º 3515/2014), de 22 de septiembre de 2016 (recurso n.º 2295/2015), de 19 de enero de 2018 (recurso n.º 769/2016), de 14 de mayo de 2019 (recurso n.º 978/2016), 12 de marzo de 2021 (recurso n.º 4923/2019) y 17 de junio de 2021 (recurso n.º 6048/2018), entre otros, explican, de forma coincidente, que el límite máximo fijado en la providencia (en este caso, 2.000 euros al haberse opuesto a la admisión del recurso el Ayuntamiento de Muro) se refiere exclusivamente a las costas procesales propiamente dichas, pero no incluye el importe correspondiente a la liquidación del impuesto del valor añadido por los honorarios del abogado y los derechos del procurador, cuya concreción, conforme al actual artículo 243.2 de la Ley de Enjuiciamiento Civil, al que se remite el artículo 139.6 de la Ley de esta Jurisdicción [actual artículo 139.7 de la Ley 29/1998, de 13 de julio, reguladora de la Jurisdicción Contencioso-administrativa], debe realizarse en el trámite de tasación de costas.

Esta Sección considera que éste ha de ser el criterio a aplicar en casos como el presente, donde la providencia de inadmisión empleó la fórmula "por todos los conceptos" que, en definitiva, es coincidente con otras como "por todos los conceptos, más IVA, si procede", que no se entienden contradictorias por descansar ambas en la posterior aplicación del artículo 243.2, in fine, de la LEC».

Sentencia del Tribunal Superior de Justicia del País Vasco n.º 1482/2018, de 10 de julio, ECLI:ES:TSJPV:2018:2345

Asunto: inclusión del IVA en la tasación de costas (auto dictado en el orden social).

«Entendemos, en aplicación de los criterios jurisprudenciales expuestos que en todo caso, cuando existe una condena a pagar las costas del recurso, la fijación de honorarios del Letrado de la parte favorecida debe incluir el IVA, pues aún cuando no se hubiese dicho así expresamente en la sentencia de la Sala, lo cierto es que en la tasación de costas que en su caso se practicaría por el letrado de la Administración de Justicia, habría de incluirse, ya que en el art. 243.2 de la LEC, aquí aplicable supletoriamente, en la redacción dada por la Ley 42/2015, de 5 de octubre, de reforma de la Ley 1/2000, de 7 de enero (...).

Con lo cual, entendemos que asiste la razón al trabajador recurrente, ya que en todo caso los honorarios de abogado han de incluir el IVA, y en la cuantía que fijó la Sala -500 euros- no se incluía dicho impuesto y por lo tanto en la cuantía líquida final objeto de ejecución se habrá de incluir ineludiblemente el impuesto sobre el valor añadido a los honorarios de letrado que era el único concepto que integraba la tasación de costas; ello sin perjuicio de que, quien se considere perjudicado por el cobro indebido del IVA pueda acudir a un proceso declarativo para exigir su devolución, tal y como señalaba la Sentencia de la Sala Primera del Tribunal Supremo».

RESOLUCIÓN ADMINISTRATIVA

Consulta vinculante de la Dirección General de Tributos (V0488-22), de 10 de marzo de 2022

Asunto: tratamiento en IVA si, como consecuencia de la cuantificación de las costas, el profesional otorga un descuento para reducir la base imponible hasta el importe de las costas.

«(...) el abogado de la parte ganadora de un proceso judicial (los clientes del consultante) en el que se condena en costas a la perdedora, deberá expedir su factura, repercutiendo la cuota correspondiente del Impuesto, a la parte ganadora que es la destinataria de la prestación de servicios

En conclusión, el consultante deberá facturar sus servicios a sus clientes como destinatarios de tales servicios, teniendo que repercutir el Impuesto sobre el Valor Añadido al tipo general del 21 por ciento y siendo la base imponible el importe total de la contraprestación de las operaciones sujetas al mismo procedentes del destinatario o de terceras personas, tal y como establece el artículo 78 de la Ley del Impuesto.

En este sentido, el artículo 80.Seis de la Ley 37/1992 señala que, si el importe de la contraprestación no resultara conocido en el momento del devengo del Impuesto, el sujeto pasivo deberá fijarlo provisionalmente aplicando criterios fundados, sin perjuicio de su rectificación cuando dicho importe fuera conocido.

En el caso objeto de consulta, en el momento del devengo del impuesto, conforme al artículo 75 de la Ley 37/1992, el consultante deberá repercutir mediante factura el Impuesto sobre el Valor Añadido a sus clientes como destinatarios de las operaciones gravadas.

No obstante, si con posterioridad, como consecuencia de la cuantificación de las costas fijadas por el juez, el consultante decide modificar la base imponible (contraprestación de sus servicios) otorgando un descuento para minorarla hasta el importe de las costas fijadas, se producirá un supuesto de modificación de la base imponible conforme al artículo 80.Uno.2º, y el consultante deberá proceder a la rectificación de las cuotas impositivas inicialmente repercutidas conforme a lo previsto en el artículo 89 de la Ley 37/1992, según el cual:

"Uno. Los sujetos pasivos deberán efectuar la rectificación de las cuotas impositivas repercutidas cuando el importe de las mismas se hubiese determinado incorrectamente o se produzcan las circunstancias que, según lo dispuesto en el artículo 80 de esta Ley, dan lugar a la modificación de la base imponible.

La rectificación deberá efectuarse en el momento en que se adviertan las causas de la incorrecta determinación de las cuotas o se produzcan las demás circunstancias a que se refiere el párrafo anterior, siempre que no hubiesen transcurrido cuatro años a partir del momento en que se devengó el impuesto correspondiente a la operación o, en su caso, se produjeron las circunstancias a que se refiere el citado artículo 80.

(...).".

En estos casos, el consultante deberá expedir una factura rectificativa a sus clientes, conforme a lo señalado en el artículo 15 del Reglamento por el que se regulan las obligaciones de facturación, aprobado por el artículo 1 del Real Decreto 1619/2012, de 30 de noviembre (BOE de 1 de diciembre)».

4.4. El posible enriquecimiento indebido de la parte vencedora

Tras la reforma operada en el artículo 243.2 de la LEC por parte de la Ley 42/2015, de 5 de octubre, con entrada en vigor el 7 de octubre de 2015, parece que quedó resuelta la cuestión referida a la inclusión del IVA en la tasación de costas. En ese sentido, por ejemplo, el auto del Tribunal Supremo de 30 de noviembre de 2016, recurso n.º 2979/2014, ECLI:ES:TS:2016:11059A, ya apuntaba lo siguiente:

> «SEGUNDO. - Examinando el escrito de impugnación se observa que la parte centra esta en el tema de la inclusión del IVA en las minutas presentadas por procurador y letrado, cuestión a la que se dio debida respuesta en el decreto que ahora se recurre.
>
> Solo reiterar que sobre tal cuestión esta Sala ha venido manteniendo que el IVA no forma parte de los honorarios profesionales sino que integra con ellos un "simple complemento accesorio", como estableció la STS de 10-12-1996, sin tener la consideración de costas procesales. En acuerdo adoptado por los magistrados de la Sala Primera del Tribunal Supremo, en Junta General celebrada el día 4 de abril de 2006, se decidió la inclusión del IVA en las tasaciones de costas tan solo por aplicación del criterio de la restitución in integrum. Y en auto de 21 de enero de 2014, rec. 1965/2009, esta Sala razonó que el IVA, aun siendo procedente su inclusión tanto en las minutas de letrado como en los derechos del procurador, «se considera partida ajena a la impugnación por excesivas y debida en cualquier caso, tanto respecto de los honorarios del Letrado como de los derechos del Procurador, según reiteradísima jurisprudencia de esta Sala (STS de 20-9-06, en recurso nº 2213/00, que recoge las anteriores de 12-7-06, 27-4-06, 30-3-06, 1-4-05, 9-12-04, 24-11-04, 26-11-03, 14-5-03, 8-4-03 y 15-2-03); en concreto, la sentencia de esta Sala de fecha 7 de octubre de 2008 (Rec 2754/2004) que cita a su vez otras de la Sala señala que "La impugnación de la tasación de costas por considerar indebidas las partidas correspondientes al IVA de la cuenta del Procurador y de la minuta del Letrado, se ha debatido y resuelto por esta Sala de una forma reiterada; tal como dice la sentencia de 2 de febrero de 2007, sobre el cual hay una doctrina consolidada": éste es un tema ajeno al proceso y no objeto del orden jurisdiccional civil ni de ninguna de sus incidencias. El IVA se suma a los honorarios y forman un todo con él, de aquí que no pueden ser objeto de impugnación por indebidos ya que no se trata de una partida de derechos u honorarios sino del impuesto que se añade a la minuta".
>
> Esta cuestión ha quedado definitivamente zanjada con la Ley 42/2015, de 5 de octubre, de reforma de la Ley 1/2000, de 7 de enero, de Enjuiciamiento Civil, por la que se modifica el apartado 2 del artículo 243, que queda redactado, en lo que aquí interesa, del siguiente modo: "En las tasaciones de costas, los honorarios de abogado y derechos de procurador incluirán el Impuesto sobre el Valor Añadido de conformidad con lo

dispuesto en la ley que lo regula. No se computará el importe de dicho impuesto a los efectos del apartado 3 del artículo 394".

Todo ello sin perjuicio de que, como señala la sentencia de esta Sala de 16 de mayo de 2008, y recuerda el reciente auto de 10 de febrero 2016 (Rec. 1154/2014), quien se considere perjudicado por el cobro indebido del IVA pueda acudir a un proceso declarativo para exigir su devolución».

Sin embargo, en el plano tributario, la inclusión del IVA en la tasación de costas plantea cierta controversia, al entenderse que, en determinados supuestos, podría contravenir el principio de neutralidad del impuesto y generar un enriquecimiento injusto para el vencedor del pleito. De hecho, en ese sentido, nótese que la resolución que acaba de citarse se refiere expresamente, en su último párrafo, a que lo dicho con carácter previo se entiende sin perjuicio de que «quien se considere perjudicado por el cobro indebido del IVA pueda acudir a un proceso declarativo para exigir su devolución».

El punto de partida: ¿quién podrá deducirse el IVA de las facturas que sirven de base para la tasación de costas?

En caso de condena en costas, el abogado o procurador de la parte favorecida en costas deberá facturar sus servicios a esta, como destinataria de los servicios prestados por esos profesionales, y tendrá que repercutirle el IVA al tipo general del 21 %. Luego, la tasación de costas se efectuará teniendo en cuenta también la cuota de IVA correspondiente, por lo que la misma incidirá sobre el importe de la indemnización por costas que deba satisfacer el condenado a su pago. La duda, entonces, parece clara: ¿quién podrá deducirse ese IVA soportado? ¿El litigante favorecido por las costas o el condenado en costas que abonará la cuota de IVA como parte de la indemnización por costas?

Los artículos 92 y siguientes de la LIVA se refieren a la deducción del impuesto y establecen qué contribuyentes podrán deducirse las cuotas de IVA soportadas. Básicamente, y de un modo muy genérico, puede decirse que los sujetos pasivos del IVA (empresarios y profesionales por cuenta propia a efectos del IVA, incluidas las personas jurídicas) podrán deducirse las cuotas del IVA que soporten por las operaciones gravadas que realicen en el marco de su actividad.

Pues bien, en los supuestos de condena en costas, la Dirección General de Tributos ha señalado en distintas ocasiones que, de ostentar ese derecho a deducción del IVA, **quien podrá deducirse las cuotas de IVA soportadas por los servicios del abogado y el procurador será la parte acreedora de la indemnización**. Es decir, será la parte favorecida por las costas la que pueda deducirse el IVA soportado, no la condenada a pagar las costas.

En ese sentido, la consulta vinculante de la Dirección General de Tributos (V0288-22), de 15 de febrero de 2022, razonaba lo siguiente:

> «(...) en el caso de que el origen del importe de la tasación en costas tenga por causa una actuación profesional de defensa jurídica, prestada a la persona que ha ganado el pleito, será la citada persona la destinata-

ria de dichos servicios. En ningún caso será el destinatario del servicio de defensa jurídica el obligado al pago de las costas, puesto que dichos servicios profesionales no se le prestaron al mismo, sino a la parte ganadora.

De conformidad con lo anterior, el abogado y procurador de la parte ganadora deberán facturar sus servicios a la misma como destinataria de tales servicios, teniendo que repercutir el IVA al tipo general del 21 por ciento y siendo la base imponible el importe total de la contraprestación de las operaciones sujetas al mismo procedentes del destinatario o de terceras personas, tal y como establece el artículo 78 de la LIVA.

Por su parte, la parte perdedora que resulte condenada al pago de las costas en el procedimiento judicial, deberá hacer frente al pago del importe que se determine por el juez en el procedimiento de tasación de costas incluido, en su caso, el importe del IVA, que gravó las prestaciones de servicios de asistencia jurídica prestadas a la parte ganadora del procedimiento. **Esta indemnización no constituye una operación sujeta al Impuesto, por lo que no habrá una nueva repercusión ni se deberá expedir factura con la parte perdedora como destinataria.**

Por todo ello, **será la parte acreedora de la indemnización quien, en su caso, podrá deducir, en la medida en que ostente ese derecho en virtud de los artículos 92 y siguientes de la LIVA, las cuotas soportadas por el IVA correspondiente a los servicios prestados por el abogado y el procurador.** No así la consultante quien, al no ser la destinataria de tales servicios profesionales, no tiene derecho a recuperar las cuotas devengadas por la prestación de los mismos ni a obtener factura a su nombre».

Eso sí, paralelamente, no puede olvidarse que la indemnización por costas que se perciba constituirá un ingreso de la actividad para el favorecido por ellas que la perciba en el marco de su actividad económica.

> **A TENER EN CUENTA.** Aunque no es relevante a los efectos que se estudian en este apartado, cabe señalar que, si quien resulta favorecido por las costas es una persona física que no actúa en el marco de su actividad económica, sino a título particular, esa indemnización por costas que percibe tributará como ganancia patrimonial en su IRPF, pudiendo deducirse a la hora de determinar su importe los gastos en los que haya incurrido con motivo del pleito, hasta el límite de la cuantía que perciba [por ejemplo, así se establece en la consulta vinculante de la Dirección General de Tributos (V0666-24), de 15 de abril de 2024]. Se exceptuaría, sin embargo, el supuesto en el que el litigante vencedor hubiera contado con asistencia jurídica gratuita, según señala la consulta vinculante (V0540-19), de 13 de marzo de 2019.

El posible enriquecimiento injusto del litigante vencedor

La problemática a este respecto, por tanto, surge en aquellos supuestos en los que **el vencedor del proceso judicial y favorecido por las costas no es una persona física a título particular, sino un empresario, profesional o persona jurídica que litigó en el marco de su actividad económica.**

Por ejemplo, imagínese que la empresa «A S.L.» tiene determinado cliente que no paga sus facturas. Una vez reclamadas directamente al cliente, este se niega a pagar alegando distintas razones y, al final, la empresa A decide reclamar el pago a través de un procedimiento judicial. En dicho proceso, el órgano judicial competente resuelve a su favor y condena al cliente al pago del total de la factura y de las costas del proceso, IVA incluido.

En caso de que la empresa hubiera pagado los honorarios de su abogado y procurador (IVA incluido) con carácter previo a la condena en costas, dicho pago implicaría para ella: por un lado, un gasto deducible en el Impuesto sobre Sociedades y, por otro, un IVA soportado deducible en la declaración de IVA que corresponda.

Sin embargo, en el momento de percibir el importe de las costas, la empresa «A S.L» estará recibiendo un importe estrictamente indemnizatorio, que comprenderá tanto la base imponible (que se correspondería con el gasto deducible en IS) como la cuota de IVA (que era deducible en la declaración de ese impuesto). Es decir, la cuota de IVA que se percibe a través de las costas tendrá una naturaleza indemnizatoria, como el resto de las costas, por lo que no determinará una nueva repercusión del IVA al litigante vencido y, en consecuencia, no podrá integrarse en la correspondiente declaración del IVA de la empresa «A S.L.». Todo el importe de las costas, incluida la cuota de IVA, se computará como un ingreso de la actividad, aunque con carácter previo se hubiera deducido el IVA de las facturas conforme al mecanismo de deducción de dicho impuesto. Algo que rompería la neutralidad del impuesto y generaría un enriquecimiento injusto para el favorecido por las costas.

A TENER EN CUENTA. Lo dicho con respecto a la sociedad puesta de ejemplo, sería también extrapolable a un empresario o profesional persona física, contribuyente por el IRPF, que hubiera litigado en el marco de su actividad económica.

RESOLUCIÓN ADMINISTRATIVA

Consulta vinculante de la Dirección General de Tributos (V2824-19), de 14 de octubre de 2019

Asunto: ¿cabe que el condenado en costas reclame al favorecido por ellas que se dedujo el IVA soportado en las facturas de sus profesionales la parte de las costas correspondiente a las cuotas del IVA?

«Según la doctrina de este Centro directivo, se debe considerar destinatario de las operaciones aquél para quien el empresario o profesional realiza la entrega de bienes o prestación de servicios gravada por el Impuesto y que ocupa la posición de acreedor en la obligación (relación jurídica) en la que el referido empresario o profesional es deudor y de la que la citada entrega o servicio constituye la prestación.

Al respecto, cabe recordar que, según el concepto generalmente admitido por la doctrina, por obligación debe entenderse el vínculo jurídico que liga a dos (o más) personas, en virtud del cual una de ellas (deudor) queda sujeta a realizar una prestación (un cierto comportamiento) a favor de la otra (acreedor), correspondiendo a este último el poder (derecho de crédito) para pretender tal prestación.

(...)

(...) en el caso de que el importe de la tasación en costas tenga por causa una actuación profesional de defensa jurídica prestada a la persona que ha ganado el pleito, será la citada persona la destinataria de dichos servicios. Debe tenerse en cuenta que no será destinatario del servicio de defensa jurídica el obligado al pago de las costas, puesto que dichos servicios profesionales no se le prestaron al mismo, sino a la parte ganadora.

Será esta última, por tanto, quien podrá deducir, en la medida en que ostente ese derecho en virtud de los artículos 92 y siguientes de la Ley 37/1992, las cuotas soportadas por el Impuesto sobre el Valor Añadido correspondientes a los servicios prestados. No así el consultante quien, al no ser el destinatario de tales servicios profesionales, no tiene derecho a deducir las cuotas devengadas por la prestación de los mismos ni a obtener factura a su nombre.

3.- Por otra parte, la misma contestación vinculante, de 31 de marzo de 2014, consulta V0888-14, establece en cuanto a la fijación de las costas judiciales que:

"De acuerdo con lo expuesto, dado que las prestaciones de servicios profesionales contratadas por la parte ganadora en un procedimiento judicial habrán estado sujetas y no exentas del Impuesto sobre el Valor Añadido, el importe de las costas judiciales debería incluir las cuotas devengadas por dicho Impuesto. En todo caso, a los efectos de dicha cuantificación podrá tenerse en cuenta la deducción del Impuesto soportado por quien recibe la indemnización por las costas judiciales inicialmente satisfechas, es el órgano judicial a quien compete la fijación de las mismas".

Así pues, corresponde al órgano judicial tasar el importe de las costas a satisfacer por el consultante, pudiendo para ello tener en cuenta la deducción del Impuesto soportado que haya podido efectuar la parte demandante, sin que sea competencia de este Centro directivo determinar la corrección de dicha tasación judicial».

4.5. El IVA y la condena en costas en caso de asistencia jurídica gratuita

El **artículo 36 de la Ley 1/1996, de 10 de enero, de asistencia jurídica gratuita** (en adelante, LAJG), establece lo siguiente con respecto a la condena en costas cuando alguno de los litigantes tuviese reconocido el derecho a la asistencia jurídica gratuita:

«1. Si en la resolución que ponga fin al proceso hubiera pronunciamiento sobre costas, a favor de quien obtuvo el reconocimiento del derecho a la asistencia jurídica gratuita o de quien lo tuviera legalmente reconocido, deberá la parte contraria abonar las costas causadas en la defensa y representación de aquélla.

2. Cuando en la resolución que ponga fin al proceso fuera condenado en costas quien hubiera obtenido el reconocimiento del derecho a la asistencia jurídica gratuita o quien lo tuviera legalmente reconocido, éste quedará obligado a pagar las causadas en su defensa y las de la parte contraria, si dentro de los tres años siguientes a la terminación del proceso viniere a mejor fortuna, quedando mientras tanto interrumpida la prescripción del artículo 1.967 del Código Civil. Se presume que ha venido a mejor fortuna

cuando sus ingresos y recursos económicos por todos los conceptos superen el doble del módulo previsto en el artículo 3, o si se hubieran alterado sustancialmente las circunstancias y condiciones tenidas en cuenta para reconocer el derecho conforme a la presente Ley. Le corresponderá a la Comisión la declaración de si el beneficiario ha venido a mejor fortuna conforme a lo dispuesto en el artículo 19, pudiendo ser impugnada la resolución que dicte en la forma prevista en el artículo 20.

3. Cuando la sentencia que ponga fin al proceso no contenga expreso pronunciamiento en costas, venciendo en el pleito el beneficiario de la justicia gratuita, deberá éste pagar las costas causadas en su defensa, siempre que no excedan de la tercera parte de lo que en él haya obtenido. Si excedieren se reducirán a lo que importe dicha tercera parte, atendiéndose a prorrata sus diversas partidas.

4. Cuando se reconozca el derecho a asistencia jurídica gratuita para procesos en los que proceda la petición de "litis expensas" y éstas fueren concedidas en resolución firme a favor de la parte que litiga con el reconocimiento del derecho a asistencia jurídica gratuita, el Letrado y procurador intervinientes podrán exigir a ésta el pago de sus honorarios, hasta el importe total de la partida aprobada judicialmente para este concepto.

5. Obtenido el pago por los profesionales designados de oficio conforme a las reglas contempladas en los apartados anteriores, estarán obligados a devolver las cantidades eventualmente percibidas con cargo a fondos públicos por su intervención en el proceso.

Para el cálculo de sus honorarios y derechos, se estará a las normas sobre honorarios de abogados de cada Colegio, así como a los aranceles de los procuradores vigentes en el momento de la sustanciación del proceso».

En general, la condena en costas implica una indemnización al favorecido por las costas, que se satisface por el condenado en costas y que se dirige a compensarle por los gastos ocasionados en el procedimiento judicial. No constituye, por tanto, un crédito a favor de los profesionales que hayan asistido o representado al vencedor en el litigio, sino un crédito de una de las partes procesales en beneficio de la otra. Tampoco modifica la relación contractual que cada parte mantenga con su propio abogado, procurador o perito; de manera que el derecho a percibir las retribuciones de cada uno de ellos existirá frente a la parte que los nombre, no frente al condenado en costas.

Pues bien, a pesar de las particularidades que rodean a la asistencia jurídica gratuita, esa naturaleza de la condena en costas no se ve alterada por el hecho de que alguna de las partes tenga reconocido el beneficio de justicia gratuita. Y, muy especialmente, en aquellos supuestos en los que el favorecido por las costas goza de abogado y procurador designados por el turno de oficio. En ese sentido, el **auto del Tribunal Supremo de 5 de noviembre de 2020, recurso n.° 187/2018, ECLI:ES:TS:2020:9817A**, señala lo siguiente:

«(...) esta Sala ha venido declarando que la condena en costas implica el reconocimiento de un crédito a favor de la parte cuya pretensión procesal ya prosperó y con cargo a quien fue rechazada, compensatorio de los gastos que indebidamente fue obligada a realizar la primera por mor de la segunda.

Sustancialmente es, por tanto, una cantidad debida por una parte procesal a otra, cuya cuantía viene determinada por el conjunto de los desembolsos que es necesario hacer en un juicio para conseguir o para defender un derecho. También esta Sala ha puesto de relieve, de manera asimismo reiterada, que el hecho de la condena en costas no modifica la relación material en que cada parte se halla con su letrado, procurador y peritos, de modo que el derecho a percibir sus honorarios y emolumentos reconocidos a éstos existe frente a la parte que los nombra, no frente al condenado.

TERCERO.- **No modifica esta doctrina que la parte favorecida por la condena en costas tenga reconocido el beneficio de justicia gratuita**, pues el artículo 36.1 de la Ley 1/1996, de 10 de enero, de Asistencia Jurídica Gratuita, únicamente señala al respecto que "si en la sentencia que ponga fin al proceso hubiera pronunciamiento sobre costas, a favor de quien obtuvo el reconocimiento del derecho a la asistencia jurídica gratuita o de quien lo tuviera legalmente reconocido, deberá la parte contraria abonar las costas causadas en la defensa de aquélla", pero **de dicho precepto no puede inferirse que se esté reconociendo un derecho a favor de los profesionales designados de oficio que han intervenido en representación y defensa de la parte favorecida por las costas**. Y ello con independencia de lo preceptuado en el apartado 5 del artículo 36, ya que el **pago obtenido por los profesionales a que se refiere la redacción del precepto, sólo tiene lugar cuando los profesionales intervinientes están autorizados por su representado para percibir el importe de las costas,** lo que no acontece en el presente caso (por todos, Auto de 25 de septiembre de 2019 (Casación 1968/2017)».

En ese mismo sentido, la Dirección General de Tributos ha reiterado que el pago del importe de la condena en costas por la parte vencida en el proceso supone una indemnización a la parte vencedora de los gastos en los que hubiera incurrido, que serán objeto de cuantificación en vía judicial. Por lo tanto, dado el carácter indemnizatorio del pago, no procede la repercusión del IVA por la parte ganadora a la perdedora, al no existir una operación sujeta al impuesto que sustente esa repercusión. Del mismo modo, tampoco procede la expedición de factura a tales efectos, sin perjuicio de que se expida otro documento que justifique el cobro. Así se señala, por ejemplo, en la **consulta vinculante de la Dirección General de Tributos (V0288-22), de 15 de febrero de 2022**.

No obstante, todo ello debe entenderse sin perjuicio, en su caso, de la sujeción al IVA de los servicios que se hubiesen prestado al litigante favorecido en costas por sus propios profesionales. Y también sin perjuicio de que en la tasación de costas, para su cálculo, se tenga en cuenta la cuota del impuesto devengado en las prestaciones de servicios efectuadas por los profesionales al litigante vencedor.

RESOLUCIÓN ADMINISTRATIVA

Consulta vinculante de la Dirección General de Tributos (V2188-23), de 26 de julio de 2023

Asunto: en general, el IVA en caso de condena en costas.

«(...) en el caso de que el origen del importe de la tasación en costas tenga por causa una actuación profesional de defensa jurídica, prestada a la persona

que ha ganado el pleito, será la citada persona la destinataria de dichos servicios. En ningún caso será el destinatario del servicio de defensa jurídica el obligado al pago de las costas, puesto que dichos servicios profesionales no se le prestaron al mismo, sino a la parte ganadora.

(...) la letrada de la parte ganadora deberá facturar sus servicios a la misma como destinataria de tales servicios, teniendo que repercutir el Impuesto sobre el Valor Añadido al tipo general del 21 por ciento y siendo la base imponible el importe total de la contraprestación de las operaciones sujetas al mismo procedentes del destinatario o de terceras personas, tal y como establece el artículo 78 de la Ley 37/1992. Dicha repercusión se efectuará mediante la expedición de factura al destinatario de la misma, que es la parte ganadora y no el consultante.

(...)

Por su parte, la parte perdedora que resulte condenada al pago de las costas en el procedimiento judicial, deberá hacer frente al pago del importe que se determine por el juez en el procedimiento de tasación de costas incluido, en su caso, el importe del Impuesto sobre el Valor Añadido, que gravó las prestaciones de servicios de asistencia jurídica prestadas a la parte ganadora del procedimiento. Esta indemnización no constituye una operación sujeta al Impuesto, por lo que no habrá una nueva repercusión ni se deberá expedir factura con la parte perdedora como destinataria.

Por lo tanto, tal y como se ha manifestado en la referida contestación vinculante número V0288-22, el pago de la indemnización por costas judiciales por el consultante es una indemnización que no constituye una operación sujeta al Impuesto sobre el Valor Añadido.

En consecuencia con lo anterior, no se producirá el devengo del Impuesto sobre el Valor Añadido con el pago de la indemnización por costas judiciales, con independencia de que para el cálculo de la misma sí se tenga en cuenta la cuota del Impuesto que se hubiera devengado como consecuencia de la prestación de los servicios de abogacía por parte del abogado a su cliente».

¿Qué distintos supuestos de condena en costas contempla el artículo 36 de la LAJG?

El **artículo 36 de la LAJG**, contempla distintos supuestos de condena en costas que se pueden producir en los casos en que alguno de los litigantes tuviese reconocido el beneficio de la asistencia jurídica gratuita. Estos casos serían los siguientes:

Condena en costas a favor del litigante que tenga reconocido el derecho a la asistencia jurídica gratuita

Este supuesto, previsto en el apartado 1 del artículo 36 de la LAJG, se refiere a los casos en que el beneficiario de la asistencia jurídica gratuita ha ganado el pleito y se condena en costas a la **parte contraria, que tendrá que abonar**, no solo sus propios gastos procesales, sino también las costas generadas por la defensa y representación de la adversa que tenía reconocido el beneficio de justicia gratuita.

Por lo que al IVA se refiere, conviene tener presente que el Tribunal Supremo apuntó lo siguiente en su sentencia de 30 de noviembre de 2005, recurso n.º 3027/1999, ECLI:ES:TS:2005:7101:

> «(...) el sujeto pasivo del IVA, el Letrado y Procurador en este caso, viene obligado a repercutir su importe sobre la persona para quien se realiza la operación gravada y aquella no es otra que la recurrida quien en virtud de la condena en costas no hace sino obtener el reintegro de lo abonado de quien resulta vencido en el proceso. No estamos ante un supuesto de repercusión del IVA en el Estado sino ante un reintegro al litigante que obtiene una sentencia favorable con condena en costas, por parte de quien resulta condenada en tal concepto, de los gastos por aquel realizados».

Es decir, como también sostiene la Dirección General de Tributos, se considera que el destinatario las operaciones será aquel a quien el empresario o profesional le hubiera realizado la prestación de servicios gravada por el impuesto, que ocupará la posición de acreedor en la obligación frente al referido empresario o profesional. En esa medida, **cuando la tasación de costas tenga por objeto una actuación profesional de defensa jurídica prestada a un beneficiario del derecho a la asistencia jurídica gratuita que haya ganado el pleito, será este el destinatario** de los servicios; por lo que, al existir **una condena en costas del contrario, sus profesionales deberán expedirle factura repercutiendo la cuota correspondiente del IVA.** Ello sin perjuicio de que las cantidades que se hubiesen abonado a los profesionales designados de oficio con cargo a fondos públicos tengan que ser devueltas a la Administración pública (artículo 36.5 de la LAJG).

RESOLUCIONES ADMINISTRATIVAS

Consulta vinculante de la Dirección General de Tributos (V0022-19), de 3 de enero de 2019

Asunto: condena en costas si el beneficiado por las costas tiene reconocido el derecho a la asistencia jurídica gratuita.

«(...) constituye reiterada doctrina de este Centro directivo que se debe considerar destinatario de las operaciones a aquél para quien el empresario o profesional realiza la entrega de bienes o la prestación de servicios gravada por el Impuesto y que ocupa la posición de acreedor en la obligación (relación jurídica) en la que el referido empresario o profesional es deudor y de la que la citada entrega o servicio constituye la prestación.

Al respecto, cabe recordar que, según el concepto generalmente admitido por la doctrina, por obligación debe entenderse el vínculo jurídico que liga a dos (o más) personas, en virtud del cual una de ellas (deudor) queda sujeta a realizar una prestación (un cierto comportamiento) a favor de la otra (acreedor), correspondiendo a este último el poder (derecho de crédito) para pretender tal prestación.

De acuerdo con todo lo anteriormente expuesto, en el caso de que el importe de la tasación en costas tenga por causa una actuación profesional de defensa jurídica prestada a un beneficiario del derecho a la asistencia jurídica gratuita que ha ganado el pleito, este Centro directivo se ha pronunciado, entre otras, en la contestación vinculante, de 25 de enero de 2017, con número de referencia V0173-17, disponiendo que será el citado beneficiario el destinatario de dichos servicios que, tal y como se ha argumentado en el punto anterior de esta contestación, no están sujetos al Impuesto sobre el Valor Añadido».

Consulta vinculante de la Dirección General de Tributos (V0173-17), de 25 de enero de 2017

Asunto: condena en costas del contrario en caso de que el beneficiado por las costas tenga reconocido el derecho a la asistencia jurídica gratuita.

«(...) en el caso de que el importe de la tasación en costas tenga por causa una actuación profesional de defensa jurídica prestada a un beneficiario del derecho a la asistencia jurídica gratuita que ha ganado el pleito, será el citado beneficiario el destinatario de dichos servicios que, tal y como se ha argumentado en el punto 4 de esta contestación, están sujetos y no exentos del Impuesto sobre el Valor Añadido.

Por consiguiente, el abogado (en el presente caso, el consultante) de la parte ganadora de un proceso judicial (el beneficiario de la asistencia jurídica gratuita) en el que se condena en costas a la perdedora, deberá expedir su factura, repercutiendo la cuota correspondiente del Impuesto, a la parte ganadora que es la destinataria de la prestación de servicios.

En conclusión, el abogado consultante deberá facturar sus servicios a la parte que ha asistido jurídicamente (beneficiario de la asistencia jurídica gratuita) como destinataria de tales servicios, teniendo que repercutir en factura el Impuesto sobre el Valor Añadido al tipo general del 21 por ciento y siendo la base imponible el importe total de la contraprestación de las operaciones sujetas al mismo procedentes del destinatario o de terceras personas, tal y como establece el artículo 78 de la Ley del Impuesto.

Lo anterior no obsta para que, de conformidad con lo dispuesto en los apartados 1 y 5 del artículo 36 de la Ley 1/1996, de 10 de enero, de asistencia jurídica gratuita, al ser una actuación realizada por los profesionales designados de oficio al amparo de dicha Ley y existir una condena en costas a favor de quien obtuvo el reconocimiento del derecho a la asistencia jurídica gratuita, las cantidades abonadas a dichos profesionales con cargo a fondos públicos por su intervención en el proceso deban ser devueltas a la Administración Pública puesto que el importe de sus servicios jurídicos van a ser sufragados por la parte condenada».

Condena en costas del litigante beneficiario de asistencia jurídica gratuita

Conforme al apartado 2 del artículo 36 de la LAJG, cuando el litigante que tuviese reconocido el derecho a la asistencia jurídica gratuita pierda el pleito y sea condenado al pago de las costas, **quedará obligado a pagar las causadas en su defensa y las de la parte contraria si, dentro de los tres años siguientes a la terminación del proceso, viniese a mejor fortuna**.

> **A TENER EN CUENTA.** En este caso, para evitar que esta obligación pueda extinguirse por efecto de la prescripción, el propio precepto indica que la prescripción del artículo 1967 del CC quedará interrumpida hasta el momento en el que el sujeto venga a mejor fortuna.

A estos efectos, se presumirá que el beneficiario de asistencia jurídica gratuita ha venido a mejor fortuna cuando sus ingresos y recursos económicos por cualquier concepto superen el doble del módulo previsto en el artículo 3 de la LAJG, o en caso de que se hubiesen alterado sustancialmente las circunstancias y condiciones tenidas en cuenta para reconocerle dicho derecho. El órgano competente para declarar si el beneficiario de justicia gratuita ha venido a mejor fortuna es la Comisión de Justicia Gratuita.

Cuando la tasación de costas se refiera a la defensa jurídica prestada al vencedor del pleito, que no sea beneficiario de asistencia jurídica gratuita, los servicios estarán sujetos y no exentos del IVA, siendo dicho sujeto el destinatario de los mismos (y no el condenado en costas). Por lo tanto, el abogado y procurador tendrán que expedir factura por sus servicios repercutiendo la parte correspondiente del impuesto a la parte ganadora del pleito, que es la destinataria de la prestación de servicios.

En estos casos, la tasación de costas debe producirse del mismo modo que si el condenado en costas no fuese beneficiario de asistencia jurídica gratuita, con independencia de que solamente deba proceder al pago en caso de que venga a mejor fortuna en un plazo de tres años. Esta será una circunstancia que tendrá que acreditarse o valorarse en el momento en que se inste la ejecución forzosa de la condena en costas, a fin de que se exima de su pago o se exija el mismo.

En este sentido se ha pronunciado el Tribunal Supremo en su **auto de 11 de enero de 2022, recurso n.º 900/2019, ECLI:ES:TS:2022:1A**:

> «Según ha declarado esta Sala (AATS de 27 de abril de 2010, rec. n.º 416/2007, 7 de junio de 2011, rec. n.º 128/2009 y 29 de junio de 2015 rec. nº 2615/2014), *el deber de pagar las costas existe y es carga procesal de la impugnante* (STS de 18 de septiembre de 2009, 11 de noviembre de 2008, 23 de febrero de 2004 y 18 de junio de 2003 entre otras muchas) y por tanto *resulta procedente la práctica de su tasación y de las actuaciones que la complementan en idénticos términos que en los casos en que el obligado al pago de las costas no tiene reconocido el beneficio de asistencia jurídica gratuita* (AATS, de 30 de junio de 2010, rec. n.º 2640/2003, 23 de noviembre de 2010, rec. n.º 3467/1998).
>
> En consecuencia, el decreto en el que se aprueba la tasación de costas no tiene que pronunciarse sobre la suspensión de la vía de apremio, ya que esta no se ha iniciado y tampoco tiene que pronunciarse en términos abstractos sobre la posible exención del pago de las costas por la recurrente antes de que se inste la ejecución forzosa de la condena en costas, puesto que la aplicación del artículo 36.2 de la Ley 1/1996, de 10 de enero, de Asistencia Jurídica Gratuita, exige que se acrediten las circunstancias previstas en dicho precepto, bien para suspender el pago de las costas, bien para proceder a su exacción (ATS de 27 de abril de 2010, rec. n.º 416/2007). Tampoco, obviamente, ha de eximir del pago de las costas, ya que su obligación, como se ha indicado, existe sin perjuicio de la aplicación del precepto antes citado.
>
> En el mismo sentido se han pronunciado, entre otros, los AATS de 4 de noviembre de 2014, rec. 1744/2013, de 29 de junio de 2015, rec. 2401/2013, de 10 de febrero de 2016, rec. 2615/2014, de 14 de diciembre de 2016, rec. 2448/2014, y de 4 de octubre de 2017, rec.1288/2016».

|| Inexistencia de expreso pronunciamiento en costas

En estos casos, la **sentencia que pone fin al proceso resulta favorable al beneficiario de justicia gratuita**, pero no contiene un expreso pronunciamiento en costas.

Conforme al apartado 3 del artículo 36 de la LAJG, el litigante que tuviese reconocido el derecho de asistencia jurídica gratuita **tendrá que pagar las costas causadas por su defensa, siempre que no excedan de la tercera parte de lo que haya obtenido en él**. En caso de que excedan de tal cantidad, se reducirán sus partidas a prorrata hasta que se correspondan con la tercera parte mencionada.

‖ Procesos en que se conceda la petición de litis expensas

Siguiendo el **artículo 36.4 de la LAJG**, cuando se reconozca el derecho a la asistencia jurídica gratuita para procesos en que se pidan litis expensas y estas fuesen concedidas en resolución firme a favor de quien litiga con beneficio de asistencia jurídica gratuita, el **abogado y procurador podrán exigirle a este el pago de sus honorarios hasta el importe de la partida que se apruebe judicialmente para tal concepto.**

A TENER EN CUENTA. Una vez que los profesionales designados de oficio perciban sus honorarios conforme a los criterios indicados, tendrán que **devolver las cantidades que, en su caso, hubiesen percibido con cargo a fondos públicos por su intervención en el proceso.** A estos efectos, el cálculo de los honorarios y derechos devengados se realizará conforme a las normas sobre honorarios de abogados de cada colegio o a los aranceles de los procuradores que estuviesen vigentes en el momento de la sustanciación del proceso (artículo 36.5 de la LAJG).

RESOLUCIÓN RELEVANTE

Auto del Tribunal Supremo de 21 de noviembre de 2023, recurso n.º 932/2020, ECLI:ES:TS:2023:15883A

Asunto: ¿cabe aplicar el artículo 36.2 de la LAJG para caso de mejor fortuna en aquellos casos en los que se tenga la AJG con independencia de la existencia de recursos para litigar?

«1.ª) Como ambas partes demuestran conocer, esta sala viene reiterando que no cabe recurrir, por falta de pronunciamiento que perjudique al recurrente (art. 448.1 LEC), el decreto aprobatorio de una tasación de costas no impugnada en cuya parte dispositiva tan solo se contenga una información dirigida a poner en conocimiento del obligado al pago la forma de proceder al pago voluntario, para evitar la ejecución forzosa, y que no contenga un requerimiento ejecutivo ni un apercibimiento de embargo (en este sentido p.ej. el citado auto de 11 de enero de 2022, y el reciente auto de 24 de octubre de 2023, rec. 5228/2020).

Ahora bien, la razón de ser esa doctrina se encuentra en que "el deber de pagar las costas existe y es carga procesal de la impugnante [...] y por tanto resulta procedente la práctica de su tasación y de las actuaciones que la complementan en idénticos términos que en los casos en que el obligado al pago de las costas no tiene reconocido el beneficio de asistencia jurídica gratuita", sin que el decreto en el que se aprueba la tasación de costas deba pronunciarse sobre la suspensión de la vía de apremio, ya que esta no se ha iniciado, ni en términos abstractos sobre la posible exención del pago de las costas antes de que se inste la ejecución forzosa de la condenada en costas, "puesto que la aplicación del artículo 36.2 de la Ley 1/1996, de 10 de enero, de Asistencia Jurídica Gratuita, exige que se acrediten las circunstancias previstas en dicho precepto, bien para suspender el pago de las costas, bien para proceder a su exacción (ATS de 27 de abril de 2010, rec. n.º 416/2007)", y sin que tampoco el decreto deba "eximir del pago de las costas, ya que su obligación, como se ha indicado, existe sin perjuicio de la aplicación del precepto antes citado".

En esta misma línea, la reciente sentencia 1437/2023, de 18 de octubre, reitera que "la condena en costas es compatible con disfrutar del beneficio de asistencia jurídica gratuita y llevar a efecto la correspondiente tasación de costas para el caso de mejor fortuna, como resulta de lo dispuesto en el art. 36.2 LAJG".

*2.ª) Esta doctrina no es aplicable porque **en este caso el derecho de justicia gratuita se ha reconocido no por la insuficiencia de recursos económicos para litigar de la persona tutelada en cuyo nombre actúa en este litigio el hoy recurrente, sino con base en el art. 2. i) LAJG**, por sufrir secuelas permanentes y ser objeto del litigio la reclamación de indemnización por los daños sufridos, **lo que determina que no sea aplicable lo dispuesto en el art. 36.2 LAJG para el caso de mejor fortuna**, con la consecuencia de que en este caso la parte dispositiva del decreto recurrido no tenga justificación al no depender la exención de pago de las costas de que se acrediten las circunstancias del art. 36.2 LAJG».*

4.6. El abogado por cuenta ajena o de empresa y las costas (IVA e IRPF)

En muchas ocasiones, quien asume la defensa letrada de la parte no es un abogado por cuenta propia, persona física autónoma, sino un letrado que presta servicios por cuenta ajena en un despacho o un abogado de empresa, que está en plantilla del propio litigante. Por ello, cuando esa parte resulta favorecida por la condena en costas, pueden surgir ciertas dudas a la hora de proceder a la tasación de costas.

De hecho, en muchas ocasiones, entre la empresa y su abogado por cuenta ajena pueden haberse acordado determinadas primas o bonus por rendimiento o por consecución de sentencias favorables, o incluso que las costas ganadas supongan una retribución extra para el letrado. Por eso, la primera y central cuestión que debe plantearse es si esas costas constituyen una retribución para el abogado por cuenta ajena, es decir, si tienen para él la consideración de honorarios profesionales.

A tal respecto, conviene tener presente que, según ha reiterado la Dirección General de Tributos, en los supuestos de condena en costas, la parte condenada a su pago no está abonando honorarios profesionales al abogado o procurador de la parte contraria, sino una indemnización al litigante favorecido por las costas. Y, además, tampoco puede olvidarse que un abogado que se emplea por cuenta ajena no tendrá la consideración de empresario o profesional a efectos del IVA por las labores que desarrolle en la empresa que lo tiene contratado.

En esa medida:

- El abogado por cuenta ajena, por las tareas o funciones que lleve a cabo en el marco de la empresa que lo tiene contratado, percibirá sus remuneraciones como rendimientos del trabajo, conforme a lo que se haya pactado. Unos rendimientos del trabajo que, evidentemente, estarán sujetos a sus **correspondientes retenciones a cuenta del IRPF**, en los términos de los artículos 80 y siguientes del RIRPF.

- La empresa, en su caso, será la que tenga el carácter de empresario o profesional a los efectos del IVA.

- Conforme al régimen general, **la indemnización por costas judiciales que abone el condenado a su pago, como tal indemnización, no constituye una operación sujeta al IVA** y, con motivo de ella, no se devengará el impuesto ni implicará tampoco una nueva repercusión del IVA. Por otro lado, **la parte que deba satisfacer las costas no estará obligada a practicar retención a cuenta del IRPF sobre los honorarios profesionales del abogado y procurador contrarios**, con independencia de que se trate de un sujeto que, en principio, sí debiera practicar la retención conforme al artículo 76 del RIRPF al abonar rentas sujetas a retención (como serían los honorarios de profesionales o los rendimientos del trabajo, en este caso).

En ese sentido se pronunció, por ejemplo, la consulta vinculante de la Dirección General de Tributos (V2806-19), de 11 de octubre de 2019; referida a un supuesto en el que una abogada, que prestaba sus servicios por cuenta ajena en una sociedad profesional dedicada a la abogacía, había obtenido un pronunciamiento de costas favorable en un proceso en el que había intervenido defendiendo los intereses de su empresa:

«En relación con las costas judiciales, la reiterada doctrina de la Dirección General de Tributos acerca de la tributación de las costas judiciales queda resumida, por todas, en su contestación a la consulta de 31 de marzo de 2014, número de referencia V0888-14, que establece lo siguiente:

"El pago del importe de la condena en costas por la parte perdedora en un proceso implica la indemnización a la parte ganadora de los gastos en que incurrió, entre otros, por servicios de asistencia jurídica y que son objeto de cuantificación en vía judicial. Habida cuenta de esta naturaleza indemnizatoria, no procede repercusión alguna del tributo por la parte ganadora a la perdedora, ya que no hay operación sujeta al mismo que sustente dicha repercusión. Igualmente, no habiendo operación sujeta a tributación, no procede la expedición de factura a estos efectos, sin perjuicio de la expedición de cualquier otro documento con el que se justifique el cobro del importe correspondiente.".

Lo señalado anteriormente debe entenderse, en todo caso, sin perjuicio de la sujeción al Impuesto sobre el Valor Añadido de los servicios que pudieran haberle sido prestados a la parte ganadora, que ha de percibir las cantidades en concepto de costas judiciales, por empresarios o profesionales que actúen en el ejercicio independiente de su actividad empresarial o profesional (por ejemplo, abogados y procuradores), con independencia del hecho de que sea precisamente el importe de tales servicios, en su caso, Impuesto sobre el Valor Añadido incluido, el que haya de tenerse en cuenta para determinar las costas judiciales que habrá de satisfacerle la otra parte en el proceso.

(...)

Impuesto sobre la Renta de las Personas Físicas

En los supuestos de condena en costas este Centro directivo viene manteniendo el criterio (consultas nº 0154-05, 0172-05, V0588-05, V1265-06, V0343-09, V0268-10, V0974-13, V2909-14 y V4846-16, entre otras) —tomando como base la configuración jurisprudencial de la condena en costas, establecida por el Tribunal Supremo, como generadora de un crédito a favor de la parte vencedora y que, por tanto, no pertenece a quien le representa o asiste—, de considerar que al ser beneficiaria la parte vencedora, la parte condenada no está satisfaciendo rendimientos profesionales a los abogados y procuradores de la parte vencedora sino una indemnización a esta última —la cual se corresponde con el pago de los honorarios de abogado y procurador en que esta ha incurrido—, por lo que aquella parte (la condenada) no está obligada a practicar retención, a cuenta del Impuesto sobre la Renta de las Personas Físicas, sobre tales honorarios profesionales.

Conforme con el criterio expuesto, **en el supuesto de abogados que prestan sus servicios por cuenta ajena, su intervención en los procesos judiciales en que se condena en costas a la parte contraria no comporta que nos encontremos (respecto a la indemnización a la parte vencedora) ante una percepción de honorarios profesionales por parte de los abogados, sino que tales honorarios constituirán ingresos de la parte vencedora.** En este sentido se expresa el artículo 95.3 del Reglamento del Impuesto sobre la Renta de las Personas Físicas, aprobado por el Real Decreto 439/2007, de 30 de marzo (BOE del día 31), que establece que "no se considerarán rendimientos de actividades profesionales las cantidades que perciban las personas que, a sueldo de una empresa, por las funciones que realizan en la misma vienen obligadas a inscribirse en sus respectivos colegios profesionales ni, en general, las derivadas de una relación de carácter laboral o dependiente. Dichas cantidades se comprenderán entre los rendimientos del trabajo"».

CUESTIONES

1. Un contribuyente contrató un despacho de abogados (que reviste la forma de sociedad) para que le llevase un determinado pleito. El órgano judicial competente terminó por darle la razón y condenó en costas a la otra parte. ¿Quién debe cobrar las costas?

Las costas son siempre un crédito en favor de la parte ganadora, es decir, del cliente. Ahora bien, el cobro de las mismas podría realizarse a través de los profesionales en caso de estar autorizados para ello.

2. El despacho de abogados encomendó el asunto a un solo abogado, de los que tiene contratados por cuenta ajena, que llevó todo el procedimiento. Ese abogado ahora quiere emitir una factura al cliente a su nombre, de manera personal, IVA incluido. ¿Sería eso correcto?

No, ya que ese abogado es un trabajador por cuenta ajena del despacho, por lo que, aunque sea él quien le entregue la factura al cliente, la factura deberá emitirse por el despacho como persona jurídica.

RESOLUCIÓN ADMINISTRATIVA

Consulta vinculante de la Dirección General de Tributos (V2909-14), de 30 de octubre de 2014

Asunto: tratamiento en IRPF de los honorarios que cobra un abogado que trabaja para un sindicato con relación laboral, por la prestación de sus servicios en el marco del sindicato, cuando obtiene una condena en costas a su favor, teniendo el abogado derecho a cobrar las costas como salario.

«Con fecha 8 de marzo de 2005, este Centro directivo, en contestación a la consulta nº 0100-05, determinó —modificando un criterio anterior— que en los supuestos de condena en costas, al ser beneficiaria la parte vencedora, la parte condenada no está satisfaciendo rendimientos profesionales a los abogados y procuradores de la parte vencedora sino una indemnización a esta última, por lo que aquella parte (la condenada) no está obligada a practicar retención sobre tales honorarios profesionales.

Conforme con el criterio expuesto, al tratarse de una indemnización a la parte vencedora, no nos encontramos, a efectos del Impuesto sobre la Renta de las Personas Físicas, ante una percepción de honorarios profesionales por parte del abogado de dicha parte, sino que al estar vinculado el letrado por una relación laboral con el sindicato consultante (relación en la que se incluye la prestación de sus servicios de asistencia y defensa jurídica a afiliados y no afiliados) todos los rendimientos que pueda percibir en el desarrollo de su trabajo para el sindicato tendrán la consideración de rendimientos del trabajo, incluyéndose entre los mismos tanto sus sueldos o haberes como los importes derivados de su intervención en la defensa jurídica de la parte beneficiada de la condena en costas. En este sentido se expresa el artículo 95.3 del Reglamento del Impuesto sobre la Renta de las Personas Físicas, aprobado por el Real Decreto 439/2007, de 30 de marzo (BOE del día 31), que establece que "no se considerarán rendimientos de actividades profesionales las cantidades que perciban las personas que, a sueldo de una empresa, por las funciones que realizan en la misma vienen obligadas a inscribirse en sus respectivos colegios profesionales ni, en general, las derivadas de una relación de carácter laboral o dependiente. Dichas cantidades se comprenderán entre los rendimientos del trabajo".

Por lo que se refiere al cálculo de la retención aplicable sobre estos rendimientos, desde su calificación como rendimientos del trabajo su determinación se efectuará —integrándose con los restantes rendimientos "habituales" que el sindicato venga satisfaciendo a este personal— conforme con el procedimiento general para determinar el importe de la retención establecido en el artículo 82 y siguientes del Reglamento del Impuesto sobre la Renta de las Personas Físicas.

(...)

(...) la cuantía total de retribuciones incluirá tanto las retribuciones fijas como las variables previsibles, entendiendo que estas últimas incorporan los "honorarios procedentes de las condenas en costas" y que el importe a computar será como mínimo el de las obtenidas en el año anterior (salvo que concurrieran circunstancias que permitieran acreditar de manera objetiva un importe inferior)».

5.
LA PROVISIÓN DE FONDOS

En principio, suele considerarse que la provisión de fondos es la suma económica que un profesional puede solicitar a su cliente al inicio de la relación contractual o durante el curso de la misma, a cuenta de suplidos o de los honorarios o derechos que, en su momento, se devenguen; y que habrá de destinarse al cumplimiento del encargo recibido o al abono de los gastos que por este se vayan generando.

Es frecuente que los distintos profesionales que pueden intervenir en el proceso judicial exijan el cobro de una provisión de fondos con carácter previo al inicio de sus actuaciones profesionales. Nos referimos, en concreto, a los siguientes:

- Abogados.
- Procuradores.
- Peritos.

5.1. La provisión de fondos a favor del abogado y del procurador: marco normativo y tratamiento fiscal básico

Antes de entrar en el tratamiento fiscal de las provisiones de fondos que se efectúen a estos dos profesionales, conviene tener claro en qué términos pueden efectuarse y cuáles son las obligaciones básicas que los abogados y procuradores asumen con respecto a ellas.

La provisión de fondos al abogado

La relación profesional que se establece entre el abogado y su cliente se encuadra en el **arrendamiento de servicios**, en cuyo marco, tal y como dispone el artículo 25 del **Real Decreto 135/2021, de 2 de marzo, por el que se**

aprueba el Estatuto General de la Abogacía Española (en adelante, EGAE), «el profesional de la Abogacía tiene derecho a una contraprestación por sus servicios, así como al reintegro de los gastos ocasionados».

De una manera más concreta, el artículo 16 del Código Deontológico de la Abogacía de 6 de marzo de 2019 regula las provisiones de fondos y los pagos a cuenta a percibir por los letrados en los siguientes términos:

«1. Se podrá solicitar la entrega de cantidades en pagos a cuenta de honorarios tanto con carácter previo como durante la tramitación del asunto.

2. Su cuantía deberá ser acorde con las previsiones del asunto y el importe estimado de los honorarios definitivos.

3. La falta de pago autorizará a renunciar o condicionar la aceptación del encargo profesional o a cesar en él.

4. Igualmente, se podrá solicitar en concepto de provisión de fondos una cantidad para atender los gastos suplidos que importe el encargo, debiendo cumplirse con lo previsto en el artículo 20 de este Código.

5. De todas las provisiones de fondos recibidas se extenderá el correspondiente justificante. Los pagos a cuenta de honorarios deberán cumplir las obligaciones de emisión de factura y las demás que imponga la legislación fiscal».

Asimismo, y con respecto al tratamiento que el letrado ha de dar a los fondos ajenos que tenga en su posesión, conviene tener en cuenta las obligaciones que consagra el artículo 19 del Código Deontológico de la Abogacía:

«1. Cuando se esté en posesión de dinero o valores de clientes o de terceros, concurre la obligación de mantenerlos depositados con disposición inmediata en una cuenta específica abierta en un banco o entidad de crédito. Estos depósitos no podrán ser concertados ni confundidos con fondos propios o del bufete. Deberá llevarse la oportuna contabilidad o libro registro de tales cantidades. Se deberá responder en todo caso de que el origen de los fondos procede de una persona física o jurídica determinada y de la certeza de la existencia de ésta. Los fondos deben estar vinculados directamente con los clientes y con las actuaciones que le han sido encargadas.

2. Los fondos depositados en dicha cuenta o cuentas deben ser individualizados de forma separada y clara, preferiblemente mediante subcuentas, como correspondientes a los diversos procesos o asesoramientos que asuma el profesional de forma que pueda identificarse su movimiento de entrada y salida, su finalidad y la utilización que se haya hecho de tales fondos.

3. Los movimientos de fondos entre subcuentas están prohibidos, salvo casos justificados, no pudiendo presentar ninguna de tales subcuentas un saldo deudor.

4. Salvo disposición legal, mandato judicial o consentimiento expreso del cliente o del tercero por cuenta de quien se haga, queda prohibido cualquier pago efectuado con dichos fondos. Esta prohibición comprende incluso la detracción de los propios honorarios, salvo autorización expresa y escrita.

5. Deberá siempre comprobarse la identidad exacta de quien entrega los fondos, siendo esta obligación regida por las normas preventivas del blanqueo de capitales cuando se actúe como sujeto obligado.

6. Los fondos recibidos o su saldo, salvo excepciones debidamente justificadas, deberán devolverse o acreditarse a quien los proveyó, con la correspondiente rendición de cuentas.

7. Los fondos recibidos no se podrán retener más tiempo que el estrictamente necesario incluso si adeudan honorarios profesionales, quedando prohibida la compensación y autoliquidación».

La provisión de fondos al procurador

La LEC asimila la relación profesional existente entre el **procurador y el cliente** con el **contrato de mandato**. No en vano, a falta de disposición expresa sobre las relaciones entre el poderdante y el procurador, el artículo 27 de la LEC prevé la aplicación supletoria de las normas establecidas por la legislación civil para dicho contrato.

Por lo que se refiere a la provisión de fondos a favor del procurador, la LEC la regula expresamente en su artículo 29.1, donde establece lo siguiente:

«1. **El poderdante está obligado a proveer de fondos al procurador**, conforme a lo establecido por la legislación civil aplicable para el contrato de mandato».

Así las cosas, esta obligación de provisión de fondos por parte del cliente se equipara en la LEC a la que el CC prevé para el mandante frente al mandatario. En concreto, el artículo 1728 del CC señala que el mandante debe anticipar al mandatario, si este se lo pide, las cantidades necesarias para la ejecución del mandato; debiendo el mandante reembolsárselas después, aunque el negocio no haya salido bien, siempre que el mandatario esté exento de culpa. Dicho reembolso, además, comprenderá los intereses de la cantidad anticipada a contar desde el día en que se hizo el anticipo.

Por su parte, el **Real Decreto 1281/2002, de 5 de diciembre, por el que se aprueba el Estatuto General de los Procuradores de los Tribunales de España** (en adelante, EGPTE) también se refiere a las provisiones de fondos que perciban los procuradores de sus clientes, estableciendo en su artículo 38.2.b) la obligación específica de estos profesionales de:

«b) Rendir cuentas al cliente, especificando y detallando las cantidades percibidas de éste, aclarando los pagos realizados en beneficio de su mandante y precisando con minuciosidad los diversos conceptos y su importe exacto».

De manera análoga, el artículo 24 del Código Deontológico de los Procuradores de los Tribunales dispone lo siguiente:

«El procurador está obligado a rendir cuentas al cliente de los servicios prestados, con especificación de las cantidades percibidas de éste y precisión de los conceptos e importes exactos de los pagos realizados, con mención expresa del artículo aplicado del arancel de derechos vigente».

Tratamiento fiscal básico de la provisión de fondos: la distinción entre anticipos y suplidos

A efectos fiscales, dentro del amplio concepto de provisión de fondos que hasta ahora hemos considerado, conviene diferenciar entre las provisiones que constituyen anticipos de honorarios y los suplidos.

> **A TENER EN CUENTA.** Evidentemente, en ambos casos, partimos de la idea de que el abogado o procurador que cobra los suplidos actúa por cuenta propia y es sujeto pasivo del IVA.

Las provisiones de fondos que constituyen anticipos y su tributación

En este caso nos estamos refiriendo a las cantidades que el cliente abona al profesional para cubrir sus honorarios o los gastos propios de dicho profesional. Se dirigen a retribuir, con el carácter de pagos a cuenta, una prestación de servicios profesionales y se consideran como un pago anticipado de la minuta de honorarios correspondiente.

Por lo que se refiere al IVA, **estas provisiones de fondos estarán sujetas al mismo** como pagos anticipados anteriores al hecho imponible, en los términos del artículo 75.Dos de la LIVA:

> «Dos. No obstante lo dispuesto en el apartado anterior, en las operaciones sujetas a gravamen que originen pagos anticipados anteriores a la realización del hecho imponible el impuesto se devengará en el momento del cobro total o parcial del precio por los importes efectivamente percibidos.
> Lo dispuesto en el párrafo anterior no será aplicable a las entregas de bienes comprendidas en el artículo 25 de esta Ley».

Asimismo, cuando proceda, estarán **sometidas a retención a cuenta del IRPF (artículos 75, 76 y 95.1 del RIRPF).**

Los suplidos y su tributación

Frente a los importes mencionados en el punto previo, los suplidos se refieren a los fondos que el profesional percibe de sus clientes con el fin de adelantar el importe de los gastos que tendrá que abonar en nombre y por cuenta de dicho cliente, por ejemplo, a otros empresarios o profesionales, como podrían ser los gastos de notaría o registros.

Estas cantidades no formarán parte de la contraprestación obtenida por el abogado o procurador y, por tanto, **no se incluirán en la base imponible del IVA,** tal y como señala el artículo 78.Tres.3.º de la LIVA:

> «Tres. No se incluirán en la base imponible:
> (...)
> 3.º Las sumas pagadas en nombre y por cuenta del cliente en virtud de mandato expreso del mismo. El sujeto pasivo vendrá obligado a justificar la cuantía efectiva de tales gastos y no podrá proceder a la deducción del impuesto que eventualmente los hubiera gravado».

Las características que permiten identificar la existencia de suplidos se han definido en diversas consultas vinculantes de la Dirección General de Tributos como, por ejemplo, la (V2231-23), de 27 de julio de 2023, o la (V1235-23), de 10 de mayo de 2023. Así, para que los importes satisfechos tengan la consideración de suplidos y no se integren en la base imponible del IVA tendrán que reunir las siguientes condiciones (todas ellas):

- Tratarse de **sumas pagadas en nombre y por cuenta del cliente.** La realización de los gastos en nombre y por cuenta del cliente se acreditará ordinariamente mediante la correspondiente factura o documento que proceda en cada caso expedido a cargo del citado cliente y no del intermediario agente, consignatario o comisionista que le está «supliendo». Por lo tanto, cuando se trata de sumas pagadas en nombre propio, aunque sea por cuenta de un cliente, no procede la exclusión de la base imponible del IVA por no ajustarse esa partida a la definición de suplido incluida en el artículo 78 de la LIVA. En tal caso, podría tratarse de una refacturación de gastos.

- El pago de las referidas sumas debe hacerse **en virtud de mandato expreso, verbal o escrito, del propio cliente** por cuya cuenta se actúe.

- La justificación de la cuantía efectiva de dichos gastos se realizará por los medios de prueba admisibles en derecho. En los suplidos, la **cantidad percibida por el mediador debe coincidir exactamente con el importe del gasto en que ha incurrido su cliente** y cualquier diferencia debería ser interpretada en el sentido de que no se trata de un auténtico suplido. En ese sentido, los suplidos deberán **mostrarse en la factura de forma independiente** a los servicios que se prestan al cliente.

- Finalmente, la normativa señala que el sujeto pasivo (mediador) no podrá proceder a la deducción del impuesto que eventualmente hubiera gravado gastos pagados en nombre y por cuenta del cliente.

A efectos del **IRPF, estas sumas no se computarán como ingresos y tampoco tendrá el carácter de gastos deducibles.**

La Dirección General de Tributos, en principio, entiende que toda provisión de fondos constituye un anticipo de los honorarios profesionales, por lo que tendrá que ser el contribuyente el que, en su caso, demuestre lo contrario, justificando que las cantidades percibidas tienen el carácter de suplidos. A este respecto, conviene destacar que los abogados y procuradores, como contribuyentes que desarrollan actividades profesionales en estimación directa, estarán obligados a la llevanza de **un libro registro de provisiones de fondos y suplidos (artículo 68.5 del RIRPF).**

RESOLUCIONES ADMINISTRATIVAS

Consulta vinculante de la Dirección General de Tributos (V2231-23), de 27 de julio de 2023

Asunto: presupuestos para considerar ciertas cantidades como suplidos.

«Las características determinantes de los denominados suplidos, esto es, de las sumas pagadas en nombre y por cuenta del cliente, en virtud de mandato expreso

del mismo, se definen en diversas resoluciones vinculantes de la Dirección General de Tributos (entre otras, de fechas 1 de septiembre de 1986 - BOE de 10 de septiembre- y de 24 de noviembre de 1986 – BOE de 16 de diciembre), que establecen que para que tales sumas tengan la consideración de suplidos y no se integren en la base imponible los correspondientes importes, deben concurrir todas las condiciones siguientes:

1º.- Tratarse de sumas pagadas en nombre y por cuenta del cliente. La realización de los gastos en nombre y por cuenta del cliente se acreditará ordinariamente mediante la correspondiente factura o documento que proceda en cada caso expedido a cargo del citado cliente y no del intermediario agente, consignatario o comisionista que le está "supliendo".

En consecuencia, cuando se trata de sumas pagadas en nombre propio, aunque sea por cuenta de un cliente, no procede la exclusión de la base imponible del impuesto de la correspondiente partida por no ajustarse a la definición de "suplido" incluida en el artículo 78 de la Ley. En tal caso, podría tratarse de una refacturación de gastos.

2º.- El pago de las referidas sumas debe hacerse en virtud de mandato expreso, verbal o escrito, del propio cliente por cuya cuenta se actúe.

3º.- La justificación de la cuantía efectiva de dichos gastos se realizará por los medios de prueba admisibles en Derecho.

En los "suplidos", la cantidad percibida por el mediador debe coincidir exactamente con el importe del gasto en que ha incurrido su cliente. Cualquier diferencia debería ser interpretada en el sentido de que no se trata de un auténtico "suplido".

Los suplidos deberán mostrarse en la factura de forma independiente a los servicios que el agente o comisionista presta al cliente.

4º. Por último, señala la Ley que el sujeto pasivo (mediador) no podrá proceder a la deducción del impuesto que eventualmente hubiera gravado gastos pagados en nombre y por cuenta del cliente.

De acuerdo con lo anterior, si se cumplen la totalidad de los requisitos mencionados estaremos ante un suplido, operación que estará no sujeta al Impuesto sobre el Valor Añadido».

Consulta vinculante de la Dirección General de Tributos (V3084-23), de 24 de noviembre de 2023

Asunto: distinto tratamiento de los anticipos y los suplidos para un abogado.

«(...) en relación con las provisiones de fondos mencionadas en el escrito de consulta, procederá distinguir entre los pagos realizados para satisfacer el servicio prestado por el profesional consultante y los realizados para atender los gastos que en nombre y por cuenta del cliente deba satisfacer (suplidos), teniendo los primeros la consideración de rendimientos de la actividad profesional, consideración que no correspondería a los suplidos en cuanto respondan a la siguiente mecánica: gastos que corresponde realizar al cliente y que son satisfechos por el profesional previa provisión de fondos o mediante posterior reembolso».

Consulta vinculante de la Dirección General de Tributos (V1235-23), de 10 de mayo de 2023

Asunto: plazo para repercutir el IVA en caso de procurador que cobró una provisión de fondos en 2012 y luego emite minuta de honorarios en 2022.

«Dado que, según se deduce del escrito de consulta, no se expidió inicialmente factura por las referidas operaciones en el plazo de un año posterior al devengo, no resultará

de aplicación lo dispuesto en el artículo 89 de la Ley 37/1992 en relación con la rectifica-ción de cuotas impositivas repercutidas, sino lo previsto en el artículo 88 de la misma Ley en relación con la repercusión inicial de las cuotas devengadas y, en particular, lo previsto en el apartado cuatro de dicho artículo 88, que establece la pérdida del derecho a la re-percusión inicial cuando haya transcurrido un año desde la fecha del devengo.

Por consiguiente y por lo que al objeto de la consulta se refiere, el plazo para reper-cutir el Impuesto mediante la expedición de la oportuna factura fue de un año conta-do desde la fecha de devengo del Impuesto correspondiente a la operación gravada, plazo que ya habría transcurrido en base a los hechos aportados.

Este plazo de caducidad del derecho al traslado por parte del sujeto pasivo de la cuota tributaria al destinatario de la operación ha de interpretarse, como ha señalado reiteradamente el Tribunal Supremo, entre otras, en sus sentencias de 5 de diciembre de 2011 y 18 de marzo de 2009, y este Centro directivo, entre otras, en la contesta-ción vinculante, de 25 de julio de 2018, con número de referencia V2221-18, en el sentido de que la pérdida del derecho a repercutir se refiere a aquellos casos en los que la ausencia de repercusión se produce sin causa que lo justifique.

No obstante lo anterior, en el supuesto de que la destinataria de las operaciones no estuviera obligada a soportar la repercusión, por haber caducado el derecho del prestador a repercutir el mismo, no se impide que aquélla pueda aceptar voluntaria-mente soportar la repercusión extemporánea del Impuesto. En este sentido, señala el Tribunal Supremo, en la citada sentencia de 18 de marzo de 2009, lo siguiente:

"(...)

CUARTO.- Un argumento más que refuerza la estimación es el relativo a que la pérdida del derecho a la repercusión cuando ha transcurrido un año desde la fecha de devengo no exime de la obligación del ingreso de las cuotas devengadas en el tesoro, por lo que opera a modo de una sanción económica con respecto al sujeto pasivo, pretendiendo amparar y proteger al sujeto que debe soportar la repercusión en el sentido de que la Ley sólo le obliga a soportar la repercusión con carácter imperativo hasta un año desde el devengo, ya que transcurrido el plazo puede negarse a soportar el impuesto, que en cualquier caso debe ser liquidado por el sujeto pasivo.

Sin embargo, la ley, en modo alguno, establece la prohibición de soportar una vez transcurrido el plazo del año, sino sólo que se perderá el derecho a repercutir, por lo que no puede entenderse que si se soporta voluntariamente el impuesto, aunque sea repercutido extemporáneamente, el repercutido está incumpliendo una obligación».

CUESTIÓN

¿Un abogado o procurador tiene obligación de expedir factura por las provisiones de fondos que perciba?

Estará obligado a emitir factura por las provisiones de fondos que tengan el carácter de pagos anticipados en los términos del artículo 75.Dos de la LIVA. Su cobro origina el devengo del IVA, por lo que el profesional deberá repercutir dicho impuesto mediante factura en las condiciones y con los requisitos que especifica el Real Decreto 1619/2012, de 30 de noviembre, por el que se aprueba el Regla-mento por el que se regulan las obligaciones de facturación (artículo 88.Dos de la LIVA). En este sentido, puede considerarse, por ejemplo, la consulta vinculante de la Dirección General de Tributos (V5201-16), de 30 de noviembre de 2016, que se refiere a la obligación de facturar por las provisiones de fondos percibidas por una procuradora.

Los suplidos, por su parte, tendrán que hacerse constar en la factura que se expida por los servicios prestados, de manera separada, sin integrarlos en la base imponible del IVA y especificándose su condición de tal suplido.

5.2. La distracción de la provisión de fondos por parte del abogado o procurador

Las distintas cantidades que un abogado o procurador perciba de su cliente en concepto de provisión de fondos (bien supongan un anticipo de sus honorarios o se dirijan al pago de suplidos) deben destinarse por el profesional a los fines previstos. En caso contrario, cuando el abogado o procurador las haga suyas (se apropie de ellas) o las destine a fines distintos de aquellos para los que se le entregaron (las distraiga), podría incurrir en distintos tipos de responsabilidad:

- Responsabilidad penal.
- Responsabilidad civil.
- Responsabilidad disciplinaria.

A estos efectos, conviene tener en cuenta que **los diferentes planos de responsabilidad señalados no son incompatibles entre sí.** Más bien al contrario, constituyen distintas vías de resarcimiento que suelen confluir según el concreto comportamiento llevado a cabo por el profesional y el daño o perjuicio ocasionado al cliente. Así las cosas, es posible (y, de hecho, lo habitual) que, con una misma conducta, un abogado o procurador pueda cometer un delito y ser condenado penalmente, quedar incurso en responsabilidad civil y ser a la vez sancionado disciplinariamente por su colegio profesional.

5.2.1. Responsabilidad penal

Cuando el profesional destina los fondos percibidos del cliente a fines distintos de los previstos o los hace suyos sin estar autorizado para ello puede incurrir en responsabilidad penal.

De hecho, en el caso de los procuradores, el artículo 57.1 del Real Decreto 1281/2002, de 5 de diciembre, por el que se aprueba el Estatuto General de los Procuradores de los Tribunales de España (en adelante EGPTE) señala expresamente que «los procuradores están sujetos a responsabilidad penal por los delitos (...) que cometan en el ejercicio de su profesión». En la actualidad, el EGAE —por su parte— no contiene una previsión equivalente; a pesar de que en el previo, aprobado por el Real Decreto 658/2001, de 22 de junio, sí se recogía en el artículo 78.1.

La conducta mencionada, en principio, podría tener encaje en distintos tipos penales:

- **Delito de apropiación indebida,** regulado en el artículo 253 del Código Penal (en adelante, CP), en su redacción posterior a la reforma operada por la Ley Orgánica 14/2022, de 22 de diciembre (con entrada en vigor el 12 de enero de 2023 y debiendo considerarse lo previsto en las disposiciones transitorias primera a tercera de la norma):

> «1. Serán castigados con las penas del artículo 248 o, en su caso, del artículo 250, salvo que ya estuvieran castigados con una pena más grave en otro precepto de este Código, los que, en perjuicio de otro, se apropiaren para sí o para un tercero, de dinero, efectos, valores o cualquier otra cosa mueble, que hubieran recibido en depósito, comisión, o custodia, o que les hubieran sido confiados en virtud de cualquier otro título que produzca la obligación de entregarlos o devolverlos, o negaren haberlos recibido.
>
> 2. Si la cuantía de lo apropiado no excediere de 400 euros, se impondrá una pena de multa de uno a tres meses».

A TENER EN CUENTA. El artículo 248 del CP, en su redacción también posterior a la Ley Orgánica 14/2022, de 22 de diciembre, castiga con pena de prisión de seis meses a tres años el delito de estafa, para cuya fijación se habrán de tener en cuenta el importe de lo defraudado, el quebranto económico causado al perjudicado, las relaciones entre este y el defraudador, los medios empleados y cuantas otras circunstancias sirvan para valorar la gravedad de la infracción. En el caso de que la cuantía de lo defraudado no exceda de 400 euros, por este delito se impondrá la pena de multa de uno a tres meses. Por su parte, el artículo 250 del CP contempla una serie de circunstancias agravantes del delito de estafa, que supondrán la aplicación de una pena de prisión de uno a seis años y de multa de seis a 12 meses; o bien de una pena de prisión de cuatro a ocho años y de multa de 12 a 24 meses en los casos en que el valor de lo defraudado exceda de 250.000 euros o concurran determinadas de las circunstancias agravantes en los términos que prevé el propio precepto.

- **Delito de deslealtad profesional**, previsto en el artículo 467.2 del CP:

> «2. El abogado o procurador que, por acción u omisión, perjudique de forma manifiesta los intereses que le fueren encomendados será castigado con las penas de multa de doce a veinticuatro meses e inhabilitación especial para empleo, cargo público, profesión u oficio de uno a cuatro años.
>
> Si los hechos fueran realizados por imprudencia grave, se impondrán las penas de multa de seis a doce meses e inhabilitación especial para su profesión de seis meses a dos años».

- **Delito de estafa**, conforme al artículo 248 del CP, en su redacción posterior a la reforma operada por la Ley Orgánica 14/2022, de 22 de diciembre (con entrada en vigor el 12 de enero de 2023 y debiendo considerarse lo previsto en las disposiciones transitorias primera a tercera de la norma):

> «Cometen estafa los que, con ánimo de lucro, utilizaren engaño bastante para producir error en otro, induciéndolo a realizar un acto de disposición en perjuicio propio o ajeno.
>
> Los reos de estafa serán castigados con la pena de prisión de seis meses a tres años. Para la fijación de la pena se tendrá en cuenta el importe de lo defraudado, el quebranto económico causado al perjudicado, las relacio-

nes entre este y el defraudador, los medios empleados por este y cuantas otras circunstancias sirvan para valorar la gravedad de la infracción.

Si la cuantía de lo defraudado no excediere de 400 euros, se impondrá la pena de multa de uno a tres meses».

- **Concurso ideal** entre los dos primeros, cuando a través de una misma conducta se lesionen dos bienes jurídicos distintos.

El Tribunal Supremo ha tratado de clarificar la problemática o las dudas existentes en cuanto a la tipificación penal de esta clase de conductas, que pueden subsumirse en distintas figuras delictivas, tal y como acabamos de señalar.

En esa medida, cabe traer a colación, en primer término, el **acuerdo del Pleno de la Sala de lo Penal del Tribunal Supremo de 16 de diciembre de 2008**, que estableció los siguientes criterios:

«I.- El letrado que distrajere dinero recibido de su cliente por alguno de los títulos del art. 252 del CP., comete delito de apropiación indebida.

II.-La aplicación de la agravación prevista en el art. 250.7 del CP se ajustará a las reglas generales.

III.- Además cometerá un delito del art. 467.2, en concurso ideal, si con el mismo hecho perjudicara a los intereses que le fueron encomendados en el caso, estrictamente, en atención a sus funciones profesionales como letrado».

Con respecto a las remisiones legales que se recogen en el acuerdo, conviene tener en cuenta las siguientes precisiones:

- Según el primer criterio establecido, cometería delito de apropiación indebida el abogado que desviase el dinero abonado por el cliente en virtud de alguno de los títulos del artículo 252 del CP, que en la redacción vigente en aquel momento contemplaba las conductas hoy recogidas en el artículo 253.1 del CP: la apropiación o distracción de dinero, efectos, valores o cualquier otra cosa mueble o activo patrimonial recibidos en depósito, comisión o administración, o por otro título que produzca obligación de entregarlos o devolverlos, o la negativa de haberlos recibido, siempre en perjuicio de otro.

- La agravante del delito de estafa prevista en aquel momento en el artículo 250.7.º del CP, a día de hoy se recoge en el número 6.º del precepto. Se trata de un subtipo agravado de estafa que procederá en los casos en que el delito se cometa con abuso de las relaciones personales existentes entre víctima y defraudador o cuando este aproveche su credibilidad empresarial o profesional.

Igualmente, destacaremos por su importancia y por la claridad de los criterios que fijó, la **sentencia del Tribunal Supremo n.º 150/2018, de 27 de marzo, ECLI:ES:TS:2018:1124**, dictada en relación con un supuesto en el que una abogada había firmado una hoja de encargo con un cliente y percibido de este ciertas cantidades en concepto de provisión de fondos, comprensiva tanto de honorarios como de suplidos. En concreto, se hacía referencia a que, con una parte de los fondos recibidos, la letrada debía abonar los honorarios de un arquitecto, cosa que efectivamente había hecho. Por ello, el Alto Tribunal consideró que el resto de los fondos percibidos constituían un anticipo de los honorarios de la propia profesional.

La sentencia analiza la posible comisión de un delito de apropiación indebida por la abogada, habida cuenta de que esta no había realizado las tareas que se le habían encomendado (más allá del pago al arquitecto técnico ya mencionado) ni había devuelto tampoco ninguna cantidad al cliente.

Sobre la base de tales hechos, el Tribunal Supremo precisa los criterios que permiten determinar **cuándo se comete un delito de apropiación indebida por parte del profesional que desvía o hace suyas las provisiones de fondos recibidas del cliente**. Dichos criterios se podrían sintetizar del siguiente modo:

- **No existirá delito de apropiación indebida en los casos en que el profesional reciba ciertas cantidades como anticipo de honorarios y luego no cumpla con el encargo recibido o lo ejecute incorrectamente.** En tales casos, lo que realmente existirá será un incumplimiento contractual, que incluso podría constituir un delito de estafa cuando desde el principio el abogado o procurador tenía la decidida voluntad de no cumplir con el encargo recibido y el contrato celebrado con el cliente solo presenta una mera apariencia engañosa.

- Por el contrario, **cuando los fondos se reciban para atender a gastos concretos por ciertas gestiones encomendadas al profesional, habrá delito de apropiación indebida si este las hace suyas en lugar de destinarlas a la finalidad prevista.** También se cometerá este delito cuando haga suyas las cantidades que hubiese recibido del juzgado o de terceros para su entrega al cliente. No en vano, en estos supuestos, el título de recepción del dinero le impondría la obligación de entregarlo a su destinatario, sin posibilidad de aplicarlo al pago de honorarios salvo pacto expreso en contrario.

RESOLUCIONES RELEVANTES

Sentencia del Tribunal Supremo n.º 150/2018, de 27 de marzo, ECLI:ES:TS:2018:1124

Asunto: deslinde de los supuestos en que un abogado comete delito de apropiación indebida al desviar o hacer suyos fondos del cliente.

«La jurisprudencia de esta Sala ha considerado reiteradamente que la relación profesional entablada por un Letrado en ejercicio con su cliente se encuadra en el arrendamiento de servicios, título que no da lugar a la comisión de un delito de apropiación indebida cuando el profesional que ha recibido una cantidad en concepto de provisión de fondos como parte de sus honorarios no cumple el encargo recibido. Pues las cantidades recibidas en ese concepto lo han sido como pago anticipado de sus servicios, por lo que las hace legítimamente suyas aunque se produzca un incumplimiento contractual, que podría dar lugar, en su caso, a un delito de deslealtad profesional o a una obligación civil de reintegro.

Por otro lado, en ocasiones, la entrega de cantidades en concepto de provisión de fondos puede tener como finalidad anticipar el pago de parte de los honorarios o bien atender a gastos concretos por gestiones encargadas al Letrado. En este segundo caso, se apreciará un delito de apropiación indebida si el Letrado, en lugar de desti-

narlas a la finalidad pactada las hace suyas. En este sentido, en la STS nº 4/2009, de 23 de diciembre de 2008 se decía que "Lo que se recibe en concepto de pago de honorarios es precio o merced que en el marco del arrendamiento constituye la prestación debida por el servicio prestado, o que se ha de prestar. Por lo cual en principio su entrega lo es como pago y con transmisión del dominio del dinero. Si luego el servicio profesional convenido no se presta o se presta incorrectamente existirá en efecto un incumplimiento contractual sobrevenido en el marco de un negocio jurídico bilateral con obligaciones recíprocas; con la posibilidad de integrar una estafa, si el contrato se presenta como una mera apariencia engañosa que esconde desde el principio la decidida voluntad por el sujeto de no cumplir con el servicio prometido. Lo anterior sin embargo no excluye otras posibilidades. El cliente no siempre entrega dinero al Letrado como pago de sus honorarios. Puede hacerlo con ese título obligacional, pero también con otros tales como el del mandato, para la realización de gestiones que exijan desembolsos y gastos varios, para cuya cobertura se hace entrega dineraria. Entrega que no es para su adquisición dominical por el receptor, sino para su posesión con disponibilidad autorizada para un concreto fin al que necesariamente ha de destinar el dinero. En esos casos la desviación del fin que justifica su posesión, representa una apropiación indebida por parte del receptor que, abusando de su tenencia lo hace suyo sin aplicarlo al destino pactado".

Por lo tanto, cuando el Letrado recibe cantidades como provisión de fondos no se aprecia el delito de apropiación indebida, aunque no cumpla lo contratado, si lo recibido es a cuenta de los honorarios. Por el contrario, cuando se recibe la provisión de fondos con destino a gestiones concretas que el Abogado deba pagar a terceros, se comete el delito si, no dándoles el destino concertado, las hace suyas. Del mismo modo cuando aplica a sus honorarios lo que ha recibido de un órgano jurisdiccional o de terceros para entregarlo a su cliente. Pues, en estos casos es un gestor de dinero ajeno, mientras que en aquellos recibe un pago por sus servicios, de forma que lo hace legítimamente propio».

Auto del Tribunal Supremo n.º 277/2023, de 2 de marzo, ECLI:ES:TS:2023:2943A

Asunto: las cantidades que el abogado percibe de un tercero para entregárselas a su cliente no pueden ser aplicadas por el profesional unilateralmente para el pago de sus honorarios.

«(...) son varios los casos en que esta Sala ha apreciado la apropiación indebida cuando un Letrado, tras recibir de órganos judiciales, o de particulares, cantidades de dinero en concepto de indemnización para su entrega al destinatario, sea un tercero, o sea su propio cliente, hace suyo el dinero recibido, abusando de su posesión o tenencia para hacerse pago de sus propios honorarios (STS nº 123/2013). El título de recepción, en esos casos, impone la obligación de entregar el dinero recibido al destinatario, sin que exista la posibilidad de aplicarlo al pago de honorarios, salvo pacto expreso en ese sentido".

En esta misma línea, hemos mantenido en la STS 265/2020, de 29 de mayo, "la improcedencia de que, con pretexto de liquidarse los honorarios profesionales y por la voluntad unilateral del abogado o procurador acusado de un delito de apropiación indebida, se intente retener las sumas que el profesional haya podido recibir en nombre del cliente y a las que no se tiene derecho (SSTS 2163/2002, de 27 de diciembre o 123/2013, de 18 de febrero). Solo la existencia de un derecho de retención con arreglo a las normas civiles puede integrar la causa de justificación del ejercicio legítimo de un derecho del artículo 20.7 del Código Penal, lo que no es apreciable respecto de abogados y procuradores en la medida en que el derecho de retención solo se refleja en el Código Civil para el arrendamiento de obra o para el mandato de obra (art. 1600 y art. 1730), quedando excluidos cuando estos contratos se proyectan sobre la presta-

ción de servicios. Así, manifestábamos en nuestra sentencia de 28 de enero de 1991 (con cita de la SSTS de 19 de enero de 1981 y 29 de marzo de 1984) que los cobros recibidos por un abogado en nombre del cliente, no pueden ser aplicados, por actos de autoridad propia, al pago de los servicios prestados por él porque "dicha minuta, al ser puesta en tela de juicio por su destinataria, no es instrumento hábil para realizar la expresada compensación, ya que por sí misma y por proceder de acto unilateral de quien la libra no justifica la existencia de un crédito real y vencido, que es condición imprescindible para que opere la citada compensación"; lo que es de plena aplicación a quienes ostentan la representación procesal con sujeción a un arancel. Y decíamos en nuestra sentencia 1749/2002, de 21 de octubre, que "para que se considere lícita la negativa a entregar lo recibido alegando la titularidad de créditos contra aquél a quien se le debe entregar, es preciso que exista un derecho de retención que lo ampare", argumentando en la STS 117/2007, de 13 de febrero que: "esta Sala ya ha negado en alguna ocasión que tal derecho corresponda a los letrados en relación a sus honorarios, de manera que las cantidades que estos profesionales perciban de terceros para entregar a sus clientes en relación con sus servicios profesionales no pueden ser aplicadas por un acto unilateral de propia autoridad a satisfacer las minutas que consideren que les deben ser abonadas, sino que deben ser entregadas en su integridad a aquellas personas a favor de quienes han sido recibidas, sin perjuicio de la reclamación que corresponda para hacer efectivo el pago de sus honorarios como Letrado"».

Sentencia del Tribunal Supremo n.º 713/2022, de 13 de julio, ECLI:ES:TS:2022:3044

Asunto: elementos que integran el delito de deslealtad profesional del artículo 467.2 del CP.

«En la sentencia del Tribunal Supremo 237/2019 de 9 May. 2019, Rec. 644/2018 se reseña que:

"Como decíamos en nuestra sentencia 137/2016, de 24 de febrero, el tipo penal del art. 467.2 requiere, como elementos integradores:

a) que el sujeto activo sea un abogado o un procurador, esto es, se trata de un delito especial;

b) desde el punto de vista de la dinámica comisiva, que se despliegue una acción u omisión, que en ambos casos derivará en un resultado;

c) como elemento objetivo, que se perjudique de forma manifiesta los intereses que le fueren encomendados; y

d) desde el plano de culpabilidad, un comportamiento doloso, en el que debe incluirse el dolo eventual, o bien un comportamiento culposo, en el que concurra "imprudencia grave".

Es evidente que la razón de la incorporación del precepto en la ley penal es la incriminación de aquellas conductas más intolerables, desde el plano del ejercicio de las profesiones jurídicas indicadas, ya que, si así no fuera, por el carácter subsidiario y de intervención mínima del Derecho penal, los comportamientos ilícitos en el desempeño de tales profesiones integrarán bien una conculcación de las normas colegiales de actuación profesional. (STS 4-3-2013, entre otras)."

En la misma línea la Sentencia de esta Sala del Tribunal Supremo 649/2020 de 1 Dic. 2020, Rec. 4102/2018 que confirma la condena por apropiación indebida y deslealtad profesional en concurso real a un abogado que incorpora a su patrimonio provisiones de fondos solicitadas a clientes y recibidas para el pago de procurador y periciales médicas que nunca llegaron a realizarse. Y respecto de la deslealtad profesional objeto de condena por perjuicio de los intereses encomendados y defraudación de las expectativas del cliente que se vieron desmoronadas cuando se percató al final del procedimiento de que el abogado acusado le había estado mintiendo sobre las posibilidades de éxito. La conducta del acusado, al no encargar y presentar los informes médicos en procedimiento contencioso, determinó que se perdiera la oportunidad de obtener una resolución de fondo sobre el asunto de responsabilidad patrimonial de la Administración por negligencia médica.

También en la sentencia del Tribunal Supremo 207/2022 de 9 Mar. 2022, Rec. 4222/2020 se analizó el tratamiento conjunto de la apropiación indebida y la deslealtad profesional, haciendo mención al Acuerdo de esta Sala antes citado, pero en este caso concreto se absolvió por el delito de deslealtad profesional al no existir ese plus que exige este delito al margen y además del de apropiación indebida. Se recoge, así, que "en el delito de apropiación indebida queda abarcada la totalidad de la significación antijurídica de su proceder. El acusado realizó las gestiones que se le encomendaron con éxito; no hubo, por tanto, para su cliente más perjuicio que ese apoderamiento ilegítimo de unas cantidades, de ahí la subsunción de este comportamiento en el delito de apropiación indebida, por lo que, de añadir también una condena más por el de deslealtad profesional, se incurriría, además, en un intolerable bis in idem"».

Sentencia del Tribunal Supremo n.º 941/2023, de 20 de diciembre, ECLI:ES:TS:2023:5604

Asunto: requisitos básicos del delito de estafa.

«(...) es cierto que el delito de estafa se requiere la utilización de un engaño previo bastante, por parte del autor del delito, para generar un riesgo no permitido para el bien jurídico (primer juicio de imputación objetiva). Esta suficiencia, idoneidad o adecuación del engaño ha de establecerse con arreglo a un baremo mixto objetivo- subjetivo, en el que se pondere tanto el nivel de perspicacia o intelección del ciudadano medio como las circunstancias específicas que individualizan la capacidad del sujeto pasivo en el caso concreto, de manera que la idoneidad en abstracto de una determinada maquinación se vea completada con la suficiencia en el caso concreto, en atención a las características personales de la víctima y del autor, y a las circunstancias que rodean al hecho. Además, el engaño ha de desencadenar el error del sujeto pasivo de la acción, hasta el punto de que acabe determinando un acto de disposición en beneficio del autor de la defraudación o de un tercero (STS 288/2010, de 16 de marzo; y 421/2013, de 13 de mayo).

El engaño, según la jurisprudencia, no puede considerarse bastante cuando la persona que ha sido engañada podía haber evitado fácilmente el error cumpliendo con las obligaciones que su profesión le imponía. Es decir, cuando el sujeto de la disposición patrimonial tiene la posibilidad de despejar su error de una manera simple y normal en los usos mercantiles o profesionales, no será de apreciar un engaño bastante en el sentido del tipo del art. 248 CP, pues en esos casos, al no haber adoptado las medidas de diligencia y autoprotección a las que venía obligado por su profesión o por su situación previa al negocio jurídico, no puede establecerse con claridad si el desplazamiento patrimonial se debió exclusivamente al error generado por el engaño o a la negligencia de quien, en función de las circunstancias del caso, debió efectuar determinadas comprobaciones, de acuerdo con las reglas normales de actuación para casos similares, y omitió hacerlo (SSTS 752/2011, de 26 de junio; y 421/2013, de 13 de mayo).

Ahora bien, este criterio excluyente de la existencia de engaño debe valorarse con prudencia, ya que no puede exigirse que el perjudicado por la estafa venga obligado siempre a desconfiar o a establecer controles exhaustivos sobre su modo de proceder. Las relaciones humanas también se asientan en la confianza por lo que no siempre que el individuo sea crédulo o confiado puede afirmarse que ha incumplido el deber de auto protección.

El concepto de "engaño bastante" no puede servir para desplazar en el sujeto pasivo del delito todas las circunstancias concurrentes desplegadas por el ardid del autor del delito, de manera que termine siendo responsable de la maquinación precisamente quien es su víctima, que es la persona protegida por la norma penal ante la puesta en marcha desplegada por el estafador (SSTS. 1195/2005 de 9 de octubre y 945/2008 de 10 de diciembre). Quiere esto decir que únicamente el burdo engaño, esto es, aquel que puede apreciar cualquiera, impide la concurrencia del delito de estafa, porque, en ese caso, el engaño no es "bastante". Dicho de otra manera: el engaño no puede quedar neutralizado por una diligente actividad de la víctima (STS 1036/2003, de 2 de septiembre), porque el engaño se mide en función de la actividad engañosa activada por el sujeto activo, no por la perspicacia de la víctima. De extremarse este argumento, si los sujetos pasivos fueran capaces siempre de detectar el ardid del autor o agente del delito, no se consumaría nunca una estafa y quedarían extramuros del derecho penal aquellos comportamientos que se aprovechan la debilidad convictiva de ciertas víctimas (los timos más populares en la historia criminal, estampita, engaño de la máquina de fabricar dinero o "filo-mish", billete de lotería premiado o "tocomocho", timo del pañuelo o "paquero", etc.).

En conclusión, en la determinación de la suficiencia del engaño hemos de partir de una regla general que sólo debe quebrar en situaciones excepcionales y muy concretas. Regla general que enuncia la STS. 1243/2000 de 11 de julio del siguiente modo: "el engaño ha de entenderse bastante cuando haya producido sus efectos defraudadores, logrando el engañador, mediante el engaño, engrosar su patrimonio de manera ilícita, o lo que es lo mismo, es difícil considerar que el engaño no es bastante cuando se ha consumado la estafa. Como excepción a esta regla sólo cabría exonerar de responsabilidad al sujeto activo de la acción cuando el engaño sea tan burdo, grosero o esperpéntico que no puede inducir a error a nadie de una mínima inteligencia o cuidado. Y decimos esto porque interpretar ese requisito de la suficiencia con un carácter estricto, es tanto como trasvasar el dolo o intencionalidad del sujeto activo de la acción, al sujeto pasivo, exonerando a aquél de responsabilidad por el simple hecho, ajeno normalmente a su voluntad delictual, de que un tercero, la víctima, haya tenido un descuido en su manera de proceder o en el cumplimiento de sus obligaciones».

CUESTIÓN

¿Comete delito de apropiación indebida un abogado que recibe una indemnización del juzgado para entregársela a su cliente y la hace suya en pago de sus propios honorarios, sin autorización expresa para ello?

Sí, el Tribunal Supremo ha apreciado la existencia de delito de apropiación indebida en casos en los que un letrado, después de recibir ciertas cantidades de órganos judiciales o particulares, en concepto de indemnización y para su entrega a un destinatario concreto (bien su propio cliente o bien un tercero), haga suyo el dinero recibido, abusando de su posesión para cobrarse sus propios honorarios. El título de recepción, en esos casos, impone la obligación de entregar el dinero recibido al destinatario, sin que exista la posibilidad de aplicarlo al pago de honorarios, salvo pacto expreso en ese sentido.

En este sentido se pronuncia, por ejemplo, la **sentencia del Tribunal Supremo n.º 123/2013, de 18 de febrero, ECLI:ES:TS:2013:617**, en relación con un supuesto en el que un abogado se apropió de las cantidades percibidas del juzgado para su entrega al cliente. En concreto, el abogado había derivado el asunto y las gestiones procesales a otro letrado con el que colaboraba, pero, llegado el momento y valiéndose de los poderes que lo habilitaban para ello, cobró del juzgado ciertas sumas para su entrega al cliente. Sin embargo, el abogado hizo suyas todas las cantidades, salvo una parte que destinó al pago de los honorarios del otro letrado que había colaborado en la gestión del encargo.

En relación con la responsabilidad penal de abogados y procuradores, creemos conveniente referirnos también, por último, a la posibilidad de imposición a estos de la **pena accesoria de inhabilitación especial para la profesión**, cuando sean condenados a penas de prisión inferiores a 10 años por delitos que tengan relación directa con dicha profesión, en los términos que prevé el artículo 56.1.3.º del CP señala:

> «1. En las penas de prisión inferiores a diez años, los jueces o tribunales impondrán, atendiendo a la gravedad del delito, como penas accesorias, alguna o algunas de las siguientes:
>
> (...)
>
> 3.º Inhabilitación especial para empleo o cargo público, profesión, oficio, industria, comercio, ejercicio de la patria potestad, tutela, curatela, guarda o acogimiento o cualquier otro derecho, la privación de la patria potestad, si estos derechos hubieran tenido relación directa con el delito cometido, debiendo determinarse expresamente en la sentencia esta vinculación, sin perjuicio de la aplicación de lo previsto en el artículo 579 de este Código».

RESOLUCIÓN RELEVANTE

Sentencia del Tribunal Supremo n.º 158/2021, de 24 de febrero, ECLI:ES:TS:2021:684

Asunto: imposición de la pena accesoria de inhabilitación especial para la profesión a un abogado condenado por delito de apropiación indebida.

«Así, podemos comenzar diciendo que el delito de apropiación indebida es un tipo de infidelidad, en que, en su modalidad de apoderamiento, este es producto de la quiebra de un deber de fidelidad depositada en la persona que recibe el dinero en virtud de alguna de las relaciones contractuales del art. 253, y que, cuando ha de devolverlo, no lo devuelve. No se trata, pues, de centrarse en si entre el denunciante y la recurrente existía una relación de abogado-cliente, sino que lo fundamental es que, cualquiera que sea la calificación que esta quiera dar a esa relación, lo cierto es que la relación existía y fue producto de la confianza depositada en ella como abogada, por lo que la entregó un dinero propio para realizar una gestión característica de su profesión, como era la materialización de la fianza. Concurre, pues, el presupuesto para la aplicación de la pena accesoria del art. 56 CP, que establece lo siguiente:

(...)

Como se puede ver, el mandato imperativo utilizado por el legislador, empleando el tiempo de futuro "impondrán", obliga, necesariamente, a aplicar la pena accesoria, si la apropiación tiene relación directa con la profesión ejercida por el sujeto activo, que, insistimos, la tiene, por cuanto que, como se razona en la sentencia de apelación, "es absolutamente evidente que el Sr. Federico entregó los 4.000 euros a la Sra. Tarsila por su condición de abogada y a fin de realizar una gestión propia de su función"».

5.2.2. Responsabilidad civil

En el ejercicio de su profesión, cuando los abogados y procuradores incumplan sus deberes profesionales y causen daños y perjuicios a sus clientes, podrán incurrir en responsabilidad civil.

De hecho, el artículo 57.2 del EGPTE prevé expresamente que, en su ejercicio profesional, los procuradores estarán sujetos a responsabilidad civil cuando por dolo o negligencia dañen los intereses cuya representación les hubiere sido confiada, responsabilidad que será exigible conforme a la legislación ordinaria ante los tribunales de justicia. De manera análoga para los abogados, el anterior EGAE (Real Decreto 658/2001, de 22 de junio) también lo contemplaba en su artículo 78.2; aunque esa previsión ha desaparecido en su actual redacción. No obstante, en relación con el ejercicio colectivo en forma no societaria, el artículo 42.5 del EGAE señala lo siguiente:

> «5. La responsabilidad civil que pudiese corresponder al despacho colectivo se exigirá conforme al régimen jurídico general que corresponda a la forma de agrupación utilizada. Además, sin perjuicio de lo previsto en la disposición adicional segunda de la Ley 2/2007, de 15 de marzo, todos los profesionales de la Abogacía que hayan intervenido en un asunto responderán civilmente frente al cliente con carácter personal, solidario e ilimitado».

A este respecto, convendrá partir del **distinto vínculo que ambos profesionales mantienen con sus clientes**:

- El abogado, en principio, está unido a su cliente en virtud de un contrato de arrendamiento de servicios, regulado en el artículo 1544 del CC. Su obligación esencial es la de llevar la dirección técnica de un proceso, como obligación de actividad o de medios, pero no de resultado; esto es, con carácter general no supone la obligación de obtener una resolución favorable a las pretensiones del cliente, sino la de proporcionarle todos sus conocimientos jurídicos y emplearlos diligentemente en beneficio de sus intereses.

> **A TENER EN CUENTA.** En algunos casos, la relación existente entre el abogado y el cliente podrá tener una naturaleza distinta, aunque no será lo normal. Por ejemplo, podría constituir un contrato de obra si se obliga a producir un cierto resultado, como podría ser la emisión de un informe.

- El procurador, por el contrario, está ligado con su cliente por un mandato representativo, al que resultarán de aplicación las normas que el CC establece en materia de mandato (artículo 27 de la LEC y artículos 1718 y siguientes del CC). Tendrá que actuar en representación del poderdante y hacer cuanto convenga a su interés, según sus instrucciones.

Así las cosas, la **responsabilidad civil tendrá naturaleza contractual** en ambos casos, habida cuenta de que quien sufre el daño como consecuencia de la actuación dolosa o negligente del profesional está ligado con este por una relación jurídico-contractual previa. Con todo, existirán ciertas particularidades en cuanto a la responsabilidad civil en la que pueden incurrir abogados y procuradores, dadas las distintas notas que definen la relación con los clientes de uno y otro.

Por lo demás, tanto abogados como procuradores suelen contar con un **seguro que cubra los riesgos de responsabilidad civil en la que puedan incurrir en el ejercicio de su profesión**:

- Para el caso de los abogados, el Real Decreto 135/2021, de 2 de marzo, por el que se aprueba el Estatuto General de la Abogacía Española, establece en sus artículos 125.t) y 129 que la falta de dicho seguro o garantía constituirá infracción grave para los profesionales de la abogacía y muy grave para las sociedades profesionales cuando esté prevista legalmente la obligación de contar con él. Además, el artículo 20 del Código Deontológico de la Abogacía establece que los abogados deberán tener cubierta la responsabilidad profesional en cuantía adecuada a los riesgos que implique y obliga a su contratación a las sociedades profesionales y en los demás casos que contemple la ley.

- Por su parte, para los procuradores el artículo 57.2 del Real Decreto 1281/2002, de 5 de diciembre, por el que se aprueba el Estatuto General de los Procuradores de los Tribunales de España, prevé la posibilidad de que legalmente se establezca la obligatoriedad de contratar un seguro que cubra su responsabilidad civil profesional.

RESOLUCIONES RELEVANTES

Sentencia del Tribunal Supremo n.º 460/2006, de 11 de mayo, ECLI:ES:TS:2006:3019

Asunto: fundamento de la responsabilidad civil del abogado y del procurador.

«La responsabilidad civil del abogado y del procurador respecto de su cliente deriva de la respectiva relación contractual que los une, la cual, en el caso del abogado, es ordinariamente la propia de un arrendamiento de servicios, y comporta el deber de dirigir la defensa del asunto encomendado ante los tribunales, mientras que, en el caso del procurador, entran en consideración las obligaciones derivadas del mandato, que imponen al mandatario, bajo su responsabilidad, la función de actuar ante los tribunales en representación de su poderdante haciendo todo lo que a este convenga, según sus instrucciones (artículo 1718 CC), en este caso bajo la dirección del abogado».

Sentencia del Tribunal Supremo n.º 375/2021, de 1 de junio, ECLI:ES:TS:2021:2254

Asunto: naturaleza de la relación contractual entre abogado y cliente.

«(ii) La relación contractual existente entre abogado y cliente se desenvuelve normalmente en el marco de un contrato de gestión, que la jurisprudencia construye con elementos tomados del arrendamiento de servicios y del mandato (sentencias de 30 de marzo de 2006, rec. 2001/1999; 14 de julio de 2005, rec. 971/1999; 26 de febrero de 2007, rec. 715/2000; 2 de marzo de 2007, rec. 1689/2000; 21 de junio de 2007, rec. 4486/2000; 18 de octubre de 2007, rec. 4086/2000; 22 de octubre de 2008, rec. 655/2003; 282/2013, de 22 de abril; 331/2019, de 10 de junio y 50/2020, de 22 de enero, entre otras).

Se trata de una relación convencional fundada en la recíproca confianza y confidencialidad de la que deriva el deber del secreto profesional. Las personas depositan en manos de sus abogados asuntos en no pocas ocasiones de decisiva trascendencia vital en sus relaciones patrimoniales y personales. La aceptación de una defensa implica la asunción de las obligaciones de velar por tales intereses como si fueran propios, con sujeción a las normas del ordenamiento jurídico aplicable.

(iii) La obligación del abogado consiste en prestar sus servicios profesionales. Es una obligación de medios, también concebida como de actividad o comportamiento, consistente en la realización de un trabajo bajo pericia. El Abogado sólo se puede comprometer a prestar sus servicios conforme a las exigencias de la lex artis, que disciplinan tal actividad humana, sin que, por lo tanto, garantice o quepa exigirle el resultado pretendido, que no depende de forma exclusiva de la actividad desplegada, sino de la lógica propia del Derecho, que no se concilia con verdades absolutas, así como de la estructura del proceso, concebido como una técnica de confrontación entre intereses contrapuestos, que no son susceptibles, en muchas ocasiones, de compatibilidad jurídica, lo que determina necesariamente que uno haya de prevalecer sobre otro.

En este sentido, la jurisprudencia ha proclamado que la prestación del abogado no comporta como regla general la obligación de lograr una resolución favorable a las pretensiones deducidas o a la oposición formulada contra las esgrimidas por la parte contraria, pues dependerá, entre otros factores, de haberse logrado la convicción del juzgador (sentencias de 14 de julio de 2005, 14 de diciembre de 2005, 30 de marzo de 2006, 30 de marzo de 2006, rec. 2001/1999; 26 de febrero de 2007, rec. 715/2000; 282/2013, de 22 de abril y 331/2019, de 10 de junio, entre otras)».

Los requisitos necesarios para declarar la responsabilidad civil de estos profesionales

Por lo que se refiere a los requisitos necesarios para declarar la responsabilidad civil de abogados y procuradores, habrá que partir de lo previsto con carácter general para la responsabilidad civil contractual en el **artículo 1101 del CC**:

«Quedan sujetos a la indemnización de los daños y perjuicios causados los que en el cumplimiento de sus obligaciones incurrieren en dolo, negligencia o morosidad, y los que de cualquier modo contravinieren al tenor de aquéllas».

La responsabilidad contractual en la que pueden incurrir abogados y procuradores será de carácter subjetivo, por dolo o culpa, y para su declaración tendrán que concurrir y demostrarse los siguientes requisitos básicos (luego se profundizará sobre ellos):

- Falta de la diligencia debida en la prestación profesional o incumplimiento de los deberes profesionales.
- Nexo de causalidad entre el incumplimiento y el daño producido.
- Existencia y alcance del daño causado, consistente en la disminución cierta de las posibilidades de defensa.

Tendrá que ser la parte que reclame la indemnización por incumplimiento contractual del profesional demandado la que pruebe la concurrencia de dichos presupuestos, con posibilidad de desestimación de las pretensiones en caso de insuficiencia probatoria (artículo 217.1 de la LEC).

Falta de la diligencia debida en la prestación profesional o incumplimiento de los deberes profesionales

El Tribunal Supremo ha señalado que, en principio, el abogado o procurador goza de la presunción de diligencia en su actuación profesional, aunque se trata de una presunción que admite prueba en contrario (sentencia del Tribunal Supremo n.º 173/2010, de 31 de marzo, ECLI:ES:TS:2010:2178).

El abogado y el procurador deben ajustarse en su actuación profesional a la *lex artis*, esto es, a las reglas técnicas de la profesión, que sean comúnmente admitidas y aceptadas en atención a las circunstancias del caso concreto.

En concreto, por lo que se refiere a la diligencia profesional exigible a los letrados, el artículo 47.3 del Real Decreto 135/2021, de 2 de marzo, por el que se aprueba el Estatuto General de la Abogacía Española, cuando prevé:

> «3. En todo caso, deberá cumplir con la máxima diligencia la misión de asesoramiento o defensa que le haya sido encomendada, procurando de modo prioritario la satisfacción de los intereses de su cliente».

A TENER EN CUENTA. La jurisprudencia no ha enumerado de forma exhaustiva qué deberes comprende el ejercicio de la abogacía, estableciéndose solo a título de ejemplo ciertos aspectos que debe incluir: informar de la gravedad de la situación, de la conveniencia o no de acudir a los tribunales, de los costes del proceso y de las posibilidades de éxito o fracaso, cumplir con los deberes deontológicos de lealtad y honestidad en el desempeño del encargo, observar las leyes procesales y aplicar al problema los conocimientos jurídicos indispensables (sentencia del Tribunal Supremo n.º 331/2019, de 10 de junio, ECLI:ES:TS:2019:1948).

En cuanto a la diligencia exigible al procurador, conviene tener presente que este asume sus obligaciones frente al cliente desde el momento de la aceptación del poder (artículo 26 de la LEC) y que está obligado a no abandonar su representación mientras no concurra alguna de las causas de extinción del mandato previstas en la ley procesal. Tendrá que hacer todo aquello que convenga a su cliente según la naturaleza del asunto en caso de no contar con instrucciones claras.

Nexo de causalidad entre el incumplimiento y el daño producido

El daño sufrido por el cliente tendrá que ser consecuencia del incumplimiento de las reglas del oficio por parte del profesional y dicho nexo causal habrá de valorarse con criterios jurídicos de imputación objetiva.

A este respecto, podrán tenerse en cuenta ciertos elementos ajenos que puedan desvirtuar la influencia de dicha actuación negligente o dolosa sobre el resultado dañoso, como la dejadez de la parte, la dificultad objetiva de la posición defendida, la intervención de terceros o la falta de acierto de la actuación judicial no susceptible de ser corregida por medios procesales.

Existencia y alcance del daño causado, consistente en la disminución cierta de las posibilidades de defensa

Cuando el daño consista en la frustración de una acción judicial (por ejemplo, en caso de que se deje caducar una acción), el carácter instrumental del derecho a la tutela judicial efectiva supone que el daño deba calificarse como patrimonial si el objeto de la acción frustrada tiene como finalidad la obtención de una ventaja de contenido económico, a través del reconocimiento de un derecho o la anulación de una obligación de este tipo.

Esta naturaleza patrimonial del daño sufrido supone que la posibilidad de ser indemnizado no se deba buscar en la cantidad que, discrecionalmente, fije el juzgador como daño moral, sino que se ha de tratar como un daño patrimonial incierto por pérdida de oportunidades, de carácter hipotético. Es decir, no procederá el resarcimiento económico cuando no concurra una certeza razonable sobre la posibilidad de que la acción frustrada hubiera sido judicialmente acogida. Será necesario demostrar, por lo tanto, que el perjudicado se encontraba en una situación fáctica o jurídica idónea para la estimación de la acción frustrada. Tal y como señaló el Tribunal Supremo en su **sentencia n.º 123/2011, de 9 de marzo, ECLI:ES:TS:2011:2692,** habrá que «urdir un cálculo prospectivo de oportunidades de buen éxito de la acción [que corresponde al daño patrimonial incierto por pérdida de oportunidades, que puede ser el originado por la frustración de acciones procesales (...)]».

RESOLUCIONES RELEVANTES

Sentencia del Tribunal Supremo n.º 375/2021, de 1 de junio, ECLI:ES:TS:2021:2254

Asunto: deber de diligencia del abogado en la prestación de sus servicios profesionales.

«(iv) El deber de defensa judicial asumido por los letrados cuando prestan sus servicios profesionales, debe ceñirse al respeto de la lex artis ad hoc [reglas del oficio], integradas por las reglas técnicas de la abogacía, comúnmente admitidas y adaptadas a las particulares circunstancias de cada caso.

(...)

(v) El cumplimiento de las obligaciones asumidas por el letrado requiere que sean prestadas con sujeción a la diligencia exigible según la naturaleza del asunto y circunstancias concurrentes. En todo caso, el patrón de conducta para juzgar el cuidado debido no es el paradigmático de un buen padre de familia (art. 1719 II CC), sino el propio de una diligencia profesional, que exige actuar mediante la utilización de los medios necesarios para velar por los intereses asumidos, con la pericia y cuidado debidos y con sujeción a las exigencias técnicas correspondientes.

A dicha diligencia se refiere el art. 42 del Estatuto de la Abogacía de 2001, cuando norma que:

"1. Son obligaciones del abogado para con la parte por él defendida, además de las que se deriven de sus relaciones contractuales, el cumplimiento de la misión de defensa que le sea encomendada con el máximo celo y diligencia y guardando el secreto profesional.

2. El abogado realizará diligentemente las actividades profesionales que le imponga la defensa del asunto encomendado, ateniéndose a las exigencias técnicas, deon-

tológicas y éticas adecuadas a la tutela jurídica de dicho asunto y pudiendo auxiliarse de sus colaboradores y otros compañeros, quienes actuarán bajo su responsabilidad".

El nuevo Estatuto, en su art. 47.3, señala, por su parte, que el abogado: "En todo caso, deberá cumplir con la máxima diligencia la misión de asesoramiento o defensa que le haya sido encomendada, procurando de modo prioritario la satisfacción de los intereses de su cliente".

Se impone, por lo tanto, en dichas disposiciones estatutarias, una actuación bajo máxima diligencia, que conforma una manifestación de diligencia profesional, que ha de ser acorde además con la entidad de las obligaciones asumidas».

Sentencia del Tribunal Supremo n.º 313/2020, de 17 de junio, ECLI:ES:TS:2020:1990

Asunto: ¿habrá siempre un daño moral indemnizable en caso de pérdida de oportunidad por frustración de acciones judiciales?

«La jurisprudencia de este tribunal ha venido matizando y superando la línea jurisprudencial que consideraba que la pérdida de oportunidad por frustración de acciones judiciales constituía, en cualquier caso, un daño moral indemnizable, mediante la prudencial fijación de una suma de dinero al tanto alzado, como consecuencia de la privación injustamente sufrida del ejercicio del derecho fundamental a la tutela judicial efectiva consagrado en el art. 24.1 CE. La más reciente jurisprudencia valora, a tales efectos, si la acción frustrada tenía o no contenido económico y el grado de probabilidad de que la misma prosperase, indemnizando o no al actor en función de tales condicionantes. Expresión de lo expuesto la encontramos en la reciente STS 50/2020, del 22 de enero, en la que declaramos al respecto:

La jurisprudencia de esta Sala, de la que es expresión, la STS 801/2006, de 27 de julio, reconoce que, atendiendo a su origen, el daño causado a los bienes o derechos de una persona puede ser calificado como daño patrimonial, si se refiere a su patrimonio pecuniario; daño biológico, si se refiere a su integridad física; o daño moral, si se refiere al conjunto de derechos y bienes de la personalidad que integran el llamado patrimonio moral. Igualmente sostiene que no es inexacto calificar como daño moral el que tiene relación con la imposibilidad del ejercicio de los derechos fundamentales, integrados en el ámbito de la personalidad, como es el derecho a la tutela judicial efectiva. En tercer lugar, señala que deben ser calificados como daños morales aquellos que no son susceptibles de ser evaluados patrimonialmente por consistir en un menoscabo cuya sustancia puede recaer no sólo en el ámbito moral estricto, sino también en el ámbito psicofísico de la persona y consiste, paradigmáticamente, en los sufrimientos, padecimientos o menoscabos experimentados que no tienen directa o secuencialmente una traducción económica, no obstante:

"Cuando el daño consiste en la frustración de una acción judicial (aun cuando, insistimos, en un contexto descriptivo, ligado a la llamada a veces concepción objetiva, el daño padecido pueda calificarse como moral, en cuanto está relacionado con la privación de un derecho fundamental), el carácter instrumental que tiene el derecho a la tutela judicial efectiva determina que, en un contexto valorativo, el daño deba calificarse como patrimonial si el objeto de la acción frustrada, como sucede en la mayoría de las ocasiones —y, desde luego, en el caso enjuiciado— tiene como finalidad la obtención de una ventaja de contenido económico mediante el reconocimiento de un derecho o la anulación de una obligación de esta naturaleza".

"No puede, en este supuesto, confundirse la valoración discrecional de la compensación (que corresponde al daño moral) con el deber de urdir un cálculo prospectivo de oportunidades de buen éxito de la acción (que corresponde al daño patrimonial incierto por pérdida de oportunidades, que puede ser el originado por la frustración de

> *acciones procesales: SSTS de 26 de enero de 1999, 8 de febrero de 2000, 8 de abril de 2003 y 30 de mayo de 2006); pues, aunque ambos procedimientos resultan indispensables, dentro de las posibilidades humanas, para atender al principio restitutio in integrum [reparación integral] que constituye el quicio del Derecho de daños, sus consecuencias pueden ser distintas, especialmente en la aplicación del principio de proporcionalidad que debe presidir la relación entre la importancia del daño padecido y la cuantía de la indemnización para repararlo".*
>
> *"Mientras todo daño moral efectivo, salvo exclusión legal, debe ser objeto de compensación, aunque sea en una cuantía mínima, la valoración de la pérdida de oportunidades de carácter pecuniario abre un abanico que abarca desde la fijación de una indemnización equivalente al importe económico del bien o derecho reclamado, en el caso de que hubiera sido razonablemente segura la estimación de la acción, hasta la negación de toda indemnización en el caso de que un juicio razonable incline a pensar que la acción era manifiestamente infundada o presentaba obstáculos imposibles de superar y, en consecuencia, nunca hubiera podido prosperar en condiciones de normal previsibilidad"».*

La responsabilidad civil derivada de la comisión de un delito por el abogado o el procurador

La responsabilidad civil derivada de un delito o *ex delicto* supone la **obligación de restituir el bien o de reparar por los daños y perjuicios ocasionados por los hechos delictivos**. Ello parte del artículo 1092 del CC, el cual apunta que:

> «Las obligaciones civiles que nazcan de los delitos o faltas se regirán por las disposiciones del Código Penal».

En esa medida, este tipo de responsabilidad civil se encuentra regulada en los **artículos 109 y siguientes del Código Penal**, que configuran un régimen específico frente a lo previsto en el Código Civil; aunque las normas de este último se aplicarán analógicamente cuando sea preciso.

No en vano, lo cierto es que esta responsabilidad civil derivada de la comisión de un hecho delictivo se asemeja por su naturaleza a la responsabilidad civil extracontractual ordinaria de los artículos 1902 y siguientes del CC. Sin embargo, en este caso no se trata de una simple acción civil derivada de la contratación civil o extracontractual derivada de la culpa o negligencia, sino que la responsabilidad dimana de un delito, del que es parte integrante y sustancial. Así las cosas, el artículo 109 del CP señala:

> «1. La ejecución de un hecho descrito por la ley como delito obliga a reparar, en los términos previstos en las leyes, los daños y perjuicios por él causados.
> 2. El perjudicado podrá optar, en todo caso, por exigir la responsabilidad civil ante la Jurisdicción Civil».

Por otra parte, conviene tener en cuenta que para que concurra la responsabilidad civil derivada del delito debe existir una **relación de causalidad entre el daño o perjuicio y la acción u omisión delictiva**, y tal relación debe ser probada. Rige, por tanto, el **principio de justicia rogada** y no el principio acusatorio.

El principio de justicia rogada supone la exigencia de una declaración explícita de voluntad dirigida al tribunal sobre lo que se pide en relación con la petición en sí misma y su contenido. Salvo renuncia expresa y válida de los perjudicados, el Ministerio Fiscal tiene la obligación de ejercitar la acción civil dentro del proceso penal, pronunciándose el tribunal únicamente sobre lo que se ha solicitado, en cuánto y cómo se ha solicitado.

Además, en este ámbito también rige el **principio de congruencia**, que implica que no se concederá más de lo pedido, menos de lo admitido ni otra cosa distinta de la solicitada.

RESOLUCIONES RELEVANTES

Sentencia del Tribunal Supremo n.º 105/2024, de 1 de febrero, ECLI:ES:TS:2024:629

Asunto: naturaleza y principios generales que rigen la responsabilidad civil derivada de delito.

«(...) hemos dicho que la acción civil ex delicto no pierde su naturaleza por el hecho de ser ejercitada en un proceso penal y las normas de Derecho civil son supletorias a las penales (STS. 646/2005 de 19.5).

El conocimiento de la acción civil dentro del proceso penal tiene carácter eventual por estar condicionada por la existencia de responsabilidad penal.

Ejercitada la acción civil en el propio procedimiento penal para el resarcimiento del perjuicio estrictamente derivado del delito objeto de condena (art. 109.1 CP.) es en el propio penal en el que debe procederse a la reparación de los daños y perjuicios ocasionados.

Por tanto, la sentencia absolutoria por no ser los hechos constitutivos de delito impide resolver la reclamación civil en el proceso penal y hace necesario plantear tal reclamación ante los Tribunales de esa jurisdicción (SSTS. 1288/2005 de 28.10, 1061/2005 de 30.9).

El ejercicio previo al inicio del proceso penal de la acción civil en la jurisdicción de esa clase impide que se resuelva en el primero sobre la misma (STS. 1052/2005 de 26.9).

- La responsabilidad civil derivada de un hecho ilícito exige como elemento estructural de la misma una relación de causalidad entre la acción u omisión delictiva y el daño o perjuicio sobrevenidos, relación de causalidad que debe ser probado (STS. 1094/2005 de 28.9).

- Rige el principio de justicia rogada y el principio acusatorio.

La sentencia no puede conceder más de lo pedido en aras al respeto al principio de congruencia (STS. 175/2007 de 7.3).

(...)

2.1.- Por tanto la llamada responsabilidad civil ex delicto no se diferencia de la responsabilidad civil extracontractual ordinaria del art. 1902 C.Civil, ello implica afirmar la naturaleza plenamente dispositiva de dicha responsabilidad y si la responsabilidad civil ex delicto se resuelve, en definitiva, en caso de responsabilidad extracontractual, estamos ante una relación jurídica material privada y su regulación en el Código Penal no significa, por tanto, un cambio de naturaleza jurídica, es decir, la acción civil ex delicto no pierde su naturaleza por el hecho de ser ejercitada en el proceso penal (SSTS 390/2017, de 30-5; 513/2017, de 6-7; 63/2020, de 20-2).

> *Por ello la sentencia no puede superar los límites impuestos por las pretensiones de las partes, y no por efecto del principio acusatorio, de ámbito penal, sino como consecuencia del principio dispositivo y de rogación aplicable a la materia relativa a las indemnizaciones civiles, aunque se sustancien y resuelvan en una causa penal (STS 107/2014, de 19-2)».*

La responsabilidad civil derivada del delito comprende, tal y como prevé el artículo 110 del CP:

- La restitución.
- La reparación del daño.
- La indemnización de perjuicios materiales y morales.

Serán los jueces y tribunales los que, al declarar la existencia de este tipo de responsabilidad, establecerán razonadamente en sus resoluciones las bases que fundamenten la cuantía de los daños y las indemnizaciones, que podrán ser fijadas en la propia resolución o en el momento de su ejecución (artículo 115 del CP). Su extensión y cuantificación, en cualquier caso, habrá de atenerse a lo previsto en los artículos 111 a 114 del CP, que señalan lo siguiente:

Artículo 111 del CP

«1. Deberá restituirse, siempre que sea posible, el mismo bien, con abono de los deterioros y menoscabos que el juez o tribunal determinen. La restitución tendrá lugar aunque el bien se halle en poder de tercero y éste lo haya adquirido legalmente y de buena fe, dejando a salvo su derecho de repetición contra quien corresponda y, en su caso, el de ser indemnizado por el responsable civil del delito.

2. Esta disposición no es aplicable cuando el tercero haya adquirido el bien en la forma y con los requisitos establecidos por las Leyes para hacerlo irreivindicable».

Artículo 112 del CP

«La reparación del daño podrá consistir en obligaciones de dar, de hacer o de no hacer que el Juez o Tribunal establecerá atendiendo a la naturaleza de aquél y a las condiciones personales y patrimoniales del culpable, determinando si han de ser cumplidas por él mismo o pueden ser ejecutadas a su costa».

Artículo 113 del CP

«La indemnización de perjuicios materiales y morales comprenderá no sólo los que se hubieren causado al agraviado, sino también los que se hubieren irrogado a sus familiares o a terceros».

Artículo 114 del CP

«Si la víctima hubiere contribuido con su conducta a la producción del daño o perjuicio sufrido, los Jueces o Tribunales podrán moderar el importe de su reparación o indemnización».

La **restitución** procederá cuando el bien no es fungible, pero puede no serlo y darse la imposibilidad de restitución de este. En esos casos, se acudirá también a la indemnización por daños y perjuicios materiales y morales. Por otra parte, la restitución supone que el juez de lo penal es competente para declarar la nulidad de los negocios jurídicos que supongan un desplazamiento patrimonial ilícito, siempre y cuando dicha transmisión constituya el instrumento del delito o se encuentre en íntima conexión con él, si bien, las medidas decretadas deben ser necesarias para la restitución para que, así, puedan considerarse incluidas en lo establecido en el segundo párrafo del artículo 742 de la LECrim.

A TENER EN CUENTA. Puede darse la situación de que el objeto de restitución sea irreivindicable, como así lo estipulan determinados preceptos extrapenales. Es por ello por lo que, si acudimos al Código Civil y Código de Comercio, se contemplan una serie de supuestos donde no podremos hablar de obligación de restitución de la cosa en concepto de responsabilidad civil, sino únicamente de indemnización pecuniaria, como por ejemplo en el caso de los artículos 464 y 1955 del CC o 34 de la LH.

La **reparación**, por su parte, se orienta al restablecimiento de la situación jurídica anterior, cuando ya no sea posible la restitución. Será el juez o tribunal el que determine la reparación que mejor se ajuste al caso, que no tiene por qué coincidir con la peticionada por el causante del daño. En este sentido, ha reiterado la jurisprudencia del Tribunal Supremo que el juzgador no está obligado a escoger la reparación solicitada por el causante del daño, sino que habrá de acudir a aquella que mejor conjure los daños causados (acúdase, por ejemplo, a la **sentencia del Tribunal Supremo n.° 1118/2007, de 20 de diciembre, ECLI:ES:TS:2007:8973**).

Finalmente, en cuanto a la **indemnización de los perjuicios materiales y morales**, la misma comprenderá, no solo el valor de la pérdida que se haya sufrido, sino también el de la ganancia que el acreedor haya dejado de obtener; un daño de muy difícil valoración, puesto que el lucro cesante se fijará en base a supuestos hipotéticos y futuros. Consistirá en una valoración económica de los daños materiales y morales sufridos por la víctima, que se reconocerá mediante sentencia, donde se acreditará la existencia del daño y el menoscabo patrimonial efectivo sufrido y su origen en el delito o vinculación con el mismo. Incluirá tanto los perjuicios causados a la víctima como a sus familiares o terceros, pero siempre de manera ajustada a los perjuicios ocasionados y no al beneficio del autor.

Personas civilmente responsables

Conforme al **artículo 116 del CP**, toda persona criminalmente responsable de un delito lo será también civilmente si del hecho se derivaren daños o perjuicios. En caso de ser dos o más los responsables del delito, los jueces o tribunales señalarán la cuota de responsabilidad de cada uno. Los autores y los cómplices, cada uno dentro de su respectiva clase, serán responsables solidariamente entre sí por sus cuotas y, subsidiariamente, por las correspondientes a los demás responsables.

La **responsabilidad directa** recaerá en quien haya realizado la acción dañosa o concurrido en la omisión del acto que sí debió realizar; mientras que la **subsidiaria** parte de que la causación del daño a otro se ha producido al actuar por cuenta de otro. Son supuestos en los que la indemnización o cumplimiento debe exigirse directamente al responsable, pudiendo solo procederse contra el responsable subsidiario cuando dicha persona no pueda cumplir.

A TENER EN CUENTA. Para la valoración de la responsabilidad subsidiaria pueden concurrir dos principios en la valoración de los hechos: la *culpa in eligendo* y la *culpa in vigilando*. Esta última sería aquella que ostentan los responsables de la guarda, cuidado y vigilancia respecto a sus dependientes, como es en el caso de la culpa que ostentan los titulares de negocios respecto a sus empleados (apartados 3 y 4 del artículo 120 del CP).

Habida cuenta de que abogados y procuradores suelen contar con un **seguro que cubra la responsabilidad civil** en la que puedan incurrir en el ejercicio de sus profesiones, conviene también en este punto traer a colación lo previsto en el artículo 117 del CP:

> «Los aseguradores que hubieren asumido el riesgo de las responsabilidades pecuniarias derivadas del uso o explotación de cualquier bien, empresa, industria o actividad, cuando, como consecuencia de un hecho previsto en este Código, se produzca el evento que determine el riesgo asegurado, serán responsables civiles directos hasta el límite de la indemnización legalmente establecida o convencionalmente pactada, sin perjuicio del derecho de repetición contra quien corresponda».

Posibilidad de ejercicio conjunto o separado de la acción civil derivada del delito, renuncia a la acción civil y prescripción de la misma

La acción civil derivada del delito podrá ejercerse **conjuntamente con la acción penal surgida del delito o bien ejercitarse por separado**, circunstancia que no afectará a su régimen jurídico ni a su naturaleza. Así, por ejemplo, señala la **sentencia del Tribunal Supremo n.º 364/2021, de 29 de abril, ECLI:ES:TS:2021:1711**:

> «Ahora bien, ni toda la responsabilidad civil nacida de un delito se ejercita en el proceso penal (responsabilidad contable, supuestos de rebeldía o de reserva por el perjudicado, denegación de un suplicatorio, o fallecimiento del acusado); ni —y esto es lo relevante en este caso— todas las acciones civiles que pueden ejercitarse en el proceso penal constituyen responsabilidad civil ex delicto (art. 1093 CCiv). El dato del marco procesal en que se ejercitan unas y otras no varía ni su naturaleza ni su régimen sustantivo, aunque pueda incidir indirectamente en algunas cuestiones.
> La responsabilidad civil nacida de delito, aunque se ejercite en un proceso civil (v. gr., porque el perjudicado se la reservó), no pierde su específico régimen, lo que significa, entre otras cosas, que su plazo de prescripción

no será de un año, sino de cinco (según la reforma de 2015). En principio, las acciones son lo que son, con independencia del escenario procesal en el que se hagan valer.

En el plano sustantivo la responsabilidad civil ex delicto, pese a la identidad de naturaleza con la responsabilidad civil extracontractual (art. 1902 CC) o, en su caso, incluso contractual (delitos de apropiación indebida, v.gr.), mantiene en nuestro ordenamiento una especificidad de régimen en algunas singulares cuestiones que persiste por más que haya sido objeto de aceradas críticas doctrinales. Prescripción y régimen de solidaridad o subsidiariedad cuando concurren varios responsables son las más significativas.

En un plano procesal el ejercicio de la acción civil en el proceso penal repercute en aquélla modulándola, aunque teóricamente la acción es la misma se ejercite en esta vía o se ejercite separadamente. La pretensión civil activada en el proceso penal sigue siendo una acción civil, que se rige por el principio dispositivo (solo es apreciable si es invocada, a diferencia de la prescripción penal decretable de oficio); y el de rogación (que no acusatorio: STS 341/2020, de 22 de junio); que cuenta con un régimen probatorio ordinario (el estándar de lo más probable y no la certeza más allá de toda duda razonable necesaria para la prosperabilidad de una acción penal: vid, entre muchas, SSTS 341/2020, de 22 de junio, 302/2017, de 27 de abril, 639/2017, de 28 de septiembre, 209/2020, de 21 de mayo, 675/2019, de 21 de enero de 2020, 334/2020, de 19 de junio o SSTEDH de 11 de febrero de 2003, asunto Y contra Noruega, § 40 y de 24 de septiembre de 2013, asunto Sardón Alvira contra España).Incluso en ese estricto ámbito civil es admisible un empeoramiento de la situación de la parte pasiva por razones fácticas a través de un recurso devolutivo (STS 726/2020, de 11 de marzo de 2021)».

Con todo, cabe la **renuncia al ejercicio de la acción civil en el proceso penal**. La acción penal por delito que dé lugar al procedimiento de oficio no se extingue por la renuncia de la persona ofendida. Sin embargo, las acciones civiles originadas por delito que no se persigan a instancia de parte sí se extinguen. Así, el artículo 107 de la LECrim prevé lo siguiente:

> «La renuncia de la acción civil o de la penal renunciable no perjudicará más que al renunciante; pudiendo continuar el ejercicio de la penal en el estado en que se halle la causa, o ejercitarla nuevamente los demás a quienes también correspondiere»

Y, a mayor abundamiento, añade asimismo el artículo 111 de la LECrim:

> «Las acciones que nacen de un delito o falta podrán ejercitarse junta o separadamente; pero mientras estuviese pendiente la acción penal no se ejercitará la civil con separación hasta que aquélla haya sido resuelta en sentencia firme, salvo siempre lo dispuesto en los arts. 4.º, 5.º y 6.º de este Código».

El perjudicado podrá renunciar a la acción civil derivada del delito, lo que tendrá que hacer de manera expresa y determinante.

Por otra parte, el artículo 112 de la LECrim, en su redacción posterior a la Ley Orgánica 10/2022, de 6 de septiembre (con entrada en vigor el 7 de octubre de 2022), determina:

«Ejercitada sólo la acción penal, se entenderá utilizada también la civil, a no ser que el dañado o perjudicado la renunciase o la reservase expresamente para ejercitarla después de terminado el juicio criminal, si a ello hubiere lugar.

No obstante, **aun cuando se hubiera previamente renunciado a la acción civil, si las consecuencias del delito son más graves de las que se preveían en el momento de la renuncia, o si la renuncia pudo estar condicionada por la relación de la víctima con alguna de las personas responsables del delito, se podrá revocar la renuncia al ejercicio de la acción civil** por resolución judicial, a solicitud de la persona dañada o perjudicada y oídas las partes, siempre y cuando se formule antes del trámite de calificación del delito.

Si se ejercitase sólo la civil que nace de un delito de los que no pueden perseguirse sino en virtud de querella particular, se considerará extinguida desde luego la acción penal».

Finalmente, debe diferenciarse el plazo de **prescripción de la acción civil y de la acción penal,** puesto que puede ser que una esté prescrita y la otra no. Según el artículo 131 del CP, los delitos prescriben (y con ello, la acción penal) en distintos tiempos en función del tipo delictivo, variando los plazos de uno a veinte años. Ahora bien, la acción civil dimanante del delito prescribirá a los cinco años de conformidad con el artículo 1964 del CC, que prevé este plazo de prescripción para las acciones personales que no tengan señalado un plazo especial.

En cualquier caso, a estos efectos conviene distinguir entre los supuestos en que la acción se ejercita conjuntamente con la penal o de forma separada:

- Si se **ejercitan ambas acciones de forma conjunta,** en principio la acción civil prescribirá a los cinco años tal y como acabamos de apuntar; pero en caso de sentencia absolutoria la víctima tendrá que acudir a los tribunales ordinarios para ejercer la acción aquiliana en el plazo de un año (artículo 1968.2 del CC).

- Si se **ejercitan las dos acciones separadamente,** en caso de sentencia condenatoria, la acción civil tendrá que ejercitarse en el plazo de cinco años desde que se dicte la sentencia penal. Por el contrario, en caso de sentencia absolutoria el plazo será de un año.

Finalmente, en cuanto a la extinción de las acciones civil y penal, cabe acudir a los artículos 115 a 117 de la LECrim, que prevén lo siguiente:

Artículo 115 de la LECrim

«La acción penal se extingue por la muerte del culpable; pero en este caso subsiste la civil contra sus herederos y causahabientes, que sólo podrá ejercitarse ante la jurisdicción y por la vía de lo civil».

Artículo 116 de la LECrim

«La extinción de la acción penal no lleva consigo la de la civil, a no ser que la extinción proceda de haberse declarado por sentencia firme que no existió el hecho de que la civil hubiese podido nacer.

En los demás casos, la persona a quien corresponda la acción civil podrá ejercitarla, ante la jurisdicción y por la vía de lo civil que proceda, contra quien estuviere obligado a la restitución de la cosa, reparación del daño o indemnización del perjuicio sufrido».

Artículo 117 de la LECrim

«La extinción de la acción civil tampoco lleva consigo la de la penal que nazca del mismo delito o falta.

La sentencia firme absolutoria dictada en el pleito promovido por el ejercicio de la acción civil, no será obstáculo para el ejercicio de la acción penal correspondiente.

Lo dispuesto en este artículo se entiende sin perjuicio de lo que establece el capítulo II del título I de este libro y los artículos 106, 107, 110 y párrafo segundo del 112».

RESOLUCIONES RELEVANTES

Sentencia del Tribunal Supremo n.º 297/2024, de 3 de abril, ECLI:ES:TS:2024:1924

Asunto: requisitos que se exigen para la renuncia a la acción civil derivada del delito.

«(...) la renuncia al ejercicio de la acción civil en el proceso penal debe observar las exigencias marcadas por la Ley Procesal penal, en concreto por el art. 108, que requiere que el ofendido renuncie "expresamente" a su derecho de restitución, reparación o indemnización, insistiendo el art. 110 en que es menester que la renuncia de este derecho se haga en su caso de una manera "expresa y terminante", lo que no acontece en casos de no ratificación judicial de renuncias en sede policial e incomparecencia al acto del juicio oral no puede equivaler necesaria y automáticamente a la renuncia al ejercicio de la acción civil, renuncia que debe ser expresa y terminante (STS. 1045/2005 de 29.9), "que no deje lugar a duda por su claridad y contundencia acerca de cuál fue la voluntad del renunciante" y "los actos de renuncia tienen que ser interpretados de un modo absolutamente restrictivo" (STS 908/2014, de 30-12). Hay que atender a las frases y al contexto, ya que "toda renuncia de derechos, para producir efectos, debe ser clara y precisa, sin que puedan equipararse a ella manifestaciones o actos equívocos (STS 566/2015, de 9-10).

En este sentido se pronuncia también la STS 908/2014, de 30-12: "la renuncia para que tenga efectividad extintiva del derecho a ser reparado, que sea formal y expresa (STS 681/2012, de 20-9; 1394/2011, de 27-9); expresa y terminante, que no deje lugar a duda por su claridad y contundencia, acerca de cual fue la voluntad del renunciante (SSTS 1753/2003, de 19-2 y 250/2005, de 28-2)».

Sentencia del Tribunal Supremo n.º 1646/2023, de 27 de noviembre, ECLI:ES:TS:2023:5292

Asunto: plazo de prescripción de la acción para exigir la responsabilidad civil *ex delicto*.

«Para que concurra responsabilidad civil derivada de delito debe haber un previo pronunciamiento de responsabilidad penal (sentencias 34/2004, de 31 de enero;

148/2015, de 27 de marzo; y 327/2020, de 22 de junio; entre otras muchas). En este caso, dicho pronunciamiento únicamente se produjo respecto del asegurado con MUSAAT, por lo que la responsabilidad civil derivada de la condena de su asegurado sí estaría sujeta al plazo de prescripción del art. 1964 CC -quince años cuando ocurrieron los hechos, cinco años actualmente, tras la reforma del precepto- (sentencia 287/2019, de 23 de mayo, y las que en ella se citan).

Por el contrario, conforme a la misma jurisprudencia citada, en los supuestos de ausencia de condena penal, el plazo de prescripción de la acción de responsabilidad civil será el previsto en el art. 1968. 2 CC, en relación con el art. 1902 CC».

CUESTIONES

1. ¿Existirá responsabilidad civil del abogado en caso de que este haga suya la provisión de fondos recibida y no cumpla con el encargo encomendado?

La sentencia del Tribunal Supremo n.º 150/2018, de 27 de marzo, ECLI:ES:TS:2018:1124, se refiere a un supuesto en el que una abogada había recibido una provisión de fondos con la que debía pagar los honorarios de ciertos profesionales (que efectivamente abonó) y luego había hecho suyas el resto de las cantidades recibidas. En ella, el TS consideró que tales cantidades se le habían entregado como anticipo de sus propios honorarios y que no cometía un delito de apropiación indebida al hacerlas suyas, incluso a pesar de no haber ejecutado las tareas y gestiones que se le habían encomendado. Ahora bien, incluso no apreciándose ese delito, la Sala deja a salvo las acciones civiles que podrían ejercitar los perjudicados, por lo que la letrada podría tener que responder civilmente y resarcir a su cliente por los perjuicios causados.

2. ¿La reparación del daño puede operar como atenuante de la pena?

Sí, puesto que el artículo 21.5.ª del CP contempla como atenuante de la pena el haber procedido el culpable a reparar el daño causado a la víctima o disminuir sus efectos, en cualquier momento del procedimiento y con anterioridad a la celebración del acto del juicio oral.

Con la aplicación de esta atenuante se trata de garantizar la reparación del daño sufrido y una mayor protección de la víctima, favoreciéndose una actitud más colaborativa del condenado en relación con el resarcimiento de los perjuicios ocasionados. Sin embargo, debe tratarse de actos personales y voluntarios por parte del autor del delito, sin que quepa tal atenuación de la pena cuando se trate, por ejemplo, de los actos de reparación que ofrecen las compañías de seguros (en ese sentido puede acudirse, por ejemplo, a la sentencia del Tribunal Supremo n.º 201/2023, de 22 de marzo, ECLI:ES:TS:2023:1236).

5.2.3. Responsabilidad disciplinaria

Los abogados y procuradores están sujetos a responsabilidad disciplinaria en los casos en que infrinjan los deberes profesionales que les son específicos.

Su responsabilidad disciplinaria se manifiesta en **dos planos**:

- Las autoridades judiciales tendrán potestades disciplinarias sobre ellos en relación con la **conducta que deben observar en sus relaciones con los órganos jurisdiccionales**, cuyo ejercicio se ajustará a lo previsto en la LOPJ y las leyes procesales. Así, conforme al artículo 553 de la LOPJ, los abogados y procuradores, por ejemplo, podrán ser corregidos disciplinariamente cuando no comparecieren ante el tribunal sin causa justificada estando citados en forma o si, en su actuación forense, faltaren al respeto debido a los jueces y tribunales u otras personas que intervengan o se relacionen con el proceso.

- Los **colegios profesionales de abogados y procuradores también tendrán facultades disciplinarias sobre sus colegiados**, de naturaleza corporativa, que ejercerán en los términos que se regulan en las siguientes normas:

  - En el caso de los abogados, en los artículos 119 y siguientes del EGAE.

  - En el caso de los procuradores, en los artículos 59 y siguientes del EGPTE.

A continuación, nos centraremos en el análisis de este segundo tipo de responsabilidad disciplinaria, por tratarse del ámbito en el que encajarían los supuestos de distracción de la provisión de fondos percibida por el abogado o el procurador, y que trataremos de forma separada para cada uno de estos profesionales.

La responsabilidad disciplinaria de los abogados en caso de distracción de los fondos recibidos del cliente

La potestad disciplinaria regulada en el EGAE en relación con los profesionales de la abogacía y las sociedades profesionales que creen o en las que se integren se ejercerá, en general, por parte de los colegios de abogados en cuyo ámbito territorial se haya cometido la infracción, conforme a las previsiones de sus estatutos y a través del procedimiento contemplado en el EGAE.

El EGAE define las infracciones que pueden conllevar una sanción disciplinaria en los capítulos II, III, V y VI de su título XI; y las clasifica en tres categorías: **infracciones muy graves, graves y leves**.

Por lo que se refiere a las conductas que estamos tratando (de distracción de los fondos percibidos del cliente) y a los abogados ejercientes individualmente considerados, resultan de interés las infracciones disciplinarias que contemplan los siguientes preceptos:

- El artículo 124 del EGAE, que enumera las infracciones muy graves, en especial sus letras a), b), c), j) y k):

> «Son infracciones muy graves de los profesionales de la Abogacía:
> a) La condena en sentencia firme por delitos dolosos, en cualquier grado de participación, como consecuencia del ejercicio de la profesión.
> b) La condena en sentencia firme a penas graves conforme al artículo 33.2 del Código Penal.
> c) El ejercicio de la profesión en vulneración de resoluciones administrativas o judiciales firmes de inhabilitación o prohibición del ejercicio profesional.
> (...)

j) La indebida percepción de honorarios, derechos o beneficios económicos por los servicios derivados de la Ley 1/1996, de 10 de enero.

k) La retención o apropiación de cantidades correspondientes al cliente y recibidas por cualquier concepto».

- El artículo 125 del EGAE, relativo a las infracciones graves, letras i), p) y q):

«Son infracciones graves de los profesionales de la Abogacía:
(...)
i) La condena penal firme por la comisión de delitos leves dolosos como consecuencia del ejercicio de la profesión.
(...)
p) La negativa o el retraso injustificado a rendir cuentas del encargo profesional o a hacer la correspondiente liquidación de honorarios y gastos que le sea exigida por el cliente.
q) La compensación de honorarios con fondos del cliente que no hayan sido recibidos como provisión, sin su consentimiento».

Así las cosas, en los casos en los que un abogado sea condenado penalmente por haber distraído o haberse apropiado de las cantidades recibidas del cliente como provisión de fondos, también podrá incurrir en responsabilidad disciplinaria, pudiendo constituir su conducta una infracción grave o muy grave, según los casos. Igualmente, el propio hecho de apropiarse de cantidades recibidas para su entrega al cliente o la aplicación de fondos recibidos como provisión al pago de honorarios también constituirá, por sí misma, una infracción disciplinaria.

Conforme al artículo 122.1 del EGAE, las **sanciones** que se podrán imponer a los profesionales de la abogacía en caso de infracciones disciplinarias serán las siguientes:

- Apercibimiento por escrito.
- Multa pecuniaria.
- Suspensión del ejercicio de la abogacía.
- Expulsión del colegio.

La imposición de cualquier sanción tendrá que respetar el principio de proporcionalidad y guardar la debida adecuación entre la gravedad del hecho constitutivo de la infracción y la sanción aplicada; a cuyo fin se considerará, en todo caso, la existencia de reincidencia y reiteración, así como, en especial, la naturaleza y entidad de los perjuicios causados a terceros o a la profesión. En ese sentido, el **artículo 127 del EGAE** especifica los tipos y el alcance de las sanciones disciplinarias que se impondrán según la gravedad de la infracción cometida:

«1. Por la comisión de infracciones muy graves, atendiendo a criterios de proporcionalidad, podrá imponerse la expulsión del Colegio o la suspensión del ejercicio de la Abogacía por plazo superior a un año sin exceder de dos.

ĭ

2. Por la comisión de infracciones graves podrá imponerse la sanción de suspensión del ejercicio de la Abogacía por un plazo superior a quince días sin exceder de un año o multa pecuniaria por importe de entre 1.001 y 10.000 euros.

3. Por la comisión de infracciones leves podrá imponerse la sanción de apercibimiento escrito, o suspensión del ejercicio de la Abogacía por un plazo no superior a quince días, o multa pecuniaria por importe de hasta 1.000 euros.

4. Las sanciones que se impongan por infracciones graves o muy graves relacionadas con actuaciones desarrolladas en la prestación de los servicios del Turno de Oficio, llevarán aparejada, en todo caso, la exclusión del profesional de la Abogacía de dichos servicios por un plazo mínimo de seis meses e inferior a un año si la infracción fuera grave y de entre uno y dos años si fuera muy grave.

En los supuestos de infracciones leves, podrá imponerse también la exclusión del profesional de la Abogacía de dichos servicios por un plazo no superior a seis meses.

Incoado un expediente disciplinario como consecuencia de una denuncia formulada por un usuario de los servicios de asistencia jurídica gratuita, cuando la gravedad del hecho denunciado lo aconseje, podrá acordarse la separación cautelar del servicio del profesional de la Abogacía presuntamente responsable por un periodo máximo de seis meses hasta que el expediente disciplinario se resuelva».

> **A TENER EN CUENTA.** De una manera específica, el EGAE prevé que las sociedades profesionales puedan ser sancionadas con la baja del registro colegial correspondiente (artículo 122.2 del EGAE). Podrán ser sancionadas por las infracciones cometidas por los profesionales de la abogacía que las integran, cuando resulte acreditada su responsabilidad concurrente, como partícipes o encubridores, en la comisión de dichas infracciones; que se presumirá cuando las infracciones se hayan cometido por cuenta y en provecho de la sociedad profesional por sus administradores o por quienes, siguiendo sus instrucciones, la representen. En estos supuestos, se considerará la infracción de la sociedad profesional como de la misma clase que la cometida por el profesional de la abogacía a efectos de aplicar la sanción correspondiente. Asimismo, las sociedades profesionales podrán ser sancionadas por la realización de conductas directamente imputables a la sociedad que se encuentren tipificadas como infracciones para los profesionales de la abogacía.

Las sanciones disciplinarias serán ejecutivas una vez que sean firmes en vía administrativa y producirán efecto en el ámbito de todos los colegios de abogados de España, siendo competente para ejecutarlas el órgano que las imponga, que tendrá que comunicarlas preceptivamente al Consejo General de la Abogacía Española para que pueda informar al resto de colegios y consejos autonómicos. En el caso concreto de que la sanción se haya impuesto por un colegio distinto del de incorporación del letrado sancionado, dicho colegio tendrá que prestarle la colaboración precisa para la ejecución de la sanción.

CUESTIONES

1. ¿Están sujetas a un plazo de prescripción las infracciones y sanciones disciplinarias que prevé el EGAE?

Sí, tanto las infracciones como las sanciones disciplinarias contempladas en el EGAE están sujetas a un plazo de prescripción, que se computará de distintas formas en uno y otro caso, y cuya duración dependerá de la gravedad de la concreta infracción o sanción. Básicamente:

Con respecto a las **infracciones**, el plazo de prescripción comenzará a computarse desde el día de comisión de la infracción, se interrumpirá por la iniciación del procedimiento sancionador con conocimiento del interesado y se reanudará si dicho procedimiento estuviese paralizado durante más de un mes por causa no imputable al colegiado. Los plazos de prescripción, en este caso, serán los siguientes, conforme al artículo 136.1 del EGAE:

- Infracciones muy graves: tres años.

- Infracciones graves: dos años.

- Infracciones leves: seis meses.

El **plazo de prescripción de las sanciones** disciplinarias comenzará a contarse desde el día siguiente a aquel en el que puedan ser ejecutadas, se interrumpirá por la iniciación del procedimiento de ejecución con conocimiento del interesado y volverá a transcurrir si dicho procedimiento permaneciese paralizado durante más de un mes por causa no imputable al infractor. En caso de que el sancionado quebrante el cumplimiento de la sanción, el plazo empezará a contarse desde la fecha del quebrantamiento. Los plazos de prescripción de las sanciones dependen de la gravedad de la infracción sancionada en cada caso y serán los siguientes a tenor del artículo 137.1 del EGAE:

- Sanciones impuestas por infracciones muy graves: tres años.

- Sanciones impuestas por infracciones graves: dos años.

- Sanciones impuestas por infracciones leves: seis meses.

2. ¿Dónde constan las sanciones disciplinarias impuestas a los abogados?

Las sanciones disciplinarias corporativas se harán constar en el expediente personal del colegiado o en el particular de la sociedad profesional (artículo 119.3 del EGAE).

Dicha anotación en el expediente personal se cancelará de oficio o a petición del sancionado cuando hayan transcurrido los siguientes plazos, a contar desde el día siguiente al cumplimiento de la sanción, sin que el colegiado haya incurrido en nueva responsabilidad disciplinaria (artículo 138 del EGAE):

- Seis meses en caso de sanciones de apercibimiento, suspensión del ejercicio de la abogacía por plazo no superior a quince días o multa pecuniaria de hasta 1.000 euros.

- Un año en caso de sanciones de suspensión superior a quince días sin exceder de un año o multa pecuniaria de entre 1.001 y 10.000 euros.

- Tres años en caso de sanciones de suspensión por plazo superior a un año sin exceder de dos años.

- Cinco años en caso de sanción de expulsión.

En el caso de las sociedades profesionales, conforme al artículo 139.2 del EGAE, los plazos de cancelación de la anotación serán de seis meses (en caso de sanción de multa pecuniaria de 300 hasta 1.500 euros) o un año (en caso de sanción de multa pecuniaria de entre 1.501 y 15.000 euros).

La responsabilidad disciplinaria de los procuradores en caso de distracción de los fondos recibidos del cliente

Los procuradores estarán sujetos a responsabilidad disciplinaria cuando infrinjan los deberes profesionales que les son específicos, tal y como prevé el artículo 59.1 del EGPTE. Como en el caso de los abogados, las infracciones disciplinarias por las que pueden ser sancionados los procuradores se clasifican en **muy graves, graves y leves**.

En lo relativo a las conductas de apropiación o distracción de los fondos percibidos del cliente, pueden resultar de especial interés las siguientes infracciones disciplinarias:

- De entre las infracciones muy graves que prevé el **artículo 65 del EGPTE**, las de las letras c), e), g), h) e i):

«Son infracciones muy graves:

(...)

c) La condena de un colegiado en sentencia firme por la comisión, en el ejercicio de su profesión, de un delito doloso.

(...)

e) La reiteración en infracción grave.

(...)

g) La cooperación o consentimiento a que el mandante, a quien ha representado el procurador, se apropie de derechos correspondientes al procurador y abonados por terceros.

h) La comisión de actos que constituyan ofensa grave a la dignidad de la profesión o a las reglas deontológicas que la gobiernan.

i) El deliberado y persistente incumplimiento de las normas deontológicas esenciales en el ejercicio de la Procura».

- Con respecto a las infracciones graves enumeradas en el artículo 66 del EGPTE, la prevista en la letra e):

«Son infracciones graves:

(...)

e) Los actos y omisiones descritos en los párrafos a), b), c), d) e i) del artículo anterior, cuando no tuvieren entidad suficiente para ser considerados como muy graves».

El EGPTE contempla en su artículo 63 las siguientes **sanciones** en caso de comisión de las infracciones disciplinarias que en el mismo se tipifican:

- Amonestación verbal.

- Apercibimiento por escrito.

- Multa de 150 euros a 1.500 euros.

- Suspensión en el ejercicio de la procura.

- Expulsión del colegio.

Las sanciones que se impondrán en cada caso dependerán de la gravedad de las infracciones cometidas, a cuyo efecto el artículo 68 del EGPTE señala lo siguiente:

«1. Las sanciones que pueden imponerse por infracciones muy graves, serán las siguientes:

a) Para las de los párrafos b), c), d), e), f) y g) del artículo 65, suspensión en el ejercicio de la Procura por un plazo superior a seis meses, sin exceder de dos años.

b) Para las de los párrafos a), h), i), j), k) y l) del artículo 65, expulsión del Colegio.

2. Por infracciones graves, podrá imponerse la sanción de suspensión del ejercicio de la Procura por un plazo de uno a seis meses.

3. Por infracciones leves, podrán imponerse las siguientes sanciones:

a) Amonestación verbal.

b) Apercibimiento por escrito.

c) Multa con un máximo de 1.500 euros».

Las sanciones disciplinarias impuestas a los procuradores en los términos apuntados se ejecutarán una vez que sean firmes y podrán hacerse públicas cuando ganen firmeza. Las sanciones que consistan en la suspensión del ejercicio de la profesión o en la expulsión del colegio producirán efectos en el ámbito de todos los colegios de procuradores de España, a cuyo fin tendrán que ser comunicadas al Consejo General de Procuradores de los Tribunales para que las traslade a los consejos de colegios de comunidad autónoma y a los demás colegios, que se abstendrán de incorporar al sancionado mientras no desaparezca la sanción.

CUESTIONES

1. ¿Cuáles son los plazos de prescripción de las infracciones y sanciones disciplinarias que contempla el EGPTE?

El plazo de prescripción de las **infracciones** disciplinarias previstas por el EGPTE comenzará a computarse desde su comisión y se interrumpirá por la notificación del acuerdo de incoación de información previa a la apertura del expediente disciplinario al colegiado afectado, reanudándose su cómputo si, en los tres meses siguientes, no se incoa expediente disciplinario o este permanece paralizado durante más de seis meses por causa no imputable al interesado. Los plazos de prescripción de las infracciones dependen de su gravedad y son los siguientes (artículo 73.1 del EGPTE):

- Infracciones muy graves: tres años.

- Infracciones graves: dos años.

- Infracciones leves: un año.

Con respecto a las **sanciones** disciplinarias a imponer a los procuradores, el plazo de prescripción se computará desde el día siguiente a aquel en el que haya quedado firme la resolución sancionadora en caso de prescripción por falta de ejecución o bien desde la fecha de quebrantamiento en caso de incumplimiento por parte del sancionado. Los plazos de prescripción de estas sanciones disciplinarias serán (artículo 74.1 del EGPTE):

- Sanciones impuestas por infracciones muy graves: tres años.

- Sanciones impuestas por infracciones graves: dos años.

- Sanciones impuestas por infracciones leves: un año.

2. ¿Cuándo caduca la anotación de las sanciones en el expediente personal del procurador colegiado?

Las sanciones disciplinarias que se impongan a los procuradores, una vez que sean firmes, se anotarán en el expediente personal del colegiado. Dicha anotación se cancelará, siempre que el procurador no hubiera incurrido en nueva responsabilidad disciplinaria, cuando hayan transcurrido los siguientes plazos:

- Seis meses en caso de sanciones de amonestación verbal, apercibimiento por escrito o multa.

- Un año en caso de sanción de suspensión no superior a seis meses.

- Tres años en caso de sanción de suspensión superior a seis meses.

- Cinco años en caso de sanción de expulsión.

El plazo de caducidad se contará a partir del día siguiente a aquel en el que hubiere quedado cumplida la sanción. La cancelación de la anotación, una vez cumplidos los plazos, podrá hacerse de oficio o a petición de los sancionados.

Así se desprende de los artículos 59.3, 75 y 76 del EGPTE.

5.3. Breve referencia a la provisión de fondos a favor del perito

El diccionario panhispánico del español jurídico define al perito del siguiente modo:

«**Experto en una materia a quien se le encomienda la labor de analizar desde un punto de vista técnico, artístico, científico o práctico la totalidad o parte de los hechos litigiosos**. Deberá poseer el título oficial que corresponda a la materia objeto de dictamen. También podrá solicitarse a academias o instituciones culturales y científicas que se ocupen del estudio de las materias objeto de pericia».

Así, los informes o dictámenes periciales son un medio de prueba ampliamente utilizado en la resolución de conflictos, no solo a nivel judicial, sino también en el ámbito extrajudicial (sin ir más lejos, suelen utilizarse para valorar los daños en caso de accidentes de tráfico). Por ello, y dada su relevancia, no es extraño que este tipo de dictámenes cuenten con previsiones específicas en los distintos órdenes jurisdiccionales, aunque solo el civil se refiere específicamente a la provisión de fondos del perito:

- En el **orden civil**, los artículos 335 y siguientes de la LEC regulan el dictamen de peritos. En particular, y por lo que aquí interesa, nos centraremos en el artículo 342 de la LEC, que se refiere a la provisión de fondos al perito en los siguientes términos:

«1. En el mismo día o siguiente día hábil a la designación, el Letrado de la Administración de Justicia comunicará ésta al perito titular, requiriéndole para que en el plazo de dos días manifieste si acepta el cargo. En caso afirmativo, se efectuará el nombramiento y el perito hará, en la forma en que se disponga, la manifestación bajo juramento o promesa que ordena el apartado 2 del artículo 335.

2. Si el perito designado adujere justa causa que le impidiere la aceptación, y el Letrado de la Administración de Justicia la considerare suficiente, será sustituido por el siguiente de la lista, y así sucesivamente, hasta que se pudiere efectuar el nombramiento.

3. **El perito designado podrá solicitar, en los tres días siguientes a su nombramiento y con presentación de un presupuesto de lo que sería su futura factura, la provisión de fondos que considere necesaria, que será a cuenta de la liquidación final.** El letrado o letrada de la Administración de Justicia, mediante decreto, decidirá sobre la provisión solicitada y ordenará a la parte o partes que hubiesen propuesto la prueba pericial y no tuviesen derecho a la asistencia jurídica gratuita, que procedan a abonar la cantidad fijada en la Cuenta de Depósitos y Consignaciones del tribunal, en el plazo de cinco días.

Transcurrido dicho plazo, si no se hubiere depositado la cantidad establecida, el perito quedará eximido de emitir el dictamen, sin que pueda procederse a una nueva designación.

Cuando el perito designado lo hubiese sido de común acuerdo, y uno de los litigantes no realizare la parte de la consignación que le correspondiere, ofrecerá al otro litigante la posibilidad de completar la cantidad que faltare, indicando en tal caso los puntos sobre los que deba pronunciarse el dictamen, o de recuperar la cantidad depositada, en cuyo caso se aplicará lo dispuesto en el párrafo anterior.

Terminada la práctica de la prueba pericial el perito presentará su factura o minuta de honorarios, a la que se dará la tramitación prevista en cuanto a las impugnaciones de tasaciones de costas por honorarios excesivos que proceda, y firme que sea la resolución que recaiga se procederá a su pago».

> **A TENER EN CUENTA.** El apartado 3 de este artículo 342 de la LEC fue modificado por el Real Decreto-ley 6/2023, de 19 de diciembre, quedando según lo reproducido. La reforma entró en vigor el 20 de marzo de 2024 y supuso que se añadiera la necesidad de presentar un presupuesto de la futura factura al solicitar la provisión de fondos, así como un nuevo último párrafo relativo a la presentación de la factura o minuta de honorarios.

- Por lo que se refiere al **orden penal**, el informe pericial se regula en los artículos 456 y siguientes de la LECrim. El primero de ellos señala que el juez acordará dicha prueba cuando, para conocer o apreciar algún hecho o circunstancia importante en el sumario, fuesen necesarios o convenientes conocimientos científicos o artísticos. Por lo demás, los peritos, según el artículo 457 de la LECrim, podrán ser titulares (los que poseen título oficial de una ciencia o arte cuyo ejercicio esté reglamentado por la Administración) o no titulares (los que, careciendo de título oficial, tienen, sin embargo, conocimiento o prácticas especiales en alguna ciencia o arte). En este orden, frente a lo que sucedía en el ámbito civil, no se hace mención de la posibilidad u obligación de dotar una provisión de fondos en favor del perito. Únicamente se señala que quienes presten informe como peritos en virtud de orden judicial tendrán derecho a reclamar los honorarios e indemnizaciones que sean justas, si no tuvieren, en concepto de tales peritos, retribución fija satisfecha por el Estado, la provincia o el municipio (artículo 465 de la LECrim).

- En el **orden social**, el artículo 93 de la LRJS se refiere a la prueba pericial en el procedimiento ordinario. Dicha prueba se llevará a cabo en el acto del juicio, presentado los peritos su informe y ratificándolo; aunque no será necesaria la ratificación de los informes, las actuaciones obrantes en expedientes y demás documentación administrativa cuya aportación sea preceptiva según la modalidad procesal de que se trate. Asimismo, se prevé que el órgano judicial, de oficio o a petición de parte, pueda requerir la intervención de un médico forense, en los casos en los que sea necesario su informe en función de las circunstancias particulares del caso, de la especialidad requerida y de la necesidad de su intervención, a la vista de los reconocimientos e informes que constaren previamente en las actuaciones.

- Finalmente, en el **ámbito contencioso-administrativo**, también se recogen algunas particularidades para la práctica de la prueba pericial, tanto en el procedimiento en primera o única instancia (artículo 60 de la LJCA) como en el abreviado (artículo 78 de la LJCA).

El IVA de la provisión de fondos dada a un perito en un procedimiento judicial

Cuando un perito persona física que trabaja por su propia cuenta presta sus servicios de peritación a un determinado sujeto, en el ámbito extrajudicial, la mecánica de la operación parece clara y sería análoga a la de cualquier otro autónomo: si el perito tiene la consideración de empresario o profesional a efectos del IVA emitirá una factura con IVA y, de ser el caso, sus honorarios estarán sujetos a retención a cuenta del IRPF (siempre que las remuneraciones que cobre tengan la consideración de rentas sujetas a retención o ingreso a cuenta y el cliente que se las satisfaga esté obligado a retener o ingresar a cuenta, de conformidad con los artículos 75, 76 y siguientes del RIRPF).

Sin embargo, cuando su actuación se produce **en sede judicial** pueden suscitarse mayores dudas. Por ello, en este punto nos referiremos al supuesto concreto en el que una de las partes solicita, en el marco de un proceso judicial, que se nombre perito para valorar ciertos bienes o pronunciarse sobre otros extremos de interés para el pleito. Dicho perito, tras ser nombrado, exigirá la oportuna provisión de fondos, que la parte consignará ante el juzgado y que el juzgado luego abonará al perito. ¿El perito estará obligado a emitir factura con IVA por esa provisión de fondos que cobra? ¿A quién se la emitirá: al juzgado o a la parte?

Partiendo de la base de que el perito en cuestión tiene la **consideración de empresario o profesional a los efectos del IVA** de conformidad con los artículos 4 y 5 de la LIVA. Por lo tanto, las **prestaciones de servicios de peritaje que realicen en el ejercicio de su actividad empresarial o profesional en el territorio de aplicación del impuesto estarán sujetas al IVA**, sin que se contemple ninguna exención para ellas.

Por lo demás, el artículo 75 de la LIVA se refiere al devengo del impuesto y, muy especialmente, a los pagos realizados con carácter previo a la realización del hecho imponible:

> «Uno. Se devengará el Impuesto:
> (...)
> 2.º En las prestaciones de servicios, cuando se presten, ejecuten o efectúen las operaciones gravadas.
> (...)
> Dos. No obstante lo dispuesto en el apartado anterior, en las operaciones sujetas a gravamen que originen pagos anticipados anteriores a la realización del hecho imponible el impuesto se devengará en el momento del cobro total o parcial del precio por los importes efectivamente percibidos.
> Lo dispuesto en el párrafo anterior no será aplicable a las entregas de bienes comprendidas en el artículo 25 de esta Ley.
> (...)».

Por lo tanto, la provisión de fondos que perciba el perito judicial, con carácter previo a la realización del peritaje, **tendrá, con carácter general, la consideración de pago anticipado y su cobro originará el devengo del IVA** en la medida correspondiente a los importes que se perciban. El perito tendrá que repercutir el impuesto mediante **factura**, con las condiciones y requisitos que se determinen reglamentariamente (artículo 88.Dos de la LIVA).

Por lo que se refiere a dicho desarrollo reglamentario, el Real Decreto 1619/2012, de 30 de noviembre, por el que se aprueba el Reglamento por el que se regulan las obligaciones de facturación, establece en su artículo 2.1, segundo párrafo, que «también deberá expedirse factura y copia de esta por los pagos recibidos con anterioridad a la realización de las entregas de bienes o prestaciones de servicios por las que deba asimismo cumplirse esta obligación conforme al párrafo anterior, a excepción de las entregas de bienes exentas del Impuesto sobre el Valor Añadido por aplicación de lo dispuesto en el artículo 25 de la Ley del Impuesto».

Y, justamente, uno de los datos a incluir en la factura será el «nombre y apellidos, razón o denominación social completa, tanto del obligado a expedir factura como del destinatario de las operaciones» [artículo 6.1.c) del Real Decreto 1619/2012, de 30 de noviembre]. Punto sobre el que pueden plantearse dudas: ¿la factura tendrá que emitirse a nombre del juzgado o a nombre de las partes?

Pues bien, aunque el reglamento no define quién tiene que figurar como destinatario en las facturas, según reiterada doctrina de la Dirección General de Tributos, debe considerarse destinatario de las operaciones a aquel «para quien el empresario o profesional realiza la entrega de bienes o prestación de servicios gravada por el Impuesto y que ocupa la posición de acreedor en la obligación (relación jurídica) en la que el referido empresario o profesional

es deudor y de la que la citada entrega o servicio constituye la prestación»
[consultas vinculantes de la Dirección General de Tributos (V0637-24), de
11 de abril de 2024, o (V0147-21), de 1 de febrero de 2021, entre otras]. Lo
que supone que deba entenderse como **destinatario de la operación**, cuya
identificación se ha de consignar en la factura, a la **persona física o jurídica
obligada frente al perito a realizar el pago de la contraprestación**, con independencia de quién efectúe el pago material.

RESOLUCIÓN ADMINISTRATIVA

**Consulta vinculante de la Dirección General de Tributos (V0147-21), de 1 de
febrero de 2021**

**Asunto: devengo del IVA en la provisión de fondos a un perito judicial y
destinatario de la factura.**

*«(...) la provisión de fondos percibidos por un perito judicial, previa a la realización
de la operación objeto de consulta, tendrá, con carácter general, la consideración de
pagos anticipados, cuyo cobro origina el devengo del Impuesto sobre el Valor Añadido en la medida correspondiente a los importes percibidos.*

(...)

*(...) según reiterada doctrina de este Centro directivo, por todas, en la contestación
a consulta vinculante número V1340-16, de 31 de marzo de 2016, se debe considerar
destinatario de las operaciones a aquél para quien el empresario o profesional realiza
la entrega de bienes o prestación de servicios gravada por el Impuesto y que ocupa
la posición de acreedor en la obligación (relación jurídica) en la que el referido empresario o profesional es deudor y de la que la citada entrega o servicio constituye la
prestación.*

*Al respecto, cabe recordar que, según el concepto generalmente admitido por la
doctrina, por obligación debe entenderse el vínculo jurídico que liga a dos (o más)
personas, en virtud del cual una de ellas (deudor) queda sujeta a realizar una prestación (un cierto comportamiento) a favor de la otra (acreedor), correspondiendo a este
último el correspondiente poder (derecho de crédito) para pretender tal prestación.*

*Pues bien, de acuerdo con lo expuesto, debe entenderse como destinatario de las
operaciones, cuya identificación debe consignarse en la correspondiente factura, a
la persona física o jurídica obligada frente al sujeto pasivo (siendo el sujeto pasivo el
perito, en el caso objeto de la presente consulta) a efectuar el pago de la contraprestación, con independencia, en cualquier caso, de quien sea la persona o entidad que
efectúe el pago material de las mismas.*

*En ningún caso resultaría ajustado a derecho que en la correspondiente factura
figure como destinatario de la operación la persona o entidad que efectúa el pago de
la misma, cuando dicha persona no sea la obligada a su pago frente al sujeto pasivo,
sin perjuicio, en su caso, de hacer una mención a dicha circunstancia en la propia
factura».*

ANEXO I.
CASOS PRÁCTICOS

Caso práctico | Modalidad contractual en los servicios prestados por un abogado

PLANTEAMIENTO

Una pareja acude a un despacho de abogados y encomienda a uno de sus letrados la reclamación de una cantidad de dinero que le adeuda un tercero. ¿Qué tipo de contrato regirá las relaciones entre el abogado y sus clientes?

RESPUESTA

Como regla general, la relación contractual entre un abogado y su cliente se reconduce a un contrato de arrendamiento de servicios. En ese sentido, la sentencia del Tribunal Supremo n.º 501/2023, de 17 de abril, ECLI:ES:TS:2023:1490:

> «La relación contractual existente entre abogado y cliente se desenvuelve, normalmente, en el marco de un **contrato de gestión que la jurisprudencia construye con elementos tomados del arrendamiento de servicios y del mandato** (sentencias de 30 de marzo de 2006, rec. 2001/1999; 14 de julio de 2005, rec. 971/1999; 26 de febrero de 2007, rec. 715/2000; 2 de marzo de 2007, rec. 1689/2000; 21 de junio de 2007, rec. 4486/2000; 18 de octubre de 2007, rec. 4086/2000; 22 de octubre de 2008, rec. 655/2003; 282/2013, de 22 de abril; 337/2018, de 6 de junio; 331/2019, de 10 de junio; 50/2020, de 22 de enero, y 375/2021, de 1 de junio, entre otras).
>
> **Dicha relación participa de los caracteres del contrato de arrendamiento de servicios**, toda vez que una persona, con el título de abogado, se obliga a prestar su actividad profesional, con la finalidad de solventar un problema legal que exige un asesoramiento o defensa judicial o extrajudicial.
>
> Ahondando en su naturaleza jurídica, la sentencia 375/2021, de 1 de junio, precisa que:
>
> "Se trata de una relación convencional fundada en la recíproca confianza y confidencialidad de la que deriva el deber del secreto profesional. Las personas depositan en manos de sus abogados asuntos en no pocas ocasiones de decisiva trascendencia vital en sus relaciones patrimoniales y personales. La aceptación de una defensa implica la asunción de las obligaciones de velar por tales intereses como si fueran propios, con sujeción a las normas del ordenamiento jurídico aplicable.
>
> "(iii) La obligación del abogado consiste en prestar sus servicios profesionales. Es una obligación de medios, también concebida como de actividad o comportamiento, consistente en la realización de un trabajo bajo pericia. El Abogado sólo se puede comprometer a prestar sus servicios conforme a las exigencias de la lex artis, que disciplinan tal actividad humana, sin que, por lo tanto, garantice o quepa exigirle el resultado pretendido, que no depende de forma exclusiva de la actividad desplegada, sino de la lógica propia del Derecho, que no se concilia con verdades absolutas, así como de la estructura del proceso, concebido como una técnica de confrontación entre intereses contrapuestos, que no son susceptibles, en muchas ocasiones, de compatibilidad jurídica, lo que determina necesariamente que uno haya de prevalecer sobre otro.

"En este sentido, la jurisprudencia ha proclamado que la prestación del abogado no comporta como regla general la obligación de lograr una resolución favorable a las pretensiones deducidas o a la oposición formulada contra las esgrimidas por la parte contraria, pues dependerá, entre otros factores, de haberse logrado la convicción del juzgador (sentencias de 14 de julio de 2005, 14 de diciembre de 2005, 30 de marzo de 2006, 30 de marzo de 2006, rec. 2001/1999; 26 de febrero de 2007, rec. 715/2000; 282/2013, de 22 de abril y 331/2019, de 10 de junio, entre otras)".

El artículo 1544 del Código Civil (en adelante CC) impone, como obligación principal del letrado, la de prestar el servicio requerido, y al cliente pagar el precio o remuneración por tal actividad desplegada».

Caso práctico | Actividad profesional como abogado de forma autónoma, diversas cuestiones relativas al IRPF

PLANTEAMIENTO

Una persona va a iniciar su actividad profesional como abogado autónomo, por cuenta propia, en estimación directa, y se plantea las siguientes cuestiones:

- Si, a efectos del IRPF, le resultan de aplicación las reglas de determinación de la base imponible establecidas en la normativa del Impuesto sobre Sociedades.

- ¿Le resultarían aplicables los beneficios fiscales establecidos para las empresas de reducida dimensión (ERD) en la normativa del Impuesto sobre Sociedades?

- Si, a efectos del IRPF, puede considerar como gastos deducibles de la actividad económica los siguientes:

  – Los gastos de formación y reciclaje profesional.

  – Las cuotas del colegio de abogados.

  – Las primas del seguro de responsabilidad civil y seguro del despacho profesional.

  – Gastos correspondientes al vehículo turismo utilizado en la actividad, incluyendo combustible, aparcamiento y peajes.

  – Gastos realizados en ropa de trabajo, por compras de abrigos, trajes, corbatas, camisas o zapatos.

  – Gastos de telefonía.

RESPUESTA

a) Reglas de determinación de la base imponible conforme a la LIS

Por lo que se refiere a la determinación del rendimiento neto de la actividad, el artículo 28 de la LIRPF establece lo siguiente:

> «1. El rendimiento neto de las actividades económicas se determinará según las normas del Impuesto sobre Sociedades, sin perjuicio de las reglas especiales contenidas en este artículo, en el artículo 30 de esta Ley para la estimación directa, y en el artículo 31 de esta Ley para la estimación objetiva.
> (...)».

Por lo tanto, conforme a este artículo 28.1 de la LIRPF, para la determinación del rendimiento de las actividades económicas habrá que aplicar las normas recogidas en la LIS, con las particularidades indicadas. Sin embargo, esto no supone que toda la base imponible del IRPF se calcule de conformidad con la normativa del Impuesto sobre Sociedades, puesto que la base imponible del IRPF, además de los rendimientos de actividades económicas incluirá (si existen) otros tipos de rendimientos que pueda percibir el contribuyente (por ejemplo, rendimientos del trabajo, del capital mobiliario o inmobiliario, ganancias y pérdidas patrimoniales).

b) Aplicabilidad de los beneficios fiscales previstos para las ERD

Resultarían **aplicables los incentivos fiscales que para las entidades de reducida dimensión recoge el capítulo XI del título VII de la LIS (artículos 101 y siguientes)**, siempre que se cumplan los requisitos necesarios para ello. Básicamente, el requisito fundamental será que el importe neto de la cifra de negocios habida en el período impositivo inmediato anterior sea inferior a 10 millones de euros.

Por ejemplo, estas entidades pueden gozar de libertad de amortización para inversiones generadoras de empleo o de amortización acelerada de elementos nuevos del inmovilizado material, inversiones inmobiliarias e inmovilizado intangible.

c) Preguntas relativas a la deducibilidad de determinados gastos

El artículo 28.1 de la LIRPF establece que el rendimiento neto de las actividades económicas se determinará según las normas del Impuesto sobre Sociedades, sin perjuicio de las reglas especiales contenidas en el propio precepto, en el artículo 30 de la LIRPF para la estimación directa y en el artículo 31 de la LIRPF para la estimación objetiva. Esa genérica remisión a las normas del Impuesto sobre Sociedades para la determinación del rendimiento neto conduciría al artículo 10 de la LIS, cuyo apartado 3 especifica que «en el método de estimación directa, la base imponible se calculará, corrigiendo, mediante la aplicación de los preceptos establecidos en esta Ley, el resultado contable determinado de acuerdo con las normas previstas en el Código de Comercio, en las demás leyes relativas a dicha determinación y en las disposiciones que se dicten en desarrollo de las citadas normas».

Así las cosas, la deducibilidad en IRPF de los gastos del autónomo se sujeta a los siguientes requisitos generales:

- La **correcta imputación temporal** del gasto.

- Su **adecuado registro** en la contabilidad o en los libros registros que deban llevarse.

- Su **correlación con los ingresos**. Esto es, el gasto debe ser realizado para la obtención de ingresos.

- Su **suficiente justificación documental**.

- La **inexistencia de precepto que excluya la deducibilidad** del gasto.

Gastos de formación y reciclaje profesional

Para su deducción será **necesario que se cumplan los requisitos generales para la deducibilidad de los gastos**. En especial, su correlación con los ingresos. En este sentido, por ejemplo, la consulta vinculante de la Dirección General de Tributos (V3277-23), de 21 de diciembre de 2023, se refirió a la posibilidad de deducción del coste de un máster realizado por un abogado en los siguientes términos:

> «(...) la deducibilidad de los gastos está condicionada por el principio de su correlación con los ingresos, de tal suerte que **aquellos respecto de los que se acredite que se han ocasionado en el ejercicio de la actividad serán deducibles**, en los términos previstos en los preceptos legales antes señalados, mientras que **cuando no exista esa vinculación o no se probase suficientemente no podrían considerarse como fiscalmente deducibles de la actividad económica.**
>
> No obstante, **la comprobación de la correlación entre el gasto que supone la realización del master objeto de consulta y la obtención de los ingresos del consultante no es una cuestión de derecho, sino de hecho, pues se debe comprobar las características de la actividad desarrollada por el consultante**, por lo que este Centro Directivo no puede pronunciarse al respecto, siendo competencia su comprobación de los **órganos de gestión e inspección** del Impuesto.

Sin perjuicio de lo anterior, cabe recordar que la deducibilidad de un gasto está condicionada además, entre otros requisitos, a que quede convenientemente justificado mediante el original de la factura normal o simplificada y registrado en los libros-registro que, con carácter obligatorio, deben llevar los contribuyentes que desarrollen actividades económicas, siempre que determinen el rendimiento neto de las mismas en el régimen de estimación directa, en cualquiera de sus modalidades.

Con arreglo a lo anteriormente expuesto, en la medida en que el gasto derivado del master sea deducible en la determinación del rendimiento neto de la actividad económica desarrollada por el consultante, este podrá deducirse el importe total del mismo».

Cuotas del colegio de abogados

Por lo que se refiere a la deducibilidad de las cuotas colegiales abonadas por el abogado que ejerce por cuenta propia, la consulta vinculante de la Dirección General de Tributos (V0062-21), de 22 de enero de 2021, establece lo siguiente:

«(...) la deducibilidad de los gastos está condicionada por el principio de su correlación con los ingresos, de tal suerte que aquéllos respecto de los que se acredite que se han ocasionado en el ejercicio de la actividad, que estén relacionados con la obtención de los ingresos, serán deducibles, en los términos previstos en los preceptos legales antes señalados, mientras que cuando no exista esa vinculación o no se probase suficientemente no podrían considerarse como fiscalmente deducibles de la actividad económica. **Además del requisito de que el gasto esté vinculado a la actividad económica desarrollada, deberán los gastos, para su deducción, cumplir los requisitos de correcta imputación temporal, de registro en la contabilidad o en los libros registros que el contribuyente deba llevar, así como estar convenientemente justificados.**

Esta correlación deberá **probarse por cualquiera de los medios generalmente admitidos en derecho,** siendo competencia de los órganos de gestión e inspección de la Administración Tributaria la valoración de las pruebas aportadas. En el caso de que no existiese vinculación o ésta no fuese suficientemente probada, tales gastos no podrán considerarse fiscalmente deducibles de la actividad económica.

Por tanto, **las cuotas satisfechas al Colegio Profesional tendrán la consideración de gasto deducible para la determinación del rendimiento neto de la actividad económica desarrollada en su caso por el contribuyente, siempre y cuando se cumpla lo señalado** anteriormente».

Primas de seguro de responsabilidad civil y seguro del despacho profesional

Si este gasto cumple con los requisitos generales para la deducibilidad de gastos y, en particular, se encuentra correlacionado con la obtención de ingresos, podrá ser deducible.

Gastos asociados al vehículo turismo

A este respecto, el artículo 22 del RIRPF establece lo siguiente:

«1. Se considerarán elementos patrimoniales afectos a una actividad económica desarrollada por el contribuyente, con independencia de que su titularidad, en caso de matrimonio, resulte común a ambos cónyuges, los siguientes:

a) Los bienes inmuebles en los que se desarrolle la actividad.

b) Los bienes destinados a los servicios económicos y socioculturales del personal al servicio de la actividad.

c) Cualesquiera otros elementos patrimoniales que sean necesarios para la obtención de los respectivos rendimientos.

En ningún caso tendrán la consideración de elementos afectos a una actividad económica los activos representativos de la participación en fondos propios de una entidad y de la cesión de capitales a terceros y los destinados al uso particular del titular de la actividad, como los de esparcimiento y recreo.

2. Sólo se considerarán elementos patrimoniales afectos a una actividad económica aquellos que el contribuyente utilice para los fines de la misma.

No se entenderán afectados:

1.º Aquéllos que se utilicen simultáneamente para actividades económicas y para necesidades privadas, salvo que la utilización para estas últimas sea accesoria y notoriamente irrelevante de acuerdo con lo previsto en el apartado 4 de este artículo.

2.º Aquellos que, siendo de la titularidad del contribuyente, no figuren en la contabilidad o registros oficiales de la actividad económica que esté obligado a llevar el contribuyente, salvo prueba en contrario.

3. Cuando se trate de elementos patrimoniales que sirvan sólo parcialmente al objeto de la actividad, la afectación se entenderá limitada a aquella parte de los mismos que realmente se utilice en la actividad de que se trate. En este sentido, sólo se considerarán afectadas aquellas partes de los elementos patrimoniales que sean susceptibles de un aprovechamiento separado e independiente del resto. En ningún caso serán susceptibles de afectación parcial elementos patrimoniales indivisibles.

4. Se considerarán utilizados para necesidades privadas de forma accesoria y notoriamente irrelevante los bienes del inmovilizado adquiridos y utilizados para el desarrollo de la actividad económica que se destinen al uso personal del contribuyente en días u horas inhábiles durante los cuales se interrumpa el ejercicio de dicha actividad.

Lo dispuesto en el párrafo anterior no será de aplicación a los automóviles de turismo y sus remolques, ciclomotores, motocicletas, aeronaves o embarcaciones deportivas o de recreo, salvo los siguientes supuestos:

a) Los vehículos mixtos destinados al transporte de mercancías.

b) Los destinados a la prestación de servicios de transporte de viajeros mediante contraprestación.

c) Los destinados a la prestación de servicios de enseñanza de conductores o pilotos mediante contraprestación.

d) Los destinados a los desplazamientos profesionales de los representantes o agentes comerciales.

e) Los destinados a ser objeto de cesión de uso con habitualidad y onerosidad.

A estos efectos, se considerarán automóviles de turismo, remolques, ciclomotores y motocicletas los definidos como tales en el anexo del Real Decreto Legislativo 339/1990, de 2 de marzo, por el que se aprueba el texto articulado de la Ley sobre Tráfico, Circulación de Vehículos a Motor y Seguridad Vial, así como los definidos como vehículos mixtos en dicho anexo y, en todo caso, los denominados vehículos todo terreno o tipo "jeep"».

Así las cosas, tal y como apunta la **consulta vinculante de la Dirección General de Tributos (V2335-21)**, de 18 de agosto 2021:

«(...) para la deducción de los gastos derivados de la adquisición (el gasto se deducirá a través de las amortizaciones), mantenimiento o utilización de un vehículo turismo, se exige que éste tenga la consideración de elemento patrimonial afecto a la actividad, lo cual supone que, estando registrado en los libros o registros obligatorios, sea utilizado de forma exclusiva en dicha actividad, salvo que la actividad desarrollada se encuentre entre las excepciones contempladas en el apartado 4 anteriormente citado. De esta forma si el vehículo fuese utilizado tanto en la actividad, como para fines particulares, aunque esta última utilización tuviera un carácter accesorio e irrelevante, no tendría la consideración de elemento patrimonial afecto, no resultando deducibles los referidos gastos.

Esta afectación exclusiva a la actividad económica que se exige para determinados vehículos, a los efectos de la deducción de los gastos asociados a su utilización en las actividades económicas desarrolladas, podrá acreditarse por cualquiera de los medios de prueba generalmente admitidos en derecho (conforme disponen los artículos 105 y 106 de la Ley General Tributaria, Ley 58/2003, de 17 de diciembre), no pudiendo de antemano establecerse cuáles son los medios de prueba que inexcusablemente acreditaran la utilización exclusiva del vehículo en la actividad económica desarrollada».

Gastos realizados en ropa de trabajo, en compra de abrigo, trajes, corbatas, camisa y zapatos

De nuevo, debe hacerse especial hincapié en la necesidad de **correlación que ha de existir entre gastos e ingresos** para la deducibilidad de los primeros, de ahí los especiales problemas que se plantean con respecto a este tipo de gastos. Así, y, por ejemplo, por lo que se refiere a los gastos por compra de ropa de una abogada, la consulta vinculante de la Dirección General de Tributos (V2646-23), de 29 de septiembre de 2023, señaló:

«(...) la deducibilidad de los gastos está condicionada por el principio de su correlación con los ingresos, de tal suerte que aquellos respecto de los que se acredite que se han ocasionado en el ejercicio de la actividad serán deducibles, en los términos previstos en los preceptos legales antes señalados, mientras que cuando no exista esa vinculación o no se probase suficientemente no podrán considerarse como fiscalmente deducibles.

Además del requisito de que el gasto esté vinculado a la actividad económica desarrollada, deberán los gastos, para su deducción, cumplir los requisitos de correcta imputación temporal, de registro en la contabilidad o en los libros registros que el contribuyente deba llevar, así como estar convenientemente justificados.

Con este planteamiento, en lo que se refiere a los gastos sobre los que se plantea su deducibilidad para la determinación del rendimiento neto de la actividad profesional de abogada —los de adquisición de trajes de vestir—, procede de indicar —al igual de lo antes señalado respecto al IVA— que su condición de ropa de vestir de uso general no permite establecer la existencia de una correlación con los ingresos en los términos arriba indicados. En este punto, procede aclarar que es criterio de este Centro (consultas V0317-17, V1290-19 y V2398-23, entre otras) que no resultan admisibles deducibilidades de gastos que —ocasionados en ámbitos particulares de los contribuyentes y que, por tanto, no dejan de ser meros supuestos de aplicaciones de renta al consumo— pretendan vincularse a la obtención de unos ingresos que la normativa del impuesto califica como rendimientos de actividades económicas.

Por tanto, al no existir una correlación de los gastos objeto de consulta con los ingresos no pueden considerarse como deducibles en la determinación del rendimiento neto de la actividad de abogada que viene desarrollando la consultante».

En el mismo sentido, la consulta vinculante de la Dirección General de Tributos (V1711-10), de 26 de julio de 2010, ya apuntaba que «teniendo en cuenta que la ropa que va a adquirir el consultante no tiene el carácter de ropa específica de la actividad económica desarrollada, sin que dicha ropa sea exigida para el desarrollo de dicha actividad, no podrán deducirse las cantidades invertidas en su adquisición».

Gastos de telefonía

De acuerdo con el principio de correlación entre ingresos y gastos de la actividad, la Dirección General de Tributos viene manteniendo [acúdase, por ejemplo, a su **consulta vinculante (V0031-24), de 13 de febrero de 2024**] que los gastos derivados del uso de una línea de telefonía móvil serán **deducibles en la medida en que dicha línea se utilice exclusivamente para el desarrollo de la actividad económica**. Esto es, si la línea telefónica se usa exclusivamente para el desarrollo de la actividad, el gasto derivado de ella será deducible de los ingresos de la actividad. Además, entre tales gastos se encontrará el de **adquisición del propio teléfono móvil**, aunque esta deducción deberá realizarse por la vía de la amortización, aplicando a su valor de adquisición el coeficiente de **amortización** correspondiente.

La afectación exclusiva de la línea de telefonía móvil a la actividad deberá ser acreditada por el interesado a través de los medios de prueba admitidos en derecho, conforme al artículo 106 de la LGT; correspondiendo la competencia para la comprobación de los medios de prueba aportados y para su valoración a los servicios de gestión e inspección de la AEAT.

Caso práctico | Tratamiento en IRPF de aportaciones complementarias a la Mutualidad de abogados en el RETA

PLANTEAMIENTO

Una abogada que ejerce por cuenta propia, como autónoma, está dada de alta en el RETA, pero también satisface cuotas a la Mutualidad de la Abogacía de manera complementaria. Determina su rendimiento neto en el IRPF por el método de estimación directa simplificada.

Al presentar la declaración de la renta correspondiente al ejercicio, ¿puede incluir el importe íntegro de lo aportado a la Mutualidad de la Abogacía como gasto deducible de la actividad?

RESPUESTA

La profesional no efectúa las aportaciones a la Mutualidad de la Abogacía como alternativa al RETA, sino que está dada de alta en dicho régimen especial de la Seguridad Social, así que no podrá deducirse en la determinación del rendimiento neto de la actividad las cantidades aportadas. Sin embargo, podrán ser objeto de reducción en los términos del artículo 51 de la LIRPF, en la parte que tenga por objeto la cobertura de las contingencias previstas en el artículo 8.6 del texto refundido de la Ley de Regulación de los Planes y Fondos de Pensiones. Eso sí, las cuotas del RETA que satisfaga sí constituirán gasto deducible (siempre que cumplan los requisitos generales para su deducibilidad en el impuesto).

El artículo 30.2.1.ª de la LIRPF, relativo a las normas para la determinación del rendimiento neto en estimación directa, establece lo siguiente:

«2. Junto a las reglas generales del artículo 28 de esta Ley se tendrán en cuenta las siguientes especiales:

1.ª No tendrán la consideración de gasto deducible las aportaciones a mutualidades de previsión social del propio empresario o profesional, sin perjuicio de lo previsto en el artículo 51 de esta Ley.

No obstante, tendrán la consideración de gasto deducible las cantidades abonadas en virtud de contratos de seguro, concertados con mutualidades de previsión social por profesionales no integrados en el régimen especial de la Seguridad Social de los trabajadores por cuenta propia o autónomos, cuando, a efectos de dar cumplimiento a la obligación prevista en la disposición adicional decimoquinta de la Ley 30/1995, de 8 de noviembre, de ordenación y supervisión de los seguros privados, actúen como alternativas al régimen especial de la Seguridad Social mencionado, en la parte que tenga por objeto la cobertura de contingencias atendidas por dicho régimen especial, con el límite de la cuota máxima por contingencias comunes que esté establecida, en cada ejercicio económico, en el citado régimen especial».

> **A TENER EN CUENTA.** La referencia a la D.A. 15.ª de la Ley 30/1995, de 8 de noviembre, debe entenderse hecha actualmente a la D.A. 18.ª del Real Decreto Legislativo 8/2015, de 30 de octubre.

Por lo tanto, las aportaciones a la Mutualidad de la Abogacía podrían ser deducibles en la determinación del rendimiento neto de la actividad económica siempre que se cumplan los requisitos que especifica este artículo (y con los límites también previstos en él).

Ahora bien, en el supuesto de hecho planteado, **la abogada no efectúa las aportaciones a la mutualidad como alternativa al RETA**, sino que está dada de alta en dicho régimen especial de la Seguridad Social y, complementariamente, hace aportaciones a la mutualidad. Por lo tanto, **no podrá deducirse en la determinación del rendimiento neto de la actividad las cantidades aportadas a la mutualidad, aunque podrán ser objeto de reducción en los términos del artículo 51 de la LIRPF.** Eso sí, **las cuotas del RETA que satisfaga sí constituirán gasto deducible de la actividad** (siempre que cumplan los requisitos generales para su deducibilidad en el impuesto).

Así las cosas, y según como apuntó la Dirección General de Tributos en su consulta vinculante (V0281-17), de 3 de febrero de 2017:

> «Al tratarse de una actividad profesional, **la determinación del rendimiento neto se efectuará por el método de estimación directa**, en la modalidad simplificada si se cumplen los requisitos establecidos en el artículo 28 del Reglamento del Impuesto sobre la Renta de las Personas Físicas, aprobado por el Real Decreto 439/2007, de 30 de marzo (BOE del día 31), y la consultante no renuncia a su aplicación, o en la modalidad normal, si no se reúnen tales requisitos o si la consultante renuncia a la aplicación de la modalidad simplificada.
>
> (...)
>
> Por tanto, y sin perjuicio de la reducción que pudiera proceder de acuerdo con lo establecido en el artículo 51 de la LIRPF, **los pagos a la Mutualidad General de Abogacía** realizadas por la consultante, **no serán deducibles en la determinación del rendimiento neto de la actividad económica debido a que la consultante, según se deduce de la información contenida en el escrito de consulta, se encuentra integrada en el régimen especial de la Seguridad Social de los trabajadores por cuenta propia o autónomos**».

En este caso, dado que la abogada se encuentra dentro del RETA y, por tanto, los pagos que realiza a la Mutualidad de la Abogacía no pueden considerarse como gasto deducible para la determinación del rendimiento neto en el impuesto. Sin embargo, **podrán ser objeto de reducción en la parte que tenga por objeto la cobertura de las contingencias previstas en el artículo 8.6 del texto refundido de la Ley de Regulación de los Planes y Fondos de Pensiones, de acuerdo con el artículo 51 de la LIRPF y con los límites correspondientes.** No en vano, su apartado 2.a).2.º se refiere a:

> «Podrán reducirse en la base imponible general las siguientes aportaciones y contribuciones a sistemas de previsión social:
>
> (...)
>
> 2. Las aportaciones y contribuciones a mutualidades de previsión social que cumplan los siguientes requisitos:
>
> a) Requisitos subjetivos:
>
> (...)
>
> 2.º Las cantidades abonadas en virtud de contratos de seguro concertados con mutualidades de previsión social por profesionales o empresarios individuales integrados en cualquiera de los regímenes de la Seguridad Social, por

sus cónyuges y familiares consanguíneos en primer grado, así como por los trabajadores de las citadas mutualidades, en la parte que tenga por objeto la cobertura de las contingencias previstas en el artículo 8.6 del texto refundido de la Ley de Regulación de los Planes y Fondos de Pensiones».

Caso práctico | Importe no cobrado por parte de abogado y posibilidad de recuperación fiscal en el IRPF

PLANTEAMIENTO

Un abogado por cuenta propia, que determina su rendimiento neto en IRPF por la modalidad normal del método de estimación directa, emitió en 2023 una factura a un cliente que resultó impagada. En agosto de 2024, ese cliente ha sido declarado en concurso.

El abogado declaró el importe como ingreso en su declaración de la renta correspondiente a 2023.

¿Cómo puede el abogado recuperar fiscalmente ese importe no cobrado?

RESPUESTA

Será deducible la pérdida por deterioro del crédito correspondientes a la factura impagada (siempre que no se trate de alguno de los supuestos que el artículo 13.1 de la LIS declara no deducibles) en el ejercicio en el que el cliente haya sido declarado en situación de concurso (o, en su caso, en el ejercicio en el que se hubiera producido alguna de las circunstancias previstas en el artículo 13.1 de la LIS, si fuera anterior).

El artículo 28 de la LIRPF, referido a las reglas generales de cálculo del rendimiento neto, establece:

> «1. El rendimiento neto de las actividades económicas se determinará según las normas del Impuesto sobre Sociedades, sin perjuicio de las reglas especiales contenidas en este artículo, en el artículo 30 de esta Ley para la estimación directa, y en el artículo 31 de esta Ley para la estimación objetiva.
> A efectos de lo dispuesto en el artículo 108 del texto refundido de la Ley del Impuesto sobre Sociedades, para determinar el importe neto de la cifra de negocios se tendrá en cuenta el conjunto de actividades económicas ejercidas por el contribuyente.
> (...)».

Por su parte, el artículo 13 de la LIS determina que:

> «1. Serán deducibles las pérdidas por deterioro de los créditos derivadas de las posibles insolvencias de los deudores, cuando en el momento del devengo del Impuesto concurra alguna de las siguientes circunstancias:
> a) Que haya transcurrido el plazo de 6 meses desde el vencimiento de la obligación.
> b) Que el deudor esté declarado en situación de concurso.
> c) Que el deudor esté procesado por el delito de alzamiento de bienes.
> d) Que las obligaciones hayan sido reclamadas judicialmente o sean objeto de un litigio judicial o procedimiento arbitral de cuya solución dependa su cobro.

No serán deducibles las siguientes pérdidas por deterioro de créditos:

1.º Las correspondientes a créditos adeudados por entidades de derecho público, excepto que sean objeto de un procedimiento arbitral o judicial que verse sobre su existencia o cuantía.

2.º Las correspondientes a créditos adeudados por personas o entidades vinculadas, salvo que estén en situación de concurso y se haya producido la apertura de la fase de liquidación por el juez, en los términos establecidos en la Ley 22/2003, de 9 de julio, Concursal.

3.º Las correspondientes a estimaciones globales del riesgo de insolvencias de clientes y deudores.

(...)».

Como en el supuesto planteado el deudor ha entrado en concurso de acreedores, será deducible la pérdida por deterioro del crédito correspondientes a la factura impagada (siempre que no se trate de alguno de los supuestos recogidos en los ordinales 1.º, 2.º y 3.º del artículo 13.1 de la LIS) en el ejercicio en que el cliente haya sido declarado en situación de concurso (o en su caso, en el ejercicio en que se hubiera producido alguna de las circunstancias previstas en el artículo 13 de la LIS, si fuera anterior). En ese sentido se pronunció la Dirección General de Tributos, por ejemplo, en su consulta vinculante (V0137-22), de 27 de enero de 2022.

Caso práctico | Tratamiento de una provisión de fondos como anticipo de honorarios en el IRPF e IVA

PLANTEAMIENTO

Un abogado por cuenta propia, especializado en materia penal, exige a todos sus clientes una determinada provisión de fondos, como anticipo de sus honorarios. No está adscrito al turno de oficio.

Se plantea el abogado las siguientes preguntas:

- ¿Se devenga el IVA por ese pago anticipado?

- ¿El anticipo está sujeto a retención a cuenta del IRPF?

- ¿Debe emitir factura por esa provisión de fondos inicial y luego, en su caso, por el resto?

RESPUESTA

En este caso, la provisión de fondos constituye un pago anticipado de la minuta de honorarios por la prestación de servicios del abogado, por lo que su cobro originará el devengo del IVA. Además, las cantidades que se perciban estarán sometidas, en su caso, a retención a cuenta del IRPF.

Por otra parte, el letrado deberá emitir factura por el cobro de la provisión de fondos y, en caso de tener que cobrar posteriormente otras cantidades, deberá también emitir factura por ellas. Todo ello, siempre de conformidad con lo previsto en el Real Decreto 1619/2012, de 30 de noviembre, por el que se aprueba el Reglamento por el que se regulan las obligaciones de facturación.

a) Impuesto sobre el Valor Añadido

El abogado con respecto al que se plantean las dudas presta sus servicios por cuenta propia, por lo que, en principio, tendrá la consideración de empresario o profesional a los efectos del IVA. Además, la prestación de servicios de dirección letrada por su parte no queda amparada por ninguno de los supuestos de no sujeción (como sería, por ejemplo, la asistencia jurídica gratuita) o de exención previstos en el ámbito de este impuesto.

Por lo demás, en cuanto al devengo del IVA, el artículo 75 de la LIVA determina lo siguiente:

> «Uno. Se devengará el Impuesto:
> (...)
> 2.º En las prestaciones de servicios, cuando se presten, ejecuten o efectúen las operaciones gravadas.
> No obstante, en las prestaciones de servicios en las que el destinatario sea el sujeto pasivo del Impuesto conforme a lo previsto en los números 2.º y 3.º del apartado Uno del artículo 84 de esta Ley, que se lleven a cabo de forma continuada durante un plazo superior a un año y que no den lugar a pagos anticipados durante dicho período, el devengo del Impuesto se producirá a 31 de diciembre de cada año por la parte proporcional correspondiente al período

transcurrido desde el inicio de la operación o desde el anterior devengo hasta la citada fecha, en tanto no se ponga fin a dichas prestaciones de servicios.

(...)

Dos. No obstante lo dispuesto en el apartado anterior, en las operaciones sujetas a gravamen que originen pagos anticipados anteriores a la realización del hecho imponible el impuesto se devengará en el momento del cobro total o parcial del precio por los importes efectivamente percibidos.

Lo dispuesto en el párrafo anterior no será aplicable a las entregas de bienes comprendidas en el artículo 25 de esta Ley.

(...)».

Por lo tanto, **el devengo del IVA por los servicios de abogacía se producirá cuando dichos servicios se presten o, en su caso, cuando se produzcan pagos anticipados por ellos** (como sucedería en este supuesto). El impuesto deberá repercutirse al tipo general, del **21 %**.

b) Retenciones a cuenta del IRPF

Los rendimientos de actividades profesionales, como los que obtiene el abogado en el ejercicio de su profesión por cuenta propia, quedarán sujetos a retención o ingreso a cuenta del IRPF cuando se satisfagan por clientes que estén obligados a practicar tal retención o ingreso a cuenta (por ejemplo, en caso de personas jurídicas o de personas físicas autónomas que actúen en el marco de su actividad económica). Así resultaría de los artículos 75, 76 y 95 del RIRPF.

Y dicho mecanismo de retenciones no se ve alterado en el caso de que, por medio de la provisión de fondos, se cobren anticipos de honorarios. En ese sentido, por ejemplo, la **consulta vinculante de la Dirección General de Tributos (V0869-10)**, de 30 de abril de 2010, señala lo siguiente:

«Adicionalmente procede señalar que de conformidad con el artículo 78.1 del RIRPF, con carácter general, la obligación de retener nace en el momento en que se satisfagan o abonen las rentas correspondientes.

Este principio básico de que las retenciones se practican cuando se satisfacen los rendimientos no se ve desvirtuado en el supuesto de anticipos pagados al consultante por la dirección letrada y asistencia jurídica de su cliente encomendada para varios años. Los **anticipos constituyen o forman parte de la contraprestación**, lo único que se hace es adelantar en el tiempo la entrega del precio o parte del precio, pero manteniendo siempre el carácter de contraprestación. Por tanto, **los anticipos que satisfaga al consultante su cliente por la prestación de sus servicios estarán sujetos a retención a cuenta del IRPF**, en cuanto responden al concepto de rendimientos-contraprestación de una actividad profesional, rendimientos que el artículo 95.1 del RIRPF somete a retención al tipo genérico del **15 por 100** sobre los ingresos íntegros satisfechos».

c) Obligación de emitir factura

Conforme al **artículo 88.Dos de la LIVA**, la repercusión del impuesto deberá efectuarse mediante factura, en las condiciones y con los requisitos que se determinen reglamentariamente.

A su vez, el **artículo 164.Uno.3.º de la LIVA** dispone lo siguiente:

«Uno. Sin perjuicio de lo establecido en el Título anterior, los sujetos pasivos del impuesto estarán obligados, con los requisitos, límites y condiciones que se determinen reglamentariamente, a:

(...)

3.º **Expedir y entregar factura de todas sus operaciones**, ajustada a lo que se determine reglamentariamente».

En particular, a este respecto habrá que acudir al Real Decreto 1619/2012, de 30 de noviembre, por el que se aprueba el Reglamento por el que se regulan las obligaciones de facturación; cuyo artículo 2.1 determina, además, en su párrafo segundo:

> «También deberá expedirse factura y copia de esta por los pagos recibidos con anterioridad a la realización de las entregas de bienes o prestaciones de servicios por las que deba asimismo cumplirse esta obligación conforme al párrafo anterior, a excepción de las entregas de bienes exentas del Impuesto sobre el Valor Añadido por aplicación de lo dispuesto en el artículo 25 de la Ley del Impuesto».

Por lo tanto, como los servicios prestados por el abogado se encuentran sujetos y no exentos de tributación en el IVA, y el anticipo cobrado a través de la provisión de fondos devenga dicho impuesto, deberá emitirse factura por él. En este sentido, puede considerarse, por ejemplo, la **consulta vinculante de la Dirección General de Tributos (V5201-16)**, de 30 de noviembre de 2016.

Caso práctico | La condena en costas en el IRPF de litigantes particulares (condenado en costas y beneficiado por ellas)

CASO PRÁCTICO

En un determinado proceso civil entre particulares, no relacionado con la actividad de ninguno de ellos, se impusieron las costas al demandado. Dichas costas comprendieron los honorarios del abogado y los derechos del procurador del demandante. Ninguna de las partes gozó de asistencia jurídica gratuita.

Una vez seguidos los trámites oportunos, el condenado en costas procede a su abono.

¿Qué tratamiento tendrán esas costas en la declaración de la renta del litigante condenado en costas y en la del que ha resultado favorecido por ellas?

RESPUESTA

Ambos litigantes actuaron al margen de cualquier actividad económica, así que la condena en costas supondrá, conforme al artículo 33.1 de la LIRPF:

- Una ganancia patrimonial para el beneficiado por las costas (de la que podrá deducir los gastos en los que haya incurrido con motivo del pleito, importe deducible que podrá alcanzar como máximo la cuantía que reciba, sin superarla).

- Una pérdida patrimonial para el condenado a su pago.

Litigante favorecido por las costas

En la medida en que las costas se consideran como una indemnización a la parte vencedora del pleito, su incidencia tributaria para el beneficiado por ellas vendrá dada por su carácter restitutorio de los gastos de defensa y de representación realizados. Suponen la incorporación a su patrimonio de un crédito a su favor o de dinero (en cuanto se ejercite el derecho de crédito). Por lo tanto, para ese contribuyente que haya actuado al margen de una actividad económica constituirán una **ganancia patrimonial a los efectos de su IRPF**, de acuerdo con el artículo 33.1 de la LIRPF. En concreto, dicho precepto califica como tales «las variaciones en el valor del patrimonio del contribuyente que se pongan de manifiesto con ocasión de cualquier alteración en la composición de aquél, salvo que por esta Ley se califiquen como rendimientos».

Con respecto al importe de la ganancia patrimonial, en un principio, la Dirección General de Tributos venía considerando que, al no proceder la misma de una transmisión, debía cuantificarse por el propio importe indemnizatorio de la condena en costas, siguiendo el artículo 34.1.b) de la LIRPF. Sin embargo, la **resolución del Tribunal Económico-Administrativo Central n.º 6582/2019, de 1 de junio de 2020**, fijó el siguiente criterio:

> «Conforme con lo dispuesto en el artículo 33.1 de la Ley 35/2006, de 28 de noviembre, del Impuesto sobre la Renta de las Personas Físicas y de modifi-

cación parcial de las leyes de los Impuestos sobre Sociedades, sobre la Renta de no Residentes y sobre el Patrimonio, para la determinación de la ganancia patrimonial que puede suponer para el vencedor del pleito la condena a costas judiciales a la parte contraria, el litigante vencedor podrá deducir del importe que reciba en concepto de costas los gastos en que haya incurrido con motivo del pleito, importe deducible que podrá alcanzar como máximo el importe que reciba, sin superarlo; con lo que, si se le resarcen todos los gastos calificables de costas, en puridad no habrá tenido ganancia patrimonial alguna».

Por ese motivo, la Dirección General de Tributos modificó su criterio previo a través de su consulta vinculante (V3097-20), de 15 de octubre de 2020, pasando a considerar que, para la determinación de la ganancia patrimonial que puede suponer para el vencedor del pleito la condena en costas judiciales a la parte contraria, el litigante vencedor **podrá deducir del importe que reciba en concepto de costas los gastos en los que haya incurrido con motivo del pleito, un importe deducible que podrá alcanzar como máximo la cuantía que reciba**, sin superarla.

Así las cosas, **si el importe de la condena en costas se corresponde con los gastos en los que haya incurrido (esto es, con los honorarios profesionales correspondientes a su defensa y representación) no se habrá producido una ganancia patrimonial** con respecto a las costas. En ese sentido se pronuncia, por ejemplo, la consulta vinculante de la Dirección General de Tributos (V0666-24), de 15 de abril de 2024.

> **A TENER EN CUENTA.** Si el litigante vencedor hubiera contado con asistencia jurídica gratuita, puede acudirse a lo señalado por la Dirección General de Tributos en su consulta vinculante (V0540-19), de 13 de marzo de 2019. En ella, se establece que «los beneficiarios de la asistencia jurídica gratuita no asumen los gastos de defensa jurídica, sino que son las Administraciones Públicas quienes a través de los Colegios de Abogados satisfacen a los letrados la indemnización por los servicios de asistencia jurídica gratuita prestada en el turno de oficio. Con este planteamiento cabe afirmar que en tales casos el importe percibido por la condena en costas por la parte vencedora y que esta, a su vez, traslada al abogado que le ha prestado sus servicios no tiene incidencia alguna en la liquidación del Impuesto sobre la Renta de las Personas Físicas de aquella (la parte vencedora)».

Litigante condenado al pago de las costas

Cuando se actúa al margen de una actividad económica, en el ámbito estrictamente particular, la condena al pago de las costas procesales dará lugar a la existencia de una **pérdida patrimonial** para el contribuyente obligado por sentencia a satisfacer los gastos de defensa y asistencia jurídica en los que hubiera incurrido la parte vencedora, con base en el artículo 33.1 de la LIRPF antes citado.

Por lo demás, se trata de una pérdida que **queda al margen de lo señalado en el artículo 33.5.b) de la LIRPF**, que excluye del cómputo como pérdidas patrimoniales a las «debidas al consumo». No en vano, tal y como apuntó la Dirección General de Tributos en su consulta vinculante (V0503-23), de 2 de marzo de 2023, el pago de las costas procesales de la parte vencedora en un procedimiento judicial no se correspondería con un gasto de aplicación de renta al consumo del contribuyente.

Ahora bien, conviene tener en cuenta que los gastos en los que el condenado en costas hubiera incurrido con respecto a su propio abogado y procurador sí supondrían una aplicación de renta al consumo del contribuyente, como contraprestación por las prestaciones de servicios recibidas. En esa medida, no podrán considerarse como pérdida patrimonial a los efectos del IRPF.

Caso práctico | ¿Llevan IVA las sanciones disciplinarias de multa impuestas por un colegio de abogados a uno de sus colegiados?

PLANTEAMIENTO

Jacinto, letrado en ejercicio, ha cometido una infracción disciplinaria, prevista en los estatutos reguladores del colegio de abogados al que pertenece. Por ese motivo, tras el procedimiento correspondiente, dicho colegio le ha impuesto una sanción que consiste en una multa pecuniaria.

¿Lleva IVA esa multa?

RESPUESTA

En este caso, el pago de la multa pecuniaria al colegio por parte de Jacinto responde a la imposición de una sanción por la comisión de una infracción disciplinaria prevista en los estatutos reguladores del colegio de abogados al que pertenece. En esa medida, parece que dicha multa no constituiría la contraprestación por ninguna operación sujeta al IVA realizada por la entidad a favor del colegiado sancionado, sino que su pago responde a la imposición de una sanción disciplinaria. La multa impuesta tendrá carácter indemnizatorio, al no constituir la contraprestación de ninguna operación sujeta al IVA, y no deberá repercutirse cuota alguna por dicho importe.

Los artículos 4 y 5 de la LIVA definen el hecho imponible y el concepto de empresario o profesional a los efectos del IVA. Son preceptos que resultan de general aplicación, también para los colegios profesionales y sus miembros. En esa medida, tendrán la condición de empresario o profesional a efectos del IVA cuando ordenen un conjunto de medios personales y materiales, con independencia y bajo su responsabilidad, para desarrollar una actividad empresarial o profesional (sea de fabricación, comercio, de prestación de servicios, etc.) mediante la realización continuada de entregas de bienes o prestaciones de servicios, asumiendo el riesgo y ventura que pueda producirse en el desarrollo de la actividad, siempre que las mismas se realicen a título oneroso.

Así las cosas, quedarán sujetas al IVA las entregas de bienes y prestaciones de servicios que, en el ejercicio de su actividad empresarial o profesional, realicen en el territorio de aplicación del impuesto.

Por lo demás, el artículo 78 de la LIVA define la base imponible del IVA y señala:

«Uno. La base imponible del impuesto estará constituida por el importe total de la contraprestación de las operaciones sujetas al mismo procedente del destinatario o de terceras personas.

(...)

Tres. No se incluirán en la base imponible:

1.º Las cantidades percibidas por razón de indemnizaciones, distintas de las contempladas en el apartado anterior que, por su naturaleza y función, no constituyan contraprestación o compensación de las entregas de bienes o prestaciones de servicios sujetas al impuesto.

(…)».

En esa medida, **la normativa del IVA no excluye todas las indemnizaciones de la base imponible, sino tan solo aquellas que no se puedan considerar contraprestación** de entregas de bienes o prestaciones de servicios sujetas al impuesto.

Sobre esa base, la **consulta vinculante de la Dirección General de Tributos (V0955-24)**, de 30 de abril de 2024, tras repasar la jurisprudencia comunitaria, concluye lo siguiente:

> «Tal y como puso de manifiesto este Centro directivo en su contestación vinculante de 26 de septiembre de 2018, número V2612-18, con carácter general, para determinar si existe una indemnización a los efectos del Impuesto, es preciso examinar en cada caso si la cantidad abonada tiene por objeto resarcir al perceptor por la pérdida de bienes o derechos de su patrimonio o, por el contrario, si su objetivo es retribuir operaciones realizadas que constituyen algún hecho imponible del Impuesto.
>
> Es decir, **habrá que analizar si el importe recibido por la consultante se corresponde con un acto de consumo, esto es, con la prestación de un servicio autónomo e individualizable, o con una indemnización que tiene por objeto la reparación de ciertos daños o perjuicios**».

Dado que la base imponible es la magnitud dineraria o de otra naturaleza que resulta de la medición o valoración del hecho imponible, con carácter previo a su concreción debe precisarse cuál es el hecho imponible sujeto al impuesto, ya que solo de concurrir su existencia o delimitando previamente el hecho imponible, cabría analizar qué importe debe fijarse tal base imponible. En ese sentido, según el artículo 13 de la LGT, las obligaciones tributarias se exigirán con arreglo a la naturaleza jurídica del hecho, acto o negocio realizado, cualquiera que sea la forma o denominación que los interesados le hubieran dado, y prescindiendo de los defectos que pudieran afectar a su validez.

En el supuesto planteado, el **pago de la multa pecuniaria al colegio por parte de Jacinto responde a la imposición de una sanción para los supuestos de infracciones disciplinarias, previstas en los estatutos reguladores del colegio** en cuestión. Por lo tanto, **parece que esa multa no constituiría la contraprestación por ninguna operación sujeta al IVA** realizada por la entidad a favor del colegiado sancionado, sino que su pago por parte de este último responde a la imposición de una sanción disciplinaria. Así las cosas, según resuelve también la consulta vinculante antes referida, la cuantía de la multa impuesta tendrá carácter indemnizatorio, al no constituir la contraprestación de ninguna operación sujeta al IVA, y no deberá repercutirse cuota alguna por dicho importe, ya que la misma no se integra en la base imponible de ninguna operación sujeta al IVA.

Caso práctico | Reducción en IRPF por rendimientos irregulares en caso de procurador con procesos judiciales que superan los 2 años de duración

PLANTEAMIENTO

Un procurador ejerce por su propia cuenta, como profesional autónomo, y casi la totalidad de los procesos judiciales en los que interviene como tal tienen una duración superior a dos años.

¿Podría aplicarse la reducción por rendimientos irregulares del artículo 32.1 de la LIRPF por los honorarios que cobre en los procedimientos judiciales que se dilaten más de dos años?

RESPUESTA

En el caso de que efectivamente exista un período de generación superior a dos años, se cumpliría el requisito temporal para aplicar la reducción del artículo 32.1 de la LIRPF a los rendimientos netos correspondientes a los honorarios de esos procedimientos, siempre que, además, se imputen en un único período impositivo y no opere la excepción del tercer párrafo de ese precepto (actividad económica que forma regular o habitual obtenga ese tipo de rendimientos). Dado que se indica que de forma habitual los rendimientos del procurador tienen un período de generación superior a dos, parece que en este caso podría operar esa excepción, según la jurisprudencia que luego se verá.

Conforme al artículo 32.1 de la LIRPF, los rendimientos netos con un período de generación superior a dos años, así como aquellos que se califiquen reglamentariamente como obtenidos de forma notoriamente irregular en el tiempo, se reducirán en un 30 %, cuando, en ambos casos, se imputen en un único período impositivo. Ahora bien, los párrafos segundo y tercero del precepto puntualizan lo siguiente:

> «La cuantía del rendimiento neto a que se refiere este apartado sobre la que se aplicará la citada reducción no podrá superar el importe de 300.000 euros anuales.
>
> No resultará de aplicación esta reducción a aquellos rendimientos que, aun cuando individualmente pudieran derivar de actuaciones desarrolladas a lo largo de un período que cumpliera los requisitos anteriormente indicados, procedan del ejercicio de una actividad económica que de forma regular o habitual obtenga este tipo de rendimientos».

En ese sentido, la **consulta vinculante de la Dirección General de Tributos (V0381-23), de 21 de febrero de 2023**, señalaba, con respecto a los honorarios de un abogado, que «en lo que se refiere al hecho de la posible existencia de un período de generación superior a dos años (respecto a los rendimientos objeto de consulta), cabe indicar que para ello es necesario la existencia de ese período en relación con la intervención de defensa procesal en un litigio y que ha dado lugar al devengo de los honorarios correspondientes a esa intervención. En tal circunstancia, sí resultaría posible la aplicación de la reducción a los rendimientos netos correspondientes a los honorarios objeto de consulta, siempre que no resultase operativa la excepción recogida en el párrafo tercero del artículo 32.1 de la Ley del Impuesto».

Por lo tanto, en el caso de los rendimientos que se mencionan en el enunciado, si los procedimientos judiciales que dan lugar a su devengo tienen una duración superior a dos años, cabría entender que efectivamente existe un **período de generación superior a dos años** y que, por tanto, se cumple el requisito temporal para aplicar la reducción a los rendimientos netos correspondientes a los honorarios de esos procedimientos. Aunque, para ello, será necesario, además, que se **imputen en un único período impositivo y que no opere la excepción recogida en el tercer párrafo** del artículo 32.1 de la LIRPF.

Y, justamente, en relación con dicha excepción, conviene tener en cuenta los siguientes **criterios fijados por el Tribunal Supremo:**

- Sentencias del Tribunal Supremo n.º 429/2018, de 19 de marzo, ECLI:ES:TS:2018:950; n.º 450/2018, de 20 de marzo, ECLI:ES:TS:2018:1069; y n.º 610/2018, de 16 de abril, ECLI:ES:TS:2018:1472. En esta última, la Sala fija el siguiente criterio, coincidente con el de las sentencias previas antes referidas:

> «1. Los ingresos obtenidos por un abogado, en el ejercicio de su profesión, por su actuación de defensa procesal en litigios cuya duración se haya extendido más de dos años, cuando se perciban de una sola vez o en varias en el mismo ejercicio, se consideran generados en un periodo superior a dos años a los efectos de acogerse a la reducción de los rendimientos netos prevista al efecto en el artículo 32.1, párrafo primero, de la LIRPF.
>
> 2. A efectos de la excepción contenida en el párrafo tercero del mencionado precepto, **la regularidad o habitualidad de los ingresos cuya concurrencia descarta aquella reducción ha de referirse al profesional de cuya situación fiscal se trate y a los ingresos obtenidos individualmente en su impuesto personal**, no a la actividad de la abogacía o a características propias de ésta, global o abstractamente considerada.
>
> 3. La **carga de la prueba de que concurre el presupuesto de hecho que habilita la citada excepción incumbe a la Administración**, que deberá afrontar los efectos desfavorables de su falta de prueba. Tal carga comporta obviamente la de justificar y motivar las razones por las que considera que la reducción debe excluirse».

- **Sentencia del Tribunal Supremo n.º 1499/2020, de 11 de noviembre, ECLI:ES:TS:2020:3728**, donde nuestro Alto Tribunal concluyó lo siguiente sobre la base de los criterios ya apuntados:

> «(...) para determinar si resulta aplicable la exclusión de los rendimientos que, aun referidos a periodos de generación superiores a los dos años, procedan del ejercicio de una actividad económica que de forma regular o habitual obtenga este tipo de rendimientos, ha de estarse a la índole de los ingresos propios de cada contribuyente, lo que comporta necesariamente atender a la índole concreta de su actividad y a la naturaleza de los rendimientos obtenidos en su ejercicio, todo ello con el fin de determinar si son regular o habitualmente obtenidos.
>
> (...)
>
> Si se atiende a la índole concreta de la actividad del recurrente y a la naturaleza de los rendimientos obtenidos en su ejercicio, como exige la doctrina de esta Sala, resulta que su actividad profesional se centra en reclamaciones judiciales por defectuosa asistencia sanitaria y esas reclamaciones, que constitu-

yen el núcleo de su actividad, exigen en la mayoría de los casos una dedicación superior a dos años, por lo que los rendimientos, aun referidos a periodos de generación superiores a los dos años, proceden del ejercicio de una actividad económica que de forma regular o habitual obtiene este tipo de rendimientos.

(...)

De los datos expuestos se desprende, sin dificultad, que el recurrente, en el ejercicio de su actividad profesional de abogado, obtiene de forma regula o habitual rendimientos con periodo de generación superior a dos años, aplicando de forma habitual la reducción examinada sobre un numero e importe de facturas muy elevado, que representa un porcentaje superior al 95% del total de los ingresos declarados por su actividad económica en tres de los ejercicios examinados, e inferior al 80% en uno de ellos.

(...)

Por último, en relación con el periodo que debe tomarse en consideración para valorar el carácter regular de los rendimientos a efectos de la excepción del art. 32.1 párrafo tercero LIRPF, baste señalar que en el presente caso tanto si tomamos como referencia cada ejercicio individualmente considerado, como si acudimos a un periodo más amplio, los cuatro ejercicios comprobados, la consecuencia que se obtiene no varía, pues, de un lado, tomando como referencia cada ejercicio, tanto el número de facturas como el importe de los ingresos sobre los que se practicó la reducción resultan muy relevantes; y de otro lado, tomando como referencia el conjunto de los cuatro ejercicios, los dos extremos resultan igualmente relevantes.

Conforme a lo expuesto, podemos concluir que la Administración tributaria ha acreditado que en los ejercicios examinados el obligado tributario no tenía derecho a practicar la reducción del art. 32.1 LIRPF por concurrir la excepción prevista en el último párrafo de ese precepto, pues tal y como declara la sentencia impugnada "...nos hallamos ante rendimientos netos por rentas irregulares que, sin embargo, se obtienen de forma regular o habitual en el ejercicio de la actividad profesional de abogado que desarrolla el recurrente, lo que impide acoger la pretensión actora de obtener la aplicación de la reducción interesada".

En efecto, tal y como ha expuesto esta Sala, si lo habitual o lo regular es la percepción de ingresos cuyos periodos de generación superen el umbral temporal legalmente previsto, "en tal caso la reducción sería un privilegio irritante e injustificable, pues en nada se diferenciarían aquéllos de los obtenidos de forma regular"».

En el mismo sentido que esta última sentencia se pronuncia también la STS n.º 1746/2023, de 20 de diciembre, ECLI:ES:TS:2023:5985, en relación con los rendimientos obtenidos por un procurador.

ANEXO II.
FORMULARIOS

Escrito de requerimiento de pago
de honorarios del abogado

Don/Doña [NOMBRE]

DNI [NÚMERO]

[DIRECCIÓN]

Abogado/a con n.º de colegiado/a [NÚMERO] **del ICA de** [LOCALIDAD]

A/A de Don/Doña [NOMBRE_DEUDOR], con DNI [NÚMERO] y domicilio en [DI-RECCIÓN].

Asunto: Requerimiento de pago

Estimado Sr./Sra.:

Mediante la presente me dirijo a usted para requerirle el pago de las cantidades debidas por las actuaciones realizadas por esta parte en el procedimiento [DESCRIP-CIÓN].

A día de hoy, usted no ha satisfecho la deuda generada por la prestación del servicio acordado mediante hoja de encargo de fecha [FECHA]. Esta deuda, que asciende a un importe de [CANTIDAD] euros, debería haberse abonado el pasado [DIA] de [MES] de [AÑO], por lo que al no haber cumplido usted con su obligación acudo a este medio para solicitarle que abone la totalidad de la mencionada deuda antes del plazo de [PERÍODO] días a partir de la recepción de esta comunicación.

Tenga la presente carta como un requerimiento de pago extrajudicial a todos los efectos legales. Conforme a lo establecido en el Código Civil, usted ha incurrido en mora, por lo que en base al art. 1108 del CC **(1)**, desde el momento de la recepción de esta comunicación comenzarán a devengarse intereses.

En caso de no efectuar el pago de la deuda en el plazo establecido se iniciarán los trámites legales oportunos para exigir el cumplimiento de la obligación de pago.

Reciba un cordial saludo.

En [LOCALIDAD] a [FECHA].

[FIRMA]

---

(1) Artículo 1108 del CC: «Si la obligación consistiere en el pago de una cantidad de dinero, y el deudor incurriere en mora, la indemnización de daños y perjuicios, no habiendo pacto en contrario, consistirá en el pago de los intereses convenidos, y a falta de convenio, en el interés legal».

Demanda de juicio declarativo de reclamación de honorarios por abogado

AL JUZGADO DE PRIMERA INSTANCIA DE [LOCALIDAD] QUE POR TURNO DE REPARTO CORRESPONDA

Don/Doña [NOMBRE_PROCURADOR_CLIENTE], procurador/a de los tribunales, y de **don/doña** [NOMBRE_ABOGADO_RECLAMANTE], con domicilio en [DOMICILIO] y DNI número [DNI], representación que acredito mediante [PODER_NOTARIAL/APO-DERAMIENTO_APUD_ACTA], que adjunto como documento n.º [NÚMERO], bajo la dirección letrada del/de don/doña [NOMBRE_ABOGADO], ante este Juzgado comparezco y, como mejor proceda en derecho, DIGO:

En la indicada representación, formulo **DEMANDA DE JUICIO** [ESPECIFICAR_VERBAL/ORDINARIO] **(1)**, ejercitando la acción de reclamación de cantidad por impago de honorarios derivados de una factura impagada por prestación de servicios del letrado que suscribe, frente a **don/doña** [NOMBRE_PARTE_CONTRARIA], mayor de edad, con DNI [ESPECIFICAR], y domicilio en [ESPECIFICAR].

Todo ello de acuerdo con los siguientes hechos y fundamentos de derecho.

HECHOS

PRIMERO.- Del contrato suscrito entre las partes

El actor/a y el demandado/a suscribieron en fecha [FECHA] un contrato en base al cual el demandante asumía la defensa letrada en el procedimiento [ESPECIFICAR], que incluía no solo el procedimiento principal, sino también los posibles incidentes, recursos y ejecución correspondientes.

Para formalizar dicho contrato se firmó por ambas partes una hoja de encargo, en donde se detallaban los trabajos encargados y los honorarios que se devengarían por cada uno de ellos.

Se adjunta copia de dicha hoja de encargo como **documento n.º** [NÚMERO].

SEGUNDO.- Del pago del precio

Una vez finalizada la realización de todos los trabajos encargados a esta parte, se le entregó la minuta de honorarios al demandado, requiriéndole para que procediese al abono de la misma en el plazo de [ESPECIFICAR] días.

La mentada minuta ascendía a [CANTIDAD] euros, y se desglosaba en los siguientes conceptos:

- [DESCRIPCIÓN].
- [DESCRIPCIÓN].

TERCERO.- De la negativa al pago y el requerimiento extrajudicial

El demandado no solo no abonó la minuta de honorarios, sino que para no atender a las reclamaciones de esta parte ha dejado incluso de contestarle las llamadas telefónicas.

Este hecho motivó que en fecha [ESPECIFICAR] se enviase un burofax al demandado, reclamándole el pago y adjuntando copia de la minuta, que fue entregado a este en fecha [ESPECIFICAR].

Se acompaña copia de dicho burofax, así como del certificado de entrega como **documento n.º** [NÚMERO].

CUARTO.- **Del fracasado intento de resolver la controversia de forma extrajudicial**

Ante la imposibilidad de contactar con el demandado vía telefónica y la falta de respuesta al burofax enviado, no le ha quedado más remedio a esta parte que acudir a la vía judicial para cobrar la cantidad pendiente de pago.

A los anteriores hechos son de aplicación los siguientes,

FUNDAMENTOS DE DERECHO

I.- JURISDICCIÓN

Corresponde el conocimiento a la jurisdicción civil ordinaria, de conformidad con lo establecido en los arts. 9.2, 21 y 22 de la LOPJ, así como en el art. 36 de la LEC.

II.- COMPETENCIA OBJETIVA Y TERRITORIAL

Es competente el juzgado de primera instancia al que se dirige esta demanda por aplicación de lo establecido en el art. 45 de la LEC.

En cuanto a la competencia territorial, corresponde al juzgado de primera instancia del partido judicial de [LOCALIDAD] que por turno de reparto corresponda, por aplicación de lo dispuesto en el art. 50 de la LEC.

III.- CAPACIDAD PARA SER PARTE

Ambas partes litigantes tienen capacidad para ser parte por aplicación de lo establecido en el art. 6 de la LEC, al ser titulares de facultades y cargas del proceso; y, asimismo, tienen plena capacidad procesal, al estar en pleno ejercicio válido de derechos civiles, o para comparecer en juicio, en los términos del art. 7 de la LEC, pretendiendo el actor y siendo pretendido el demandado, en sus respectivos nombres y derechos.

IV.- LEGITIMACIÓN ACTIVA

La ostenta mi representada, *ad causam* y *ad processum* al ser titular de la acción que se ejercita, por aplicación de lo establecido en el art. 10 de la LEC.

V.- LEGITIMACIÓN PASIVA

Corresponde a la parte demandada, por ser la obligada contractualmente, por aplicación de lo dispuesto en el art. 10 de la LEC.

VI.- PROCEDIMIENTO

El procedimiento adecuado para la tramitación y resolución de este juicio es el [ESPECIFICAR_ORDINARIO/VERBAL] **(1)**, que se regula en los arts. [ESPECIFICAR] **(2)**.

VII.- DE LA REPRESENTACIÓN PROCESAL Y ASISTENCIA TÉCNICA

Esta parte comparece debidamente representada por procurador de los tribunales y asistida de abogado **(3)**.

VIII.- CUANTÍA

Se fija la cuantía procesal de esta demanda en el importe del precio pendiente de abonar, que es la cantidad que se reclama en el presente juicio y que asciende a [CANTIDAD] euros, en aplicación de lo establecido en el art. 251.1.ª de la LEC.

IX.- INTERESES

De acuerdo con el artículo 1100 del Código Civil en su párrafo primero: «Incurren en mora los obligados a entregar o a hacer alguna cosa desde que el acreedor les exija judicial o extrajudicialmente el cumplimiento de su obligación»; y conforme al artículo 1108 del CC: «Si la obligación consistiere en el pago de una cantidad de dinero, y el deudor incurriere en mora, la indemnización de daños y perjuicios, no habiendo pacto en contrario, consistirá en el pago de los intereses convenidos, y a falta de convenio, en el interés legal».

Por consiguiente, desde [ESPECIFICAR], en que consta que la parte demandada recibe el último inexcusable requerimiento, a través de burofax, del pago de la minuta de honorarios pendiente, debe, asimismo, como resarcimiento de perjuicios, el interés legal del dinero hasta la fecha del pago definitivo.

Y, de conformidad con lo dispuesto en el artículo 576 de la LEC, en su apartado 1.º: «Desde que fuere dictada en primera instancia, toda sentencia o resolución que condene al pago de una cantidad de dinero líquida determinará, en favor del acreedor, el devengo de un interés anual igual al del interés legal del dinero incrementado en dos puntos o el que corresponda por pacto de las partes o por disposición especial de la ley».

X.- FONDO DEL ASUNTO

De la fuerza vinculante de los contratos entre las partes

Art. 1089 del CC:

«Las obligaciones nacen de la ley, de los contratos y cuasi contratos, y de los actos y omisiones ilícitos o en que intervenga cualquier género de culpa o negligencia».

Art. 1091 del CC:

«Las obligaciones que nacen de los contratos tienen fuerza de ley entre las partes contratantes, y deben cumplirse al tenor de los mismos».

Art. 1254 del CC:

«El contrato existe desde que una o varias personas consienten en obligarse, respecto de otra u otras, a dar alguna cosa o prestar algún servicio».

Art. 1544 del CC:

«En el arrendamiento de obras o servicios, una de las partes se obliga a ejecutar una obra o a prestar a la otra un servicio por precio cierto».

Con respecto al contrato de arrendamiento de servicios entre abogado-cliente, la **STS n.º 260/2009, de 28 de abril, ECLI:ES:TS:2009:2201**, ya indicaba que:

«La STS de 30 de octubre de 2004, recoge la doctrina jurisprudencial sobre esta materia, y dice lo siguiente: "En **el arrendamiento de servicios profesionales de Abogado constituye elemento estructural la existencia de precio cierto**, el cual **ha de pagar quién ha contratado personalmente la prestación** -cliente- (SSTS de 15 de noviembre de 1996, 17 de diciembre de 1997 y 16 de febrero de 2001), y para cuya determinación se habrá de estar a lo acordado por los interesados (STS de 26 de febrero de 1987) y, en su defecto, a la fijación judicial, atendiendo en este caso a las pautas indicadas en la doctrina jurisprudencial, que son fundamentalmente las que fijan las SSTS de 15 de marzo de 1994 (dictamen del Colegio de Abogados, cuantía de los asuntos, trabajo realizado, grado de complejidad, dedicación requerida y resultados obtenidos), 24 de febrero de 1998 (naturaleza del asunto, valor económico, amplitud y complejidad de la labor desarrollada) y 16 de febrero de 2001 (tiempo de dedicación, número de asuntos, complejidad de las cuestiones y resultados favorables), sin descuidar la costumbre o uso del lugar (STS de 3 de febrero de 1998) y la ponderación mediante un criterio de prudencia y equidad (SSTS de 4 de mayo de 1988 y 16 de septiembre de 1999), si bien constituye un "prius" inexcusable la prueba por el Letrado de la realidad de los servicios prestados (STS de 24 de septiembre de 1988)».

A la vista de lo anterior, conforme a la normativa aplicable, la parte demandada queda obligada al pago de la minuta reclamada.

Vigencia de la obligación de pago

El plazo de prescripción de la acción aparece recogido en el **art. 1967 del Código Civil**, que dispone:

«Por el transcurso de tres años prescriben las acciones para el cumplimiento de las obligaciones siguientes:

1ª La de pagar a los Jueces, Abogados, Registradores, Notarios, Escribanos, peritos, agentes y curiales sus honorarios y derechos, y los gastos y desembolsos que hubiesen realizado en el desempeño de sus cargos u oficios en los asuntos a que las obligaciones se refieran.

(...)».

El Tribunal Supremo se ha pronunciado en numerosas ocasiones sobre cuál es el dies a quo de este plazo de prescripción, entendiendo que las actuaciones de los abogados deben entenderse como un todo, pudiendo citarse como ejemplo la reciente **STS n.º 88/2022, de 3 de febrero, ECLI:ES:TS:2022:496**, que establece que:

«A efectos del cómputo del plazo de prescripción, como señalamos en la sentencia 417/2017, de 30 de junio, la jurisprudencia de esta sala tiene establecido que **los servicios profesionales de los abogados y procuradores en un determinado asunto deben considerarse como un todo,** es decir como el conjunto de los trabajos desarrollados para la defensa del asunto, y no de forma aislada respecto de cada una de sus actuaciones; salvo que por voluntad de las partes proceda fragmentar y dividir el cobro de cada una de las actuaciones del profesional, como si se tratara de encargos diferentes, aunque versen sobre un mismo asunto (...)».

La sentencia de la Audiencia Provincial de Madrid n.º 443/2009, de 14 de julio, ECLI:ES:APM:2009:9220, fija el comienzo del plazo de prescripción cuando finaliza la ejecución, lo que conlleva que los honorarios reclamados en esta demanda no estén prescritos:

«Pues bien, discrepando del criterio expresado en la sentencia apelada, se estima que por encargo profesional encomendado al Letrado no puede entenderse la incoación de cada procedimiento judicial determinado (acto de conciliación, procedimiento de cognición o procedimiento de ejecución), sino que el encargo profesional se refiere al cobro de una deuda determinada, incluyendo cuantas acciones judiciales diversas se promuevan orientadas al cobro de esa deuda. Y, por tanto, el plazo de prescripción no comienza sino desde la última actuación procesal realizada en el último de los procedimientos instados a ese fin; es decir, con el último acto procesal del procedimiento de ejecución».

No cabe duda, pues, de que ya por la existencia propia de la deuda como tal, pactada contractualmente y no existiendo abono de la misma, como de la concreta doctrina expuesta para el caso concreto de la relación abogado-cliente, la presente demanda debe de ser estimada en todos sus pedimentos.

XI.- COSTAS

Procede su imposición a la parte demandada por aplicación de lo establecido en el art. 394 de la LEC.

XII.- IURA NOVIT CURIA

En todo lo no invocado resulta de aplicación el principio *iura novit curia*, plasmado en el párrafo segundo del punto primero del artículo 218 de la LEC, en virtud del cual serán aplicables las demás normas que sean de pertinente, especial o general aplicación, y que el juzgador podrá tener en cuenta de oficio sin necesidad de que hayan sido previamente alegados o invocados por alguna de las partes intervinientes.

En su virtud,

SUPLICO AL JUZGADO:

Que, teniendo por presentado este escrito junto con las copias y los documentos que lo acompañan, se sirva admitir todo ello, tenga por interpuesta demanda de juicio [ESPECIFICAR_VERBAL/ORDINARIO] contra don/doña [NOMBRE_PARTE_CONTRARIA] y, previos los trámites legales pertinentes, dicte en su día sentencia por la cual, estimando íntegramente esta demanda, se condene al pago de la cantidad reclamada en concepto de minuta de honorarios de letrado, que asciende a [CANTIDAD] euros, más los intereses legales que resulten de aplicación, con imposición de las costas causadas.

Es justicia que pido en [CIUDAD], a [FECHA].

Ltdo. Don/Doña   Proc. Don/Doña

[NOMBRE]   [NOMBRE]

PRIMER OTROSÍ DIGO: que esta parte tiene la intención de cumplir con los preceptos legales de carácter procesal, por lo que, de observarse algún defecto, al amparo de lo establecido en art. 231 de la LEC, se solicita se le diere traslado de cualquier defecto del que adoleciere la presente demanda, para su inmediata subsanación.

Por ello,

SUPLICO AL JUZGADO:

Se le conceda plazo para su subsanación.

Es justicia que se reitera en lugar y fecha indicados *ut supra*.

Ltdo. Don/Doña   Proc. Don/Doña

[NOMBRE]   [NOMBRE]

SEGUNDO OTROSÍ DIGO: que para el caso de que se discuta de adverso la cuantía reclamada, a pesar de ser la acordada en la hoja de encargo aportada, esta parte quiere solicitar que se requiera al Colegio de Abogados de [LOCALIDAD], para que emita un informe sobre la minuta cuestionada.

Por lo expuesto,

SUPLICO AL JUZGADO:

Tenga por hecha dicha manifestación a los efectos legales pertinentes.

Es justicia que se reitera en lugar y fecha indicados.

Ltdo. Don/Doña   Proc. Don/Doña

[NOMBRE]   [NOMBRE]

---

(1) Especificar si corresponde el juicio verbal u ordinario, según lo establecido en los artículos 249 y 250 de la LEC. En este caso, si la cantidad reclamada supera los 15.000 euros correspondería el juicio ordinario, pero si fuese inferior correspondería el juicio verbal. El RD-ley 6/2023, de 19 de diciembre, modificó los artículos 249 y 250 de la LEC con entrada en vigor el 20/03/2024.

(2) En juicio ordinario se encontraría regulado en los arts. 399 y siguientes de la LEC, mientras que el juicio verbal estaría regulado en los arts. 437 y siguientes de la LEC.

(3) La representación mediante procurador y la defensa letrada no es preceptiva si la cuantía reclamada no supera los 2.000 euros, conforme a los arts. 23 y 31 de la LEC.

Escrito de petición inicial de proceso monitorio reclamando honorarios de letrado

AL JUZGADO DE PRIMERA INSTANCIA DE
[LOCALIDAD] **QUE POR TURNO CORRESPONDA**

Don/Doña [NOMBRE_PROCURADOR_CLIENTE], procurador/a de los tribunales, en nombre y representación de don/doña [NOMBRE_CLIENTE], según acredito mediante poder especial para pleitos para su unión en autos por copia certificada con devolución del original/mediante poder APUD ACTA que se acompaña como documento n.º [NÚMERO], bajo la dirección letrada de [NOMBRE_ABOGADO_CLIENTE], ante el juzgado comparezco y, como mejor proceda en derecho, **DIGO**:

Por medio del presente escrito formulo **PETICIÓN INICIAL DE PROCESO MONITORIO EN RECLAMACIÓN DE** [CANTIDAD_LETRA] **euros** ([CANTIDAD] €) más los intereses legales que correspondan, contra don/doña [NOMBRE_PARTE_CONTRARIA], con DNI número [NÚMERO_DNI] y domicilio en [DIRECCIÓN], correspondientes a las facturas que se adjuntan al presente escrito en concepto de honorarios profesionales extrajudiciales y judiciales, además de los gastos de reclamación.

HECHOS

PRIMERO.- Las cantidades reclamadas tienen su origen en las relaciones profesionales mantenidas entre las partes y, concretamente, en la representación legal de procurador y defensa letrada en los siguientes procedimientos, incluyéndose además las gestiones extrajudiciales:

- Juicio oral n.º [NÚMERO], seguido ante el juzgado [ESPECIFICAR]. Se adjunta como **documento n.º** [NÚMERO] la factura de honorarios.

- Recurso de apelación e impugnación del contrario de la sentencia n.º [NÚMERO], recaída en el juicio oral n.º [NÚMERO], ante la audiencia provincial. Se adjunta como **documento n.º** [NÚMERO] la factura correspondiente.

- Procedimiento abreviado, Juzgado de lo Penal n.º [NÚMERO]. Se adjunta como **documento n.º** [NÚMERO] la factura por el mismo.

FACTURA	CONCEPTO	IMPORTE	ADEUDADO

SEGUNDO.- Dichas facturas han sido reclamadas en diversas ocasiones a la parte deudora de forma extrajudicial, ofreciéndosele distintos sistemas de pago, sin ninguna respuesta positiva por parte del deudor, que, con ánimo de eludir el pago ha impedido la comunicación, obligando a esta parte a realizar reclamación escrita fehaciente mediante el envío de un burofax.

Adjuntamos como **documento n.º** [NÚMERO] el referido burofax con acuse de recibo y certificado de texto, y como **documento n.º** [NÚMERO] acuse de recibo en el que consta notificado el deudor.

A pesar de todo, el deudor ha hecho caso omiso a la reclamación dirigida en el burofax y tampoco se ha puesto en contacto con los/las profesionales que suscriben.

TERCERO.- La deuda es vencida, líquida, determinada y exigible, y se encuentra debidamente documentada. Asimismo, se reclaman los gastos derivados de la reclamación extrajudicial, se adjunta como **documento n.º** [NÚMERO] factura de expedición del burofax por importe de [CANTIDAD] euros, pues en virtud del artículo 1168 del Código Civil: «Los gastos extrajudiciales que ocasione el pago serán de cuenta del deudor. Respecto de los judiciales, decidirá el Tribunal con arreglo a la Ley de Enjuiciamiento Civil».

A los anteriores hechos le son de aplicación los siguientes,

FUNDAMENTOS DE DERECHO

I.- COMPETENCIA

Es competente el juzgado al que me dirijo, de acuerdo con lo dispuesto en los artículos 45 y 813 de la Ley de Enjuiciamiento Civil, por ser el que corresponde al domicilio del demandado.

II.- PROCEDIMIENTO

Resulta de aplicación el procedimiento monitorio de conformidad con los artículos 812 y siguientes de la Ley de Enjuiciamiento Civil, ya que el crédito de la actora consta documentado mediante facturas emitidas por el demandante y correspondientes a [ESPECIFICAR], y las reclamaciones extrajudiciales de abono de las citadas facturas.

III.- LEGITIMACIÓN

Está legitimado/a activamente el/la demandante, por ser el/la acreedor/a de la suma adeudada, en su calidad de profesional al que fueron encargados los servicios que son objeto de las facturas que se reclaman.

Está legitimado/a pasivamente el/la demandado/a, por ser quien encargó los trabajos objeto de las facturas y no haber abonado el importe de las mismas.

IV.- REPRESENTACIÓN

A pesar de no ser preceptiva la asistencia letrada, ni la representación por medio de procurador, de conformidad con el art. 814.2 de la LEC y los arts. 23.2.1.º y 31.2.1.º de la LEC, por ser el presente escrito la petición inicial del procedimiento monitorio, esta parte acude asistida de letrado y representada por procurador en aras de atender lo preceptuado procesalmente para los trámites posteriores (en caso de impago), toda vez que la cuantía a reclamar hace preceptiva la intervención de dichos profesionales.

V.- DE LOS INTERESES

Se deberán abonar los intereses conforme a lo establecido en el art. 1108 del CC: «Si la obligación consistiere en el pago de una cantidad de dinero, y el deudor incurriere en mora, la indemnización de daños y perjuicios, no habiendo pacto en contrario, consistirá en el pago de los intereses convenidos, y a falta de convenio, en el interés legal» **(1)**.

VI.- COSTAS

Las costas serán impuestas a la parte demandada, de conformidad con el artículo 394 de la Ley de Enjuiciamiento Civil.

Por todo ello,

SUPLICO AL JUZGADO:

Que, teniendo por presentado este escrito, con sus documentos y copias de todo ello, se sirva admitirlo, y tenga por presentada **PETICIÓN INICIAL DE JUICIO MONITORIO** frente a don/doña [NOMBRE_PARTE_CONTRARIA] por el importe de [CANTIDAD_LETRA] euros ([CANTIDAD] €) correspondiente al principal y gastos de reclamación más los intereses legales y costas, y a la vista de lo anterior:

- 1.º- Se le dé traslado a la parte contraria para que, en el plazo de 20 días, pague la cantidad reclamada y, para el caso de que no atienda al pago o no formule oposición, se dicte decreto dado por terminado el proceso monitorio, y se me dé traslado para poder instar la ejecución.

- 2.º- Si la parte deudora formula alegaciones, se dé por terminado el proceso monitorio y se acuerde seguir con los trámites del juicio verbal/ordinario **(2)**, dándose traslado a la oposición para poder impugnarla en el plazo de 10 días; pidiendo desde este momento, para el caso de oposición, **el embargo de bienes del deudor**, y en su día tras la tramitación del procedimiento que corresponda, se condene a la parte demandada al pago de [CANTIDAD_LETRA] euros ([CANTIDAD] €), más la cantidad legal desde el requerimiento de pago, así como al pago de las costas procesales.

Es justicia en [LOCALIDAD], a [FECHA]

Fdo. Procurador/a   Fdo. Abogado/a

---

(1) En caso de que la reclamación se dé entre empresas, será de aplicación la Ley 3/2004, de 29 de diciembre. Concretamente, en cuanto al interés de demora, señala el artículo 7 de la referida ley que:
«1. El interés de demora que deberá pagar el deudor será el que resulte del contrato y, en defecto de pacto, el tipo legal que se establece en el apartado siguiente.
2. El tipo legal de interés de demora que el deudor estará obligado a pagar será la suma del tipo de interés aplicado por el Banco Central Europeo a su más reciente operación principal de financiación efectuada antes del primer día del semestre natural de que se trate más ocho puntos porcentuales.
Por tipo de interés aplicado por el Banco Central Europeo a sus operaciones principales de financiación se entenderá el tipo de interés aplicado a tales operaciones en caso de subastas a tipo fijo. En el caso de que se efectuara una operación principal de financiación con arreglo a un procedimiento de subasta a tipo variable, este tipo de interés se referirá al tipo de interés marginal resultante de esa subasta.
El tipo legal de interés de demora, determinado conforme a lo dispuesto en este apartado, se aplicará durante los seis meses siguientes a su fijación.
3. El Ministerio de Economía y Hacienda publicará semestralmente en el "Boletín Oficial del Estado" el tipo de interés resultante por la aplicación de la norma contenida en el apartado anterior».
A estos efectos, señalamos que el tipo de interés de financiación del Banco Central Europeo a fecha [FECHA] es del [PORCENTAJE] %, por lo que, el tipo legal de interés de demora aplicable en este caso es del [PORCENTAJE] %.
(2) Se determinará en función de la cuantía. Si no excede de quince mil euros se seguirán los trámites del juicio verbal; si excediese se decidirá por juicio ordinario, según la redacción de los artículos 249 y 250 de la LEC resultante del RD-ley 6/2023, de 19 de diciembre, con entrada en vigor el 20/03/2024.

Querella por delito de apropiación indebida contra abogado o procurador

AL JUZGADO DE INSTRUCCIÓN DE [LOCALIDAD] QUE POR TURNO CORRESPONDA

D./D.ª [NOMBRE_PROCURADOR_CLIENTE], procurador de los tribunales, actuando en nombre y representación de D./D.ª [NOMBRE_CLIENTE], mayor de edad, provisto de DNI [NÚMERO] y con domicilio en [DOMICILIO], según acredito a través de [DESIGNACIÓN APUD ACTA/COPIA DE ESCRITURA DE PODER GENERAL PARA PLEITOS] para su unión a los autos por copia testimoniada con devolución de aquella, previo testimonio en autos, que se adjunta como Documento n.º 1 **(1)**, con la asistencia de D./D.ª [NOMBRE_ABOGADO_CLIENTE], colegiado n.º [NÚMERO] del Ilustre Colegio de Abogados de [LOCALIDAD], ante este juzgado comparezco y, como mejor proceda en derecho, **DIGO**:

Que en la representación que ostento, mediante este escrito y de conformidad con lo previsto en los artículos 270 y siguientes de la LECrim, formulo querella en ejercicio de acciones civiles y penales por delito de apropiación indebida contra D./D.ª [NOMBRE], provisto de DNI [DNI] y con domicilio en [DOMICILIO], con base en los siguientes,

HECHOS Y FUNDAMENTOS

PRIMERO.- COMPETENCIA

Se presenta esta querella ante el Juzgado de Instrucción de [LOCALIDAD], como competente para conocer de la misma, conforme a lo dispuesto en los artículos 14 y 272 de la LECrim, al haberse cometido en su partido judicial los hechos que se relatarán.

SEGUNDO.- QUERELLANTE

El/La querellante es mi mandante, D./D.ª [NOMBRE_CLIENTE], mayor de edad, provisto/a de DNI [DNI] y vecino/a de [DOMICILIO].

TERCERO.- QUERELLADOS (2)

Se formula esta querella contra D./D.ª [NOMBRE_PARTE_CONTRARIA], mayor de edad, provisto/a de DNI [DNI] y vecino/a de [DOMICILIO], así como contra aquellas personas que en fase de instrucción del procedimiento aparezcan como coautoras, cómplices o encubridoras del delito.

CUARTO.- HECHOS

Los hechos que motivan la interposición de esta querella son los siguientes:

- [ESPECIFICAR_HECHOS] **(3)**.

Entendemos que los hechos descritos constituyen un delito de apropiación indebida previsto en el artículo 253 del CP, castigado con una pena de prisión de seis meses a tres años, con concurrencia de la agravante de abuso de la credibilidad empresarial o profesional del querellado, lo cual supondría una pena de prisión de uno a seis años y multa de seis a doce meses.

Y, es que, el/la letrado/a contra el que se dirige esta querella percibió de mi mandante la suma de [CANTIDAD] euros en concepto de provisión de fondos, mediante la firma de la correspondiente hoja de encargo, que se acompaña como Documento n.º 2. Dicha cantidad, según especifica la propia hoja de encargo, comprendía tanto una parte de suplidos, dirigida al pago de los honorarios de dos peritos y de formalización de escritura en notaría, como un anticipo de los propios honorarios del querellado. Aun así, este hizo suyos todos los importes percibidos, sin proceder al pago de los peritos ni de la notaría, y se niega a la devolución de ninguno de los importes.

Según reiterada jurisprudencia, tal proceder constituye un delito de apropiación indebida, tal y como se desprende de **la sentencia del Tribunal Supremo n.º 150/2018, de 27 de marzo, ECLI:ES:TS:2018:1124**:

> «La jurisprudencia de esta Sala ha considerado reiteradamente que la relación profesional entablada por un Letrado en ejercicio con su cliente se encuadra en el arrendamiento de servicios, título que no da lugar a la comisión de un delito de apropiación indebida cuando el profesional que ha recibido una cantidad en concepto de provisión de fondos como parte de sus honorarios no cumple el encargo recibido. Pues las cantidades recibidas en ese concepto lo han sido como pago anticipado de sus servicios, por lo que las hace legítimamente suyas aunque se produzca un incumplimiento contractual, que podría dar lugar, en su caso, a un delito de deslealtad profesional o a una obligación civil de reintegro.
>
> Por otro lado, en ocasiones, la entrega de cantidades en concepto de provisión de fondos puede tener como finalidad anticipar el pago de parte de los honorarios o bien atender a gastos concretos por gestiones encargadas al Letrado. En este segundo caso, se apreciará un delito de apropiación indebida si el Letrado, en lugar de destinarlas a la finalidad pactada las hace suyas. En este sentido, en la STS n.º 4/2009, de 23 de diciembre de 2008 se decía que "Lo que se recibe en concepto de pago de honorarios es precio o merced que en el marco del arrendamiento constituye la prestación debida por el servicio prestado, o que se ha de prestar. Por lo cual en principio su entrega lo es como pago y con transmisión del dominio del dinero. Si luego el servicio profesional convenido no se presta o se presta incorrectamente existirá en efecto un incumplimiento contractual sobrevenido en el marco de un negocio jurídico bilateral con obligaciones recíprocas; con la posibilidad de integrar una estafa, si el contrato se presenta como una mera apariencia engañosa que esconde desde el principio la decidida voluntad por el sujeto de no cumplir con el servicio prometido. Lo anterior sin embargo no excluye otras posibilidades. El cliente no siempre entrega dinero al Letrado como pago de sus honorarios. Puede hacerlo con ese título obligacional, pero también con otros tales como el del mandato, para la realización de gestiones que exijan desembolsos y gastos varios, para cuya cobertura se hace entrega dineraria. Entrega que no es para su adquisición dominical por el receptor, sino para su posesión con disponibilidad autorizada para un concreto fin al que necesariamente ha de destinar el dinero. En esos casos la desviación del fin que justifica su posesión, representa una apropiación indebida por parte del receptor que, abusando de su tenencia lo hace suyo sin aplicarlo al destino pactado".
>
> Por lo tanto, cuando el Letrado recibe cantidades como provisión de fondos no se aprecia el delito de apropiación indebida, aunque no cumpla lo contratado, si lo recibido es a cuenta de los honorarios. Por el contrario, **cuando se recibe la provisión de fondos con destino a gestiones concretas que el Abogado deba pagar a terceros, se comete el delito si, no dándoles el destino concertado, las hace suyas.** Del mismo modo cuando aplica a sus honorarios lo que ha recibido de un órgano jurisdiccional o de terceros para entregarlo a su cliente. Pues, en

estos casos es un gestor de dinero ajeno, mientras que en aquellos recibe un pago por sus servicios, de forma que lo hace legítimamente propio».

QUINTO.- DILIGENCIAS DE COMPROBACIÓN DE LOS HECHOS DELICTIVOS

Para la comprobación de los hechos referidos, deberán practicarse las diligencias que a continuación se indican:

1. Declaración de la parte querellada, D./D.ª [NOMBRE_PARTECONTRARIA].

2. Que se recaben los antecedentes penales de la parte querellada.

3. Documental aportada con este escrito de querella.

4. Declaración testifical de D./D.ª [NOMBRE].

5. [DESCRIPCIÓN] **(4)**.

6. Cuantas diligencias complementarias sean convenientes para la adecuada averiguación de los hechos.

Ello con arreglo a lo dispuesto en el art. 258 bis LECrim, relativo la celebración de los actos procesales mediante presencia telemática **(5)**.

SEXTO.- RESPONSABILIDAD CIVIL

Conforme al artículo 116 del CP, toda persona criminalmente responsable de un delito también lo es civilmente si del hecho se derivasen daños o perjuicios, como sería este caso. Dicha responsabilidad civil tendrá que comprender la restitución, reparación del daño y la indemnización de los perjuicios sufridos, en los términos que reconocen los artículos 110 y siguientes del CP.

En virtud de todo lo expuesto y ejercitando en nombre de mi representado/a las acciones penales y civiles que le correspondan como perjudicado/a por los hechos referidos,

SUPLICO AL JUZGADO:

Que, teniendo por presentado este escrito junto con sus documentos y copias, admita uno y otros, les de la tramitación legal pertinente, se me tenga por parte en la causa en la representación acreditada a través del poder aportado, **se acuerde la incoación de diligencias para la averiguación de los hechos, se practiquen las diligencias solicitadas en este escrito y, previos los trámites legales pertinentes, se dicte en su día sentencia condenatoria del querellado D./D.ª**, imponiéndosele la pena que proceda y condenándosele, asimismo, al pago de la responsabilidad civil por los daños y perjuicios ocasionados a mi mandante.

Es justicia que pido en [LOCALIDAD], a [DIA] de [MES] de [AÑO].

Letrado/a D./D.ª	Procurador/a D./D.ª
[NOMBRE Y FIRMA LETRADO NUMEROCOLEGIADO_ABOGADO_ CLIENTE]	[NOMBRE Y FIRMA PROCURADOR NUMERO COLEGIADO_PROCURADOR_ CLIENTE]

PRIMER OTROSÍ DIGO: mi representado/a, como ofendido por el delito, se encuentra exento de prestar fianza, conforme a lo dispuesto en el artículo 281 de la LECrim **(6)**.

En su virtud,

SUPLICO AL JUZGADO:

Que tenga por realizada la anterior manifestación a los efectos legales oportunos.

Es justicia que reitero en el lugar y fecha *ut supra*.

Letrado/a D./D.ª   Procurador/a D./D.ª

[NOMBRE Y FIRMA LETRADO   [NOMBRE Y FIRMA PROCURADOR
NUMEROCOLEGIADO_ABOGADO_   NUMERO COLEGIADO_PROCURADOR_
CLIENTE]   CLIENTE]

SEGUNDO OTROSÍ DIGO: esta parte manifiesta su voluntad expresa de cumplir con todos y cada de los requisitos exigidos por la ley para la validez de los actos procesales, y a tal efecto, se solicita, en su caso, la posibilidad de subsanación inmediata a los efectos de lo dispuesto en el artículo 277 de la LECrim y en el artículo 243 de la LOPJ.

Por ello,

SUPLICO AL JUZGADO:

Que se tenga por realizada la anterior manifestación a los efectos legales oportunos.

Es justicia que reitero en el lugar y fecha *ut supra*.

Letrado/a D./D.ª   Procurador/a D./D.ª

[NOMBRE Y FIRMA LETRADO   [NOMBRE Y FIRMA PROCURADOR
NUMEROCOLEGIADO_ABOGADO_   NUMERO COLEGIADO_PROCURADOR_
CLIENTE]   CLIENTE]

---

(1) Conforme al artículo 277 de la LECrim, la querella se presentará siempre por medio de procurador con poder bastante y suscrita por letrado.

(2) Si se desconocen los concretos datos identificativos del querellado, habrá que designarlo por las señas que mejor pudieran darle a conocer.

(3) Habrá que especificar la relación circunstanciada de los hechos, con expresión del tiempo en que se hubiesen ejecutado, si se supieren.

(4) Se indicará toda diligencia a realizar a los efectos de comprobación de los hechos querellados.

(5) Tras la introducción en la LECrim del nuevo art. 258bis a través del Real Decreto-ley 6/2023, de 19 de diciembre, las actuaciones procesales se realizarán preferentemente, salvo que el juez o jueza o tribunal, en atención a las circunstancias, disponga otra cosa, mediante presencia telemática, incluyendo las que se celebren ante los/las letrados/as de la Administración de Justicia o ante el Ministerio fiscal. En las citaciones se informará de la posibilidad de declarar de forma telemática en las condiciones establecidas en el citado precepto. Esta reforma entrará en vigor el 20 de marzo de 2024, hasta ese momento el art. 258bis LECrim no se aplicará.

(6) En caso de que hubiese que prestar fianza, se haría referencia a ello, indicando lo siguiente: *«TERCER OTROSÍ DIGO: esta parte consigna el compromiso de prestación de fianza conforme establece el 280 LECrim para responder de las resultas del juicio. SUPLICO AL JUZGADO: Que se tenga por hecha la anterior manifestación y se acuerde la fijación de fianza en la clase y cuantía que se estime adecuada, a los efectos de lo previsto en el artículo 280 de la LECrim».*

Demanda de responsabilidad civil profesional frente a procurador y abogado

AL JUZGADO DE PRIMERA INSTANCIA DE [LOCALIDAD] QUE POR TURNO DE REPARTO CORRESPONDA

D./D.ª [NOMBRE_PROCURADOR_CLIENTE], procurador/a de los tribunales, actuando en nombre y representación de **D./D.ª** [NOMBRE_CLIENTE], con domicilio en [LOCALIDAD] y DNI [DNI], representación que acreditaré mediante [DESIGNACIÓN APUD ACTA/ COPIA DE ESCRITURA DE PODER GENERAL PARA PLEITOS] que acompaño como documento n.º 1, actuando bajo la dirección técnica del letrado D./D.ª [NOMBRE_ABOGADO_CLIENTE], colegiado/a n.º [NÚMERO] del Ilustre Colegio de Abogados de [LOCALIDAD], ante el juzgado comparezco y, como mejor proceda en derecho, **DIGO**:

Que mediante el presente escrito y en la representación que ostento, formulo **DEMANDA DE JUICIO ORDINARIO** frente a D./D.ª [NOMBRE_PARTE_CONTRARIA ABOGADO], provisto de DNI [DNI] y con domicilio en [DOMICILIO]; [NOMBRE_COMPAÑÍA ASEGURADORA], provista de NIF [NIF] y con domicilio en [DOMICILIO]; D./D.ª [NOMBRE_PARTE_CONTRARIA PROCURADOR], provisto de DNI [DNI] y con domicilio en [DOMICILIO]; [NOMBRE_COMPAÑÍA_ASEGURADORA], provista de NIF [NIF] y con domicilio en [DOMICILIO]; en ejercicio de la **ACCIÓN DE RESPONSABILIDAD CIVIL CONTRACTUAL** de conformidad con los siguientes,

HECHOS

PRIMERO.- Mi mandante suscribió un contrato de arrendamiento de servicios jurídicos con el abogado/a y el procurador/a codemandados/as con el siguiente cometido [ESPECIFICAR].

A tal efecto se adjunta como documento n.º [NÚMERO] la provisión de fondos efectuada con fecha [FECHA] y el [CONTRATO/HOJA DE ENCARGO] como documento n.º [NÚMERO].

SEGUNDO.- Ante la falta de comunicación, con fecha [FECHA], mi mandante dirige consulta al letrado a fin de informarse sobre la consecución del procedimiento.

Se aporta como documento n.º [NÚMERO], copia de los correos electrónicos cruzados entre cliente y abogado.

TERCERO.- Por providencia de fecha [FECHA], se acordó declarar en rebeldía [NOMBRE_CLIENTE].

Personándose en los autos el procurador de los tribunales [NOMBRE],en nombre y representación de [NOMBRE_CLIENTE], posteriormente a la comparecencia.

Se incorpora a la demanda como documento n.º [NÚMERO], copia de las actuaciones seguidas por el procurador de los tribunales [NOMBRE].

CUARTO.- Con [FECHA], el Juzgado [DESCRIPCIÓN] dictó sentencia por la que se acordó [DESCRIPCIÓN].

Se adjunta como documento n.º [NÚMERO] copia de la sentencia [DESCRIPCIÓN] dictada con [FECHA] por el Juzgado [DESCRIPCIÓN].

QUINTO.- Los codemandados han llevado a cabo una actuación negligente, desatendiendo sus obligaciones más elementales como letrado/a y procurador/a. [DESARROLLAR ACTUACIÓN].

SEXTO.- Los perjuicios causados a mi representado/a como consecuencia de dicha actuación/omisión son los siguientes: [DESARROLLAR PERJUICIOS].

Todo ello supone un perjuicio económico que se valora en la cifra de [CANTIDAD_EN_LETRA] euros ([CANTIDAD]).

La traslación de ese perjuicio al demandado lo es en el importe de la pérdida de oportunidad para mi poderdante, oportunidad que hubiera sido real y posible de no haberse [ESPECIFICAR_DAÑO_CAUSADO]. Es por ello que la «pérdida de oportunidad» tiene, en este caso, una estricta relación con la citada cuantía del daño material.

SÉPTIMO.- Se concreta la petición de indemnización por responsabilidad civil:

1.- En el [PORCENTAJE] %, como daño material de la cantidad, que es el daño económico causado a mi patrocinado y que es la cantidad de [PORCENTAJE] %.

2.- En la cantidad respecto al daño moral, la de [PORCENTAJE] %, por la negligencia profesional en el proceso.

El daño material sí debe tener repercusión en la cifra de responsabilidad civil y es por ello que se fija en el importe del [PORCENTAJE] %. Asimismo, se estima que el daño también incluyó el concepto de daño moral por la pérdida de derecho procesal, por haber coartado el demandado el derecho al proceso.

Por todo ello, la suma por responsabilidad civil profesional que se reclama es la de [CANTIDAD_EN_LETRA] euros ([CANTIDAD]), importe que esta parte reclama como responsabilidad civil, sin perjuicio de que el juzgado lo aplique por los conceptos alegados o por cualquier otro, por cuanto es la suma de responsabilidad civil lo que se demanda y no la declaración de un concepto indemnizable u otro.

OCTAVO.- Los codemandados tienen suscrito seguro de responsabilidad con las compañías aseguradoras [NOMBRE_COMPAÑÍA_ASEGURADORA] y [NOMBRE_COMPAÑÍA_ASEGURADORA], tal y como figura en las pólizas aportadas en la diligencia preliminar interesada por esta parte. Se adjuntan como documentos n.º [NÚMERO] y [NÚMERO].

A los anteriores hechos les son de aplicación los siguientes,

FUNDAMENTOS DE DERECHO

I.- JURISDICCIÓN Y COMPETENCIA

Resulta de aplicación lo estipulado en los artículos 21 y siguientes de la LOPJ, así como lo establecido en al artículo 36 de la LEC.

Es competente el juzgado al que se dirige este escrito, de conformidad con el artículo 53 de la LEC.

II.- CAPACIDAD Y LEGITIMACIÓN

Poseen ambas partes capacidad y legitimación suficiente de conformidad con lo estipulado en los artículos 6, 10 y concordantes de la LEC.

El actor se encuentra legitimado activamente en su condición de perjudicado.

Por su parte, los demandados cuentan con legitimación pasiva en su condición de abogado/a y procurador/a causantes del daño y de aseguradoras con quien estos tienen contratadas sus pólizas de cobertura de responsabilidad civil.

III.- REPRESENTACIÓN

Las partes deberán comparecer por medio de procurador/a y asistidas de letrado/a, de conformidad con lo expuesto en los artículos 23 y 31 de la LEC, al ser la cuantía del procedimiento superior a 2.000 euros.

IV.- CUANTÍA

Se establece la cuantía del procedimiento en [CUANTÍA] euros conforme al artículo 253, en relación con el artículo 251, ambos de la LEC.

V.- PROCEDIMIENTO

El procedimiento a seguir es el previsto para el procedimiento ordinario, al superar la cuantía reclamada los 15.000 euros, tal y como se desprende del artículo 249 de la LEC **(1)**.

VI.- FONDO DEL ASUNTO

1.- Responsabilidad civil del abogado

Ha determinado el Tribunal Supremo **(STS n.º 372/2003 de 7 de abril, ECLI:ES:TS:2003:2390)**, respecto de la responsabilidad civil del abogado, que:

> «En primer lugar, **la calificación jurídica de la relación contractual entre Abogado y cliente es, en éste y en la mayoría de los casos, salvo muy concretas excepciones, derivada del contrato de prestación de servicios** (sentencia de 28 de enero de 1998 y 30 de diciembre de 2002) cuya obligación esencial del primero es la de llevar la dirección técnica de un proceso, como obligación de actividad o de medios, no de resultado (sentencias de 28 de diciembre de 1996 y 8 de junio de 2000): artículo 1544 del Código civil».

Además, conforme a los artículos 1101 y 1104 del CC, respectivamente:

> «Quedan sujetos a la indemnización de los daños y perjuicios causados los que en el cumplimiento de sus obligaciones incurrieren en dolo, negligencia o morosidad, y los que de cualquier modo contravinieren al tenor de aquéllas».
> «La culpa o negligencia del deudor consiste en la omisión de aquella diligencia que exija la naturaleza de la obligación y corresponda a las circunstancias de las personas, del tiempo y del lugar.
> Cuando la obligación no exprese la diligencia que ha de prestarse en su cumplimiento, se exigirá la que correspondería a un buen padre de familia».

Las partes suscribieron un contrato de arrendamiento de servicios para la prestación del servicio jurídico indicado en los hechos de esta demanda. Sin embargo, el abogado, lejos de cumplir el encargo recibido de manera diligente y profesional, ha vulnerado las reglas más elementales de su *lex artis*, causando graves daños y perjuicios a mi mandante, por los que ha de responder civilmente. No en vano, la jurisprudencia se ha pronunciado en este sentido de manera reiterada.

Así, por ejemplo, podemos acudir en primer lugar a la **sentencia del Tribunal Supremo n.º 628/2011, de 27 de septiembre, ECLI:ES:TS:2011:7744**, que señala lo siguiente:

> «El cumplimiento de las obligaciones nacidas de un contrato debe ajustarse a la diligencia media razonablemente exigible según su naturaleza y circunstancias. **En la relación del Abogado con su cliente, si el primero de ellos incumple las obligaciones contratadas, o las que son consecuencia necesaria de su actividad profesional, estamos en presencia de una responsabilidad contractual**.

El deber de defensa judicial debe ceñirse al respeto de la lex artis [reglas del oficio], esto es, de las reglas técnicas de la abogacía comúnmente admitidas y adaptadas a las particulares circunstancias del caso. La jurisprudencia no ha formulado con pretensiones de exhaustividad una enumeración de los deberes que comprende el ejercicio de este tipo de actividad profesional del Abogado. Se han perfilado únicamente a título de ejemplo algunos aspectos que debe comprender el ejercicio de esa prestación: informar de la gravedad de la situación, de la conveniencia o no de acudir a los tribunales, de los costos del proceso y de las posibilidades de éxito o fracaso; cumplir con los deberes deontológicos de lealtad y honestidad en el desempeño del encargo; observar las leyes procesales; y aplicar al problema los indispensables conocimientos jurídicos (STS de 14 de julio de 2005)».

También la **sentencia del Tribunal Supremo n.° 64/2010, de 23 de febrero, ECLI:ES:TS:2010:988**: «La diligencia exigible al abogado en su ejercicio profesional no es simplemente la de un buen padre de familia sino que según la STS de 28 de enero de 1998, FD 3°, imponen al profesional el deber de ejecución óptima del servicio contratado que presupone la adecuada preparación profesional y el cumplimiento correcto; de ello se desprende que si no se ejecuta o se hace incorrectamente se produce el incumplimiento total o el cumplimiento defectuoso de la obligación que corresponde al profesional a lo que añade que cuando se produce un incumplimiento de la obligación se presume que ha sido por culpa del deudor; la conducta humana se supone voluntaria y es el deudor que incumple el que debe probar que ha sido sin culpa sino por caso fortuito o fuerza mayor según se prevé en el art. 1183 CC respeto de las obligaciones de dar pero que se extiende no tanto por analogía sino como principio general según la doctrina y la jurisprudencia a todas las obligaciones».

A mayor abundamiento, precisa la **sentencia del Tribunal Supremo n.° 50/2020, de 22 de enero, ECLI:ES:TS:2020:99** lo siguiente:

«La jurisprudencia ha precisado que, tratándose de una responsabilidad subjetiva de carácter contractual, la carga de la prueba de los elementos constitutivos de la responsabilidad civil: **falta de diligencia en la prestación profesional, nexo de causalidad con el daño producido, así como la existencia y alcance de éste, corresponde a la parte que reclama la correspondiente indemnización por el incumplimiento contractual del letrado** (SSTS de 14 de julio de 2005, rec. 971/1999; 21 de junio de 2007, rec. 4486/2000 y 10 de junio de 2019, rec. 3352/2016).

Por consiguiente, la declaración de dicha responsabilidad exige la producción de un daño causalmente ligado a una conducta negligente del abogado demandado».

En este supuesto concurrirían todos los presupuestos necesarios para la exigencia de responsabilidad civil al letrado: la falta de diligencia, el nexo causal y los daños producidos. Elementos que, además, resultan plenamente acreditados por esta parte.

2.- Responsabilidad civil del procurador

En particular, por lo que se refiere a la conducta del procurador, resulta conveniente atender a lo previsto en la **sentencia del Tribunal Supremo n.° 372/2003, de 7 de abril, ECLI:ES:TS:2003:2390**:

«Por otra parte, la calificación jurídica de la relación entre Procurador y cliente, es derivada del contrato de mandato, en su variedad de mandato representativo: artículos 1718 y 1719 del Código civil.

A lo anterior hay que sumar la normativa propia de las aludidas profesiones liberales. El artículo 53 del Estatuto General de la Abogacía Española de 24 de julio de 1982 establece como obligaciones del Abogado para con la parte por él defendida, además de las que se deriven de la relación contractual que entre ellos existe, la del cumplimiento con el máximo celo y diligencia y guardando el secreto profesional, de la misión de defensa que le sea encomendada, atendiendo en el desempeño de esta función a las exigencias técnicas, deontológicas y morales adecuadas a la tutela jurídica de cada asunto. Y el artículo 54 dice que el Abogado realizará diligentemente las actividades que le imponga la defensa del asunto confiado. Por su parte el artículo 102 del Estatuto establece que los Abogados están sujetos a responsabilidad civil cuando por dolo o negligencia dañen los intereses cuya defensa les ha sido conferida. Por otro lado el artículo 14-3 del Estatuto General de los Procuradores de los Tribunales de España de 30 de julio de 1982, establece entre los deberes de los Procuradores, cuando no tengan instrucciones o sean insuficientes, los de hacer lo que requiera la naturaleza e índole del negocio y cumplir exactamente las obligaciones que las leyes le impongan en su actuación profesional. Y el artículo 5-2º de la ley de Enjuiciamiento Civil le impone la obligación de hacer cuanto conduzca a la defensa de su poderdante, bajo la responsabilidad que las leyes imponen al mandatario. Y cuando no tenga instrucciones o sean insuficientes las remitidas por el mandante, hará lo que requiera la naturaleza e índole del negocio. Y el artículo 27 del Estatuto General de los Procuradores declara que la responsabilidad civil de los procuradores por razón del ejercicio de su función se exigirá con arreglo a las leyes.

De todo lo que antecede se deriva que se produce un incumplimiento de las obligaciones de los profesionales cuando, con su actuación, se impide al perjudicado la obtención de un derecho; es decir, no tanto se causa un perjuicio material directo, como se hace imposible obtener un beneficio; o lo que es lo mismo, ha impedido (como dice la sentencia de 28 de enero de 1998) la posibilidad de conseguirlo, a través de un acto procesal, con lo que se vulnera el derecho del perjudicado a obtener la tutela judicial efectiva que consagra el artículo 24.1 de la Constitución Española. Siempre y en todo caso que aquella actuación y este acto procesal corresponda a la obligación del profesional, sea el Abogado o sea el Procurador».

Por su parte, dispone el primer párrafo del artículo 1718 del CC que «el mandatario queda obligado por la aceptación a cumplir el mandato, y responde de los daños y perjuicios que, de no ejecutarlo, se ocasionen al mandante».

Por lo que respecta a las relaciones entre abogado y procurador, dice el artículo 26 de la LEC lo que sigue:

«1. La aceptación del poder se presume por el hecho de usar de él el procurador.

2. Aceptado el poder, el procurador quedará obligado:

1.º A seguir el asunto mientras no cese en su representación por alguna de las causas expresadas en el artículo 30. Le corresponde la obligación de colaborar con los órganos jurisdiccionales para la subsanación de los defectos procesales así como la realización de todas aquellas actuaciones que resulten necesarias para el impulso y la buena marcha del proceso.

2.º A transmitir al abogado elegido por su cliente o por él mismo, cuando a esto se extienda el poder, todos los documentos, antecedentes o instrucciones que se le remitan o pueda adquirir, haciendo cuanto conduzca a la defensa de los intereses de su poderdante, bajo la responsabilidad que las leyes imponen al mandatario.

Cuando no tuviese instrucciones o fueren insuficientes las remitidas por el poderdante, hará lo que requiera la naturaleza o índole del asunto.

3.º A tener al poderdante y al abogado siempre al corriente del curso del asunto que se le hubiere confiado, pasando al segundo copias de todas las resoluciones que se le notifiquen y de los escritos y documentos que le sean trasladados por el tribunal o por los procuradores de las demás partes.

4.º A trasladar los escritos de su poderdante y de su letrado a los procuradores de las restantes partes en la forma prevista en el artículo 276.

5.º A recoger del abogado que cese en la dirección de un asunto las copias de los escritos y documentos y demás antecedentes que se refieran a dicho asunto, para entregarlos al que se encargue de continuarlo o al poderdante.

(...)».

De otra parte, el artículo 1726 del CC determina que «El mandatario es responsable, no solamente del dolo, sino también de la culpa, que deberá estimarse con más o menos rigor por los Tribunales según que el mandato haya sido o no retribuido».

Al respecto, se ha pronunciado nuestro Alto Tribunal, que en su **STS n.º 598/2017, de 8 de noviembre, ECLI:ES:TS:2017:3920**, afirma que:

«La diligencia del procurador en su actuación ante los tribunales es la que resulta de las obligaciones legalmente impuestas y el cumplimiento de estas obligaciones en modo alguno resultaba de imposible cumplimiento.

La sentencia 3003/2009, de 12 de mayo, declara que "El cumplimiento de las obligaciones nacidas de un contrato debe ajustarse a la diligencia media razonablemente exigible según su naturaleza y circunstancias" y "La responsabilidad por negligencia o morosidad concurre cuando, producido objetivamente el incumplimiento, el obligado no acredita, si, como normalmente ocurre, está en su mano, haber actuado con el grado de cuidado exigible con arreglo a dichas circunstancias y haber concurrido circunstancias imprevisibles o inevitables que impidieron el cumplimiento en los términos convenidos".

Lo que reseña de la sentencia 460/2006, de 11 de mayo no integra la fundamentación jurídica de la misma, sino los antecedentes de hecho.

3. En cualquier caso, a la recurrente no se le exige una diligencia de imposible cumplimento. Se le exige una diligencia mínima consistente en lo siguiente: a) llevar a cabo lo que le exigía el juzgado, es decir, citar a su representada a una comparecencia; b) comunicar al Juzgado la imposibilidad de haberla podido citar, y c) solicitar del juzgado la suspensión de la comparecencia señalada para el 14 de diciembre.

(...)

Actuar, en suma, con la diligencia de un buen procurador que conoce su profesión y actúa en la forma que le viene encomendada, sin perjudicar los intereses de su cliente, como ha sucedido en este caso: antes de la comparecencia, mediante la citación. En la comparecencia a la que no asistió su poderdante, poniendo de manifestó la falta de comunicación o noticia con el, y solicitar en su vista la suspensión de la comparecencias. Nada de esto hizo».

Con respecto al procurador demandado, también concurrirían todos los presupuestos necesarios para la exigencia de responsabilidad civil al mismo (la falta de diligencia, el nexo causal y los daños producidos); elementos que, además, resultan plenamente acreditados por esta parte.

3.- Pérdida de oportunidades por la negligente actuación de ambos profesionales y concurrencia de todos los requisitos para que se declare su responsabilidad

En primer término, destacamos la **STS n.º 173/2010, de 31 de marzo, ECLI:ES:TS:2010:2178**, donde se expresa que: «(...) se impide al perjudicado la obtención de un derecho; es decir, no tanto se causa un perjuicio material directo, como se hace imposible obtener un beneficio; o lo que es lo mismo, ha impedido (como dice la S 28-1-98) la posibilidad de conseguirlo, a través de un acto procesal, con lo que se vulnera el derecho del perjudicado a obtener la tutela judicial efectiva que consagra el art. 24.1 CE . Siempre y en todo caso que aquella actuación y este acto procesal corresponda a la obligación del profesional».

En cualquier caso, en este supuesto concurrirían todos los presupuestos necesarios para la exigencia de responsabilidad civil a los profesionales: la falta de diligencia, el nexo causal y los daños producidos. Elementos que, además, resultan plenamente acreditados por esta parte. En dicho sentido, considérese, por ejemplo, la **sentencia del Tribunal Supremo n.º 375/2021, de 1 de junio, ECLI:ES:TS:2021:2254**:

> «En cualquier caso, la responsabilidad del abogado no es objetiva o por el resultado, sino subjetiva por dolo o culpa. **Los requisitos exigidos para declarar la existencia de una responsabilidad civil, cuales son la falta de diligencia debida en la prestación profesional, el nexo de causalidad con el daño producido, así como la existencia y alcance de éste,** corresponden acreditarlos a la parte que reclama la indemnización por incumplimiento contractual del letrado demandado (sentencias de 14 de julio de 2005, rec. 971/1999; 21 de junio de 2007, rec. 4486/2000; 282/2013, de 22 de abril y 331/2019, de 10 de junio, entre otras), con las consecuencias derivadas de la aplicación del art. 217.1 LEC, en los supuestos de insuficiencia probatoria».

No en vano, en este supuesto se ha producido una vulneración del derecho de mi mandante a la tutela judicial efectiva, según un juicio razonable sobre el buen éxito de la acción frustrada por la conducta del abogado/a demandado/a. El perjudicado se encontraba, sin lugar a dudas, en una situación fáctica y jurídica idónea para la estimación de la acción finalmente frustrada, que hubiese prosperado de no ser por la falta de diligencia de los profesionales ahora demandados. En este sentido, no puede olvidarse lo que apunta la **sentencia del Tribunal Supremo n.º 375/2021, de 1 de junio, ECLI:ES:TS:2021:2254**:

> «Con respecto a la determinación y cuantía del daño sufrido por la actuación del abogado, hemos declarado que cuando consista en la frustración de una acción judicial, como en el caso presente por caducidad de la acción deducida, el carácter instrumental, que tiene el derecho a la tutela judicial efectiva, determina que, en un contexto valorativo, el daño deba calificarse como patrimonial, si el objeto de la acción frustrada tiene como finalidad la obtención de una ventaja de contenido económico, mediante el reconocimiento de un derecho o la anulación de una obligación de esta clase (sentencias 801/2006, de 27 de julio; 157/2008, de 28 de febrero; 303/2009, de 12 de mayo; 250/2010, de 30 de abril; 123/2011, de 9 de marzo; 772/2011, de 27 de octubre; 739/2013, de 19 de noviembre; 583/2015, de 23 de octubre; 50/2020, de 22 de enero y 313/2020, de 17 de junio, entre otras y las citadas en ellas.
> (ix) Esta naturaleza patrimonial del hipotético daño sufrido determina que la posibilidad de ser indemnizado no deba buscarse en una cantidad que, de forma discrecional, fijen los juzgadores como daño moral, sino que ha de ser tratada en el marco propio del daño patrimonial incierto por pérdida de oportunidades. El daño por pérdida de oportunidad es hipotético, por lo

que no procede el resarcimiento económico cuando no concurre una razonable certeza sobre la posibilidad de que la acción frustrada hubiera sido judicialmente acogida. Exige, por lo tanto, demostrar que el perjudicado se encontraba en una situación fáctica o jurídica idónea para la estimación de la acción frustrada (sentencias 801/2006, de 27 de julio y 50/2020, de 22 de enero).

En definitiva, en palabras de la sentencia 123/2011, de 9 de marzo, es necesario "urdir un cálculo prospectivo de oportunidades de buen éxito de la acción, que corresponde al daño patrimonial incierto por pérdida de oportunidades", que puede ser el originado por la frustración de acciones procesales (sentencias de 20 de mayo de 1996, RC n.º 3091/1992, 26 de enero de 1999, 8 de febrero de 2000, 8 de abril de 2003, 30 de mayo de 2006, 28 de febrero de 2008, RC n.º 110/2002, 3 de julio de 2008 RC n.º 98/2002, 23 de octubre de 2008, RC n.º 1687/03 y 12 de mayo de 2009, RC n.º 1141/2004)».

Así las cosas, la indemnización que se reclama resulta totalmente procedente, por quedar acreditados, en esta demanda y en el juicio que se celebrará, los daños ocasionados a mi mandante, lo que supone que este deba ser indemnizado por los daños y perjuicios que ha sufrido, debiendo además la indemnización alcanzar no solo a los daños materiales, sino también al daño moral.

VII.- COSTAS

De conformidad con el artículo 394 de la LEC, las costas deberán ser impuestas a la parte demandada.

Por todo lo expuesto,

SUPLICO AL JUZGADO:

Que, teniendo por presentado este escrito con los documentos y copias que se acompañan, admita uno y otros, me tenga por personado y parte en la representación acreditada y por formulada la demanda de juicio declarativo ordinario en ejercicio de la acción de responsabilidad civil contractual contra [NOMBRE_PARTES_CONTRARIAS] para que, en su día, previos los trámites legales oportunos, **se dicte sentencia en la que se declare la responsabilidad civil de** [NOMBRE_PARTES_CONTRARIAS] **y se les condene al pago de** [CANTIDAD] **euros en concepto de indemnización por los daños y perjuicios sufridos por mi mandante, con expresa imposición de costas a las partes demandadas.**

Por ser justicia que pido en [LOCALIDAD] a [DÍA] de [MES] de [AÑO].

Letrado/a D./D.ª

[NOMBRE Y FIRMA LETRADO NÚMEROCOLEGIADO_ABOGADO_CLIENTE]

Procurador/a D./D.ª

[NOMBRE Y FIRMA PROCURADOR NÚMERO COLEGIADO_PROCURADOR_CLIENTE]

OTROSÍ DIGO: siendo intención de esta parte cumplir con todos los requisitos legales, a tenor de lo previsto en el artículo 231 de la LEC, se solicita que se nos dé traslado de cualquier defecto que adoleciere la presente demanda, para la inmediata subsanación de la misma.

En su virtud,

SUPLICO AL JUZGADO:

Que tenga por efectuada la anterior manifestación a los efectos oportunos.

Por ser justicia que pido en el lugar y fecha *ut supra*.

Letrado/a D./D.ª

Procurador/a D./D.ª

[NOMBRE Y FIRMA LETRADO NUMEROCOLEGIADO_ABOGADO_ CLIENTE]

[NOMBRE Y FIRMA PROCURADOR NUMERO COLEGIADO_PROCURADOR_ CLIENTE]

---

(1) El RD-ley 6/2023, de 19 de diciembre, modificó el artículo 249 de la LEC con entrada en vigor el 20/03/2024. La cuantía mostrada en este formulario se corresponde con la versión actualizada a la citada reforma. Con carácter previo, los litigios sometidos al procedimiento ordinario eran aquellos cuya cuantía excediera de 6.000 euros.

Escrito de denuncia ante el colegio profesional por infracción disciplinaria de un abogado o procurador

AL ILUSTRE COLEGIO DE [ABOGADOS/PROCURADORES] **DE** [LUGAR]

D./D.ª [NOMBRE], mayor de edad, provisto de DNI n.º [DNI], con domicilio en [DOMICILIO] y correo electrónico [INDICAR_CORREO _ELECTRÓNICO], ante este Ilustre Colegio de [ABOGADOS/PROCURADORES] comparezco para formular **denuncia por infracción disciplinaria** frente a **D./D.ª** [NOMBRE_DENUNCIADO], colegiado n.º [NÚMERO] de dicho colegio profesional, a cuyo fin y mediante este escrito,

EXPONGO

PRIMERO.- En fecha [FECHA] contraté los servicios del [ABOGADO/PROCURADOR] **D./D.ª** [NOMBRE], contra el que se dirige esta denuncia, colegiado n.º [NÚMERO] del Ilustre Colegio de [ABOGADOS/PROCURADORES] de [LUGAR], mediante la firma de una hoja de encargo que acompaño como documento n.º 1.

Según especifica dicho documento, el objeto del encargo realizado al profesional era [INDICAR_OBJETO_ENCARGO].

Por su ejecución, se acordó el pago de las siguientes cantidades por los conceptos que seguidamente se indican:

* - [INDICAR_PROVISIÓN_DE_FONDOS_CONVENIDA].
* - [INDICAR_ RESTO_CANTIDADES_Y_CONCEPTOS].

SEGUNDO.- [ESPECIFICAR_HECHOS] **(1)**.

A efectos de prueba, se adjuntan los siguientes documentos:

* - [APORTAR_DOCUMENTACIÓN_ACREDITATIVA] **(2)**.

En virtud de lo expuesto,

SOLICITO: Que se tenga por presentada esta denuncia por infracción disciplinaria contra D./D.ª [NOMBRE], colegiado del Ilustre Colegio de [ABOGADOS/PROCURADORES] al que se dirige este escrito, **se proceda al inicio del oportuno procedimiento disciplinario frente a** [ÉL/ELLA] **y a su tramitación en los términos que legalmente procedan, dictándose en su día resolución por la que se le impongan las oportunas sanciones disciplinarias.**

En [LOCALIDAD], a [DIA] de [MES] de [AÑO].

Fdo. D./D.ª [NOMBRE]

[FIRMA]

---

(1) Se indicarán los hechos que fundamentan la denuncia y que podrían ser constitutivos de infracción disciplinaria. A tal efecto, conviene tener en cuenta que las infracciones que

podrán sancionar disciplinariamente los colegios de abogados o de procuradores se regulan en las siguientes normas:

- Artículos 124 y siguientes del Real Decreto 135/2021, de 2 de marzo, por el que se aprueba el Estatuto General de la Abogacía Española.

- Artículos 65 y siguientes del Real Decreto 1281/2002, de 5 de diciembre, por el que se aprueba el Estatuto General de los Procuradores de los Tribunales de España.

Si se estima oportuno, pueden especificarse también las infracciones concretas que en cada caso se consideren cometidas.

(2) Se aportarán los documentos acreditativos de los hechos alegados de que se disponga, preferiblemente numerados.